高等职业教育"十三五"规划教材

物流管理专业系列

货物管理实务

主 编◎韩世万 李志英

副主编◎李 洁 王 蕊 林思远

HUOWU

GUANLI SHIWU

2元加入读者圈

免费看本书课件

北京师范大学出版集团
BEIJING NORMAL UNIVERSITY PUBLISHING GROUP
北京师范大学出版社

图书在版编目（CIP）数据

货物管理实务 ／ 韩世万，李志英主编. -- 2 版. --北京 ：北京师范大学出版社，2018.4

高等职业教育"十三五"规划教材. 物流管理专业系列

ISBN 978-7-303-23521-6

Ⅰ．①货… Ⅱ．①韩… ②李… Ⅲ．①物资管理－高等职业教育－教材 Ⅳ．①F251

中国版本图书馆 CIP 数据核字(2018)第 026042 号

营 销 中 心 电 话	010-62978190　62979006
北师大出版社科技与经管分社	www.jswsbook.com
电 子 信 箱	jswsbook@163.com

出版发行：北京师范大学出版社 www.bnup.com
北京市海淀区新街口外大街 19 号
邮政编码：100875

印　　刷：三河市东兴印刷有限公司
经　　销：全国新华书店
开　　本：787 mm×1092 mm　1/16
印　　张：15.25
字　　数：347 千字
版　　次：2018 年 4 月第 2 版
印　　次：2018 年 4 月第 3 次印刷
定　　价：36.80 元

策划编辑：沈　炜 张自然	责任编辑：沈　炜 张自然
美术编辑：刘　超	装帧设计：高　霞
责任校对：李　菡	责任印制：孙文凯 赵非非

内容简介

  《货物管理实务》是围绕物流对象——"货物"而编写的新型教材。以货物的质量管理为主线，主要是介绍了货物的性质、运输、储存、搬运及保养技术。根据"工学结合"的需要，对课程内容进行模块化设计。全书有六个模块，分别是货物知识准备、普通货物管理、特殊货物管理、危险货物管理、集装箱货物管理、货物管理的发展趋势。全书根据货物管理的特点，每个模块中设计了若干相对独立的教学任务，通过每个教学任务的实施使学员掌握货物管理相关的知识和技能。

  本书知识内容新，紧跟时代脉搏，体例新颖，方便教学。

  本书适用于高等职业院校、高等专科学校、成人高等学校的物流管理、物流工程、交通运输管理等专业的教学用书，亦可供从事物流管理实际工作的人员参考。

前　言

　　要做好物流管理，首先要了解货物。《货物管理实务》主要介绍了货物的物理性质、化学性质、生物性质和其他与运输、仓储有关的特性，同时结合运输、仓储及装卸搬运等条件，以货物在物流过程中的质量安全为目标，解决货物在物流过程中可能出现的问题。

　　本教材是为了适应我国高等职业教育对教学改革和教材建设的需要，特地编写了本书。全书以实用为原则，理论知识"必备"、"够用"即可，不强调系统性。编写过程中对每一个教学任务进行设计，尽量让学生做中学、学中做，提高学生的学习兴趣、提高学生的实践操作能力。本书语言通俗易懂，训练任务设计合理，和各教学任务的知识目标和能力目标紧密关联，引导学生自主学习。

　　本书共有六个模块，分别是货物知识准备、普通货物管理、特殊货物管理、危险货物管理、集装箱货物管理、货物管理的发展趋势。全书根据货物管理的特点，每个模块中设计了若干相对独立的教学任务，通过每个教学任务的实施使学员掌握货物管理相关的知识和技能。

　　本书由广东岭南职业技术学院管理学院韩世万老师和顺德职业技术学院李志英老师担任主编，李洁、王蕊、林思远担任副主编，全书的架构、思路、统稿、定稿工作由韩世万担任。具体编写分工如下：绪论、模块一、模块六由广东岭南职业技术学院的韩世万编写；模块二由河源职业技术学院的王蕊编写；模块三由顺德职业技术学院的李志英编写；模块四由广东岭南职业技术学院管理学院的李洁编写；模块五由广东女子职业技术学院的林思远编写。

　　本书编写过程中参考了有关专家学者在货物管理领域的最新研究成果，已出版的专著，同时也引用了一些互联网上的资料，在此一并表示衷心感谢。

　　由于编者水平有限，对书中的错误和不足之处，敬请同行、专家、读者批评指正。

编　者

目　录

绪 论

　　本部分主要介绍有关货物的概念，本课程在物流管理专业（或相关专业）学习中占据重要地位。《货物管理实务》在编写过程中做了许多新的探索，在本单元中还建议学员在学习过程中要注意的地方。

任务　认识课程

技能目标

- 认识本课程的教学内容和教学目的
- 了解本课程的重要性

知识目标

- 货物的概念
- 本课程的地位
- 学习方法

任务情境

情境一：物流作业对象

　　在物流实践中接触到的物品称为货物。无论哪种类型的物流企业或制造企业，一切物流作业都是围绕"物"进行的。如订单的确认；货物运输（仓储）合同的签订；货物的流通加工；货物的分拣配送；货物进出口的报关与报检；货物的运输与保管；完成生命周期（或废弃）货物的回收和处理等一系列都是围绕货物进行的。

情境二：波士顿空难

　　1973 年，一架从纽约起飞的货机在空中起火，在波士顿机场迫降时飞机坠毁，机组人员全部遇难。

　　原因：货舱中的货物有未如实申报的危险品：硝酸。

　　调查结果：托运人签署了一份空白"托运人危险品申报单"给货运代理，供货商用卡车将货物送交货运代理，货运代理将货物交给包装公司做空运包装。包装公司不了解硝酸的包装要求，将装有 5L 硝酸的玻璃瓶放入一个用木屑做吸附和填充材料的木箱中。这样的包装共有 160 个，一些工人在包装外粘贴了方向性标签，一些人则没有贴。货物在交运时，货运单上的品名被改成了电器，危险品文件在操作过程中也丢失了。这 160 个木箱在装集装箱时，粘贴了方向性标签的木箱是按照向上方向码放的，而未粘贴方向性标签的木箱被倾倒了。事后用硝酸与木屑接触做试验，证明硝酸与木屑接触后会起火：8 分钟后冒烟；16 分钟后木箱被烧穿；22 分钟后爆燃；32 分钟后变为灰烬。到达巡航高度时，因瓶子的内外压差，造成瓶帽松弛，硝酸流出与木屑接触后起火了。实际起火的木箱可能不超过 2 个，但它导致了整架飞机的坠毁。

（资料来源：白燕：网络培训教材《危险品航空运输基础知识》）

🔧 训练任务

1. 词义辨析：

在学习物流专业知识或从事物流操作时，有几个词是经常出现的。它们是：产品、商品、货物、物料和物品。现在你可以跟其他同学讨论，分析这几个词的含义，词之间的关系，并且说明各词主要出现在什么场合。

2. 我们在前面学习过不少物流管理的专业课程，那么，物流中的"物"应如何理解？

3. 学习有关货物方面的知识，对我们以后从事物流工作有什么意义？

🔍 任务要求

分小组讨论，每组成员形成一份简要报告，并选一名代表展开论述。

❓ 任务讨论、分析

提示：

1. "物流"一词出现在中国已有 30 多年的历史，但很多概念不规范，对学习者造成困扰，所以有必要对这些词进行辨析。同学们主要是围绕"物"来讨论分析产品、商品、货物、物料和物品这几个词汇。

2. 通过"波士顿空难"这个案例来分析说明学习货物知识对将来工作的意义。

3. 把讨论思考的结果写在下面的空白中。

📖 本书内容介绍

一、货物与货物管理的概念

1982 年 11 月，哈尔滨铁路局双城堡火车站发生了野蛮装卸、摔坏货主洗衣机的事件，中央人民广播电台对此作了揭露，并且在 1983 年全国对此开展了大讨论。时至今日野蛮装卸时有发生，我们到物流公司走走，看到在装卸货物时，有员工随便踩踏货物，公司的主管、经理却熟视无睹。究其原因除物流公司管理方面有问题外，就是物流公司的员工包括公司的高层对货物没有正确认识，没有基本的货物知识。

本书名称是《货物管理实务》，顾名思义，本书的中心是货物。我们要想把物流工作做好，首先就要对物流作业、对象货物有正确的认识。

（一）货物的概念

货物（Cargo 或 Goods）通常是运输、仓储部门承运、保管的一切原料、材料、工农业产品、商品以及其他产品或物品的统称。货物是实物动产，是看得见摸得着、可以移动的生产资料和生活资料。我国《海商法》中定义为：包括活动物和由托运人提供的用于集装货物的集装箱、货盘或者类似的装运器具。

货物在供应链的不同领域有不同的名称，例如制造鞋的原料对于鞋厂的采购部门和生产部门来说是物料（Materials）；把物料制造成鞋后称为产品（Product）；把鞋从产地运输到消费地或放在仓库中保管称为货物（Goods）；鞋在超市中销售又称为商品（Commodity）；在物流的学习和研究中鞋则统称为物品（Article）。

（二）货物管理

货物管理就是研究货物性质以及货物在物流过程中的质量变化规律，积极采取各种有效措施和科学的包装、运输、保管、装卸、搬运方法，维护货物在物流过程中的安全，创造一个适宜于维持货物质量的条件，保护货物的质量和使用价值，最大限度地降低货物损耗的一系列活动。在物流作业中货物管理的内容主要如下：

1. 研究货物的性质及质量变化的规律

货物的性质有物理性质、化学性质和生物化学性质等。相应的性质变化有物理变化，如物质的三态变化；化学变化，如金属的生锈；生理生化变化，如水果的呼吸作用。而这些变化又受到货物物流环境的影响，这些环境包括运输道路状况、仓库的温湿度、阳光、空气的成分等都会诱发货物的质量变化。货物管理就是要发现质量的规律，指导货物的供应商采用适当的方法来保证货物在物流中的质量不受影响。

2. 选择适当的包装容器包装货物

货物从生产地转移到消费地，物流环节多、装卸次数多，环境复杂且难于预测，这就需要对货物进行包装。包装的最基本的作用是保护，包装可以防损、防盗、方便装卸搬运、快速识别。货物通过包装方便清点、核算。

3. 确定储存保管的方法

不同的货物有不同的性质特性，需要的储存保管环境就不同，通过了解货物质量变化的规律，配置一个温度、湿度适当的货物储存场所。由于有时货物的批量不大，可能需要两种或两种以上的货物混藏在一起，我们要清楚这些货物是否相容，是否需要隔离。比如苹果和柠檬都是需要冷藏的食品，但它们是不能混藏在一起的，原因是它们保藏需要的温度不同，苹果的冷藏温度是 $-1.0\ ℃\sim0\ ℃$，而柠檬的冷藏温度是 $5.0\ ℃\sim10.0\ ℃$。

4. 确定货物的运输方式和装载方式

如货物是按散装的形式还是按包装的形式运输，这跟货物的批量、装卸搬运、运输工具、运输距离、愿意支付多高的运费有关，比如固体化学肥料，在国际贸易运输中是采用散装形式，到了卸货港货物离船上岸后进行包装，在陆路运输时是采用包装的形式。

货物的装载方式直接影响搬运和运输的效率，要根据货物的性质、包装的方式，确定运输效率最高的装载方式。

5. 制定装卸搬运的方法

据统计，货物在物流过程中最易受损的三个环节是运输、储存和装卸搬运。其中在我国装卸搬运环节由于野蛮装卸现象严重，货物受损较多，同时在装卸过程中也会有偷盗事件的发生。另外货物流通的快慢也与装卸方法有关，特别是大型运输工具，如大型货船，装卸货时间长，如果能缩短装卸货时间就可以提高货船的周转率。所以合理的装卸方法可以减少货损，提高物流的速度。

6. 对货物进行编码，以便能对货物进行快速识别、跟踪和监管

当今消费者个性化需要在增长，对货物的时效性、安全性有越来越高的要求。为了满足消费者的需求，需要在最短时间内把货物交给消费者，这就要求货物在进行配送、运输等环节能快速识别，提高货物的分拣效率。通常人们对食品安全非常重视，在食品发生问题时希望能追踪到源头。所以这就需要对货物进行编码，给每一个货物一个身份证号码，比如 EPC 码（产品电子代码）。

7. 形成货物质量保证的机制

在货物流通过程中，物流环节多、环境复杂，货物很容易受到损害、丢失或盗窃，只有良好的机制才能长期保证货物在流通过程中的安全、保证货物的质量。

二、货物的分类

运输作业中的货物品种繁多，性质及规格各不相同，对运输、装卸、保管等要求各不相同，必须对货物进行科学的分类。为了保证货物安全装卸、搬运、堆放、运输和保管，可根据货物形态、装运方式及运输特性对货物进行分类，具体有：

(一)按货物的物理形态分类

(1)气态货物：根据国标(GB19458-2004)气态货物为在 50℃时蒸气压大于 300 kPa 的物质，或在包括20℃时在101.3 kPa 标准压力下完全呈气态的物质。包括压缩气体、液化气体、溶解气体、冷冻液化气体、气体混合物、一种或多种气体与一种或多种其他类别物质蒸气的混合物、充有气体的物品和烟雾剂。气态货物以危险的化学品居多，且附加值较高，在使用过程中一旦发生货物泄漏、箱体破裂等安全事故，后果将不堪设想。

(2)液态货物：指以液态形式进行运输的货物，如石油、成品油、液化燃气、液态化学品、其他液体货物。液态货物也大多数以危险品居多，运输途中应防止货物泄漏，防止货物污染。

(3)固态货物：指以固态形式进行运输的货物，如件杂货、干散货、集装箱货等。

(二)按货物装运形态分类

(1)件杂货：包括包装货物(Packed Cargo)、裸装货物(Unpacked Cargo 或 Non-packed

Cargo)和成组化货物(Unitized Cargo)。如钢铁、水泥、木材、机电设备、化工、轻工医药及其他工业制成品、农牧渔业产品等。这些货物一般以"件""箱""捆"等形式托运。

其中包装货物还可分为硬质直方体货物(如瓦楞纸箱包装货物)、圆柱体货物(如桶装货物)和袋装货物(如袋装大米)。

(2)散装货：散装货包括干质散装货和液体散装货。

液体散货(Liquid Bulk)：包括石油、成品油、液化燃气、液态化工品及其他液体货物。

干质散货(Dry Bulk)：包括各种初级产品、原材料。根据运输的批量大小，干散货又可分为大宗散货和小宗散货两类。

大宗散货占全部干质散货运量的60%多，而铁矿石、煤炭、粮谷三大散货约占大宗散货的90%，因而对干质散货市场起着重要作用，这三种货物贸易量的变化会导致巴拿马型船舶和好望角型船舶运价的大幅波动。

小宗散货划分为七类：

① 农产品包括原糖、大米、木薯、油料作物种子，如向日葵籽、油菜籽、花生、大豆，以及其他油料作物；

② 林产品：包括原木、木材、成组锯木(Sawnwood)、造纸木材(Pulpwood)、木屑(Wood Chip)、胶合板(Plywood)、纸版、纸及印刷品；

③ 肥料：包括原料硫磺和磷酸钾及最终产品；

④ 矿产品：包括除铁矿石外的金属矿石(锰、镍、铬矿)、盐和石膏；

⑤ 钢铁：包括废金属、全部钢半成品和钢材、生铁；

⑥ 加工产品：包括水泥、石油焦(Petrocoke)；

⑦ 其他散杂货：包括小批量的化工原料、建材原料、其他类饮料，如稀有金属矿砂、重晶石、纯碱、菱镁石、硼砂、氟石、珍珠岩、陶土、玉米、鱼粉等。

(3)集装箱货：受集装箱化率不断增长的影响，集装箱货已作为一个主要的货物装运方式。现在许多件杂货变成了集装箱货物。

(三)按货物运输特性分类

(1)危险货物(Dangerous Cargo)：是指凡具有燃烧、爆炸、腐蚀、毒害、放射性等性质，在运输、装卸和保管过程中，如果处理不当，可能会引起人身伤亡、财产毁损或环境污染的物质或物品统称为危险货物，如爆炸品、易燃液体等。

(2)长大笨重货物(Awkward & Length Cargo)：是指货物单件尺度超长、超宽、超高以致在货物装卸时受到限制或单件货物重量过重以致不能正常使用一般的装卸设备进行装卸的货物，如成套设备、车辆、起重设备等。

(3)散装货物(Bulk Cargo)：是指无包装的块状、粒状、粉状的干散货物。如粮食、矿石、煤炭、水泥、化学品等。

(4)液体货物(Liquid Cargo)：是指无包装或包装的液体货物。如石油产品、动植物油、蜂蜜、酒等。

(5)气味货物(Smelled Cargo)：是指能散发香气、臭气、刺激性及特殊气味的货物，如烟叶、香料、鱼粉、骨粉、农药等。

（6）食品货物（Food Cargo）：是指供人们食用的货物，如糖果、奶粉、茶叶、罐头及包装粮食等。

（7）扬尘污染货物（Dusty and Dirty Cargo）：是指易飞扬并污染其他货物的货物，如水泥、各种矿石和矿粉等。

（8）清洁货物（Clean Cargo）：是指不能混入杂质或被污染的货物，如滑石粉、生丝、镁砂、钨砂等。

（9）冷藏货物（Refrigerated Cargo）：是指常温下易变质，需采取特殊措施，保持一定低温以防止其腐败变质的货物，如鲜鱼、肉类、蛋、乳制品及新鲜水果等。

（10）易碎货物（Fragile Cargo）：是指不能挤压、撞击，并易于破损的货物，如玻璃制品、陶瓷制品、瓶装饮料及酒等。

（11）贵重货物（Valuable Cargo）：是指价值昂贵或具有特殊使用价值的货物，如文物、金银珠宝、贵重衣物、精密仪器、艺术品等。

（12）活牲畜货物（Livestock Cargo）：是指活的动物，如猪、牛、马等。

（13）液化货物（Liquefied Cargo）：是指通过加压或降温方式，将气态货物变为液态而进行运输的货物，如液化石油气、液化天然气。

（14）含水货物（Hygroscopic Cargo）：是指货物中含有一定量水分的货物，如木材、糖等。

（15）普通货物（General Cargo）：是指其性质对运输保管条件无特殊要求的货物，如钢材、石料、普通日用百货等。

（四）按货物的品名（种）分类

目前道路运输货物分为17类21种，即煤炭及制品；石油天然气及制品；金属矿石；钢铁；矿建材料；水泥；木材；非金属矿石；化肥及农药；盐；粮食；机械、设备和电器；化工原料及制品；有色金属；轻工、医药产品；农林牧渔业产品；其他货类等。

（五）按托运货物的批量分

可分为整批和零担货物。对于公路运输而言，一批托运货物重量3 t及以下为零担货物，其中，单件体积一般不小于0.01 m³，不大于1.5 m³；单件重量不超过200 kg，物长、宽、高分别不超过3.5 m、1.5 m和1.3 m。托运货物3 t以上，但按零担货物受理，也认定是零担货物。一批托运货物计费重量3 t以上或虽然不足3 t，但其性质、体积、形状需要一辆汽车运输的为整批货物。

（六）按货物储存的温度分

（1）常温货物，在室温下保管的货物，如衣服、电视机等。

（2）低温货物，在温度-40 ℃～10 ℃之间储存和运输保管的货物。常见的低温货物有：冻畜禽肉类、冻鱼和水产品、冻水果和蔬菜、冰淇淋、奶制品、保鲜水果和蔬菜等，还包括温控货物，温控货物指这些货物在运输期间要求持续稳定的温度。要避免结块和变质，像电影胶片、药品和食品。其温度设置从 $-2\,℃ \sim 30\,℃$ 之间。货物在装箱前应预冷到运输温度。

三、本书的主要内容

《货物管理实务》是围绕物流对象——"货物"而编写的新型教材。以货物的质量管理为主线，主要是介绍了货物的性质，货物的运输、储存、搬运及保养技术。根据"工学结合"的需要，对课程内容进行模块化设计。全书有六个模块，分别是货物知识准备、普通货物管理、特殊货物管理、危险货物管理、集装箱货物管理、货物管理的发展趋势。全书根据货物管理的特点，在每个模块中设计了若干相对独立的教学任务，通过每个教学任务的实施使学员掌握货物管理相关的知识和技能。本书的特点如下：

1. 体例新颖，便于教学

本书的编写从各方面来说都突破了传统的框框，全书对教学过程作了具体的设计，通过任务的实施来带动知识的学习、能力的训练。本教材既是学生学习知识的课本，也是技能训练的任务书、记录本和作业本。

2. 知识内容新、紧跟时代的步伐

现在是信息爆炸的时代，知识更新快，货物管理方面的知识也不例外。本书收集了大量新近出现的信息、知识，如物联网、低碳经济等。这也是本书区别其他类似教材的不同之处。

3. 情境式教学，体验式操作

教学过程任务驱动，全书共有六个模块，每个模块中有若干任务，每个任务都设置了技能目标、知识目标、任务情境、训练任务、任务要求、任务讨论分析、知识学习、完成任务、相关知识阅读等内容。通过教师的"导演"让学生在任务情境中主动完成学习任务。

4. 重实务和技能训练

本书每个任务的知识点都与训练任务有关，首先要求学生先对任务进行分析，找出实施的难点和重点，然后教师提出解决难点、重点的方法，再让学生提出正确实施的方案。在整个教学过程中弱化理论的学习，重视技能的训练。另外，完成有些训练任务所需的知识和资料在课本中没有出现，需要同学上网查找和收集，完成满足时代要求的设计任务。

本书使用与学习

本书是根据新的教改要求，根据"教、学、做"一体化的原则编写的新型教材。在课堂上要突出以学生为主体，学生要动起来。为了实现上述的目标，让学生尽快掌握货物管理方面的知识和技能，在教学过程中要注意如下几点：

1. 预习

预习是教学环节的第一步，学生至少要提前一天进行预习，主要是围绕"训练任务"对"知识目标"进行学习、思考，如果训练任务有要求，而课本中没有的知识点，需要上网或到图书馆查找，把所有的知识目标用自己的语言描述出来。

2. 讨论

围绕"训练任务"和"知识目标"，同学之间要展开讨论，在讨论中学习和提高。从过往的经验来看，很多学生不喜欢讨论学习问题，讨论的参与度不高的一个原因就是对问题不了解，需要用什么知识来解决问题不清楚，所以一定要做好预习。小组讨论可以培养团队合作素质，这也是现代职业人的核心素质。讨论时，学习小组长负责主持，掌握好时间，这样可使讨论有序进行、节省时间，在单位时间里学习更多知识。

3. 展示

把学习小组讨论、实践的成果展示出来。使用简洁的语言、便于识读的图表把小组讨论、实践成果展示出来。这也是训练我们的归纳能力、图表制作能力、PPT 制作能力、口头表达能力和现场应变能力的好机会，通过一学期的不断训练，学生的综合素质将会得到很大的提升。

4. 评价、反馈

对讨论、实践成果的展示效果进行评价。可以由老师来评价，也可以由其他学习小组的成员来评价，或老师与学生一起来评价。现场打分，并公布分数。对表现好的起到激励作用，对表现不好的起到鞭策作用。

5. 教师的重点讲解

本课程的教学设计是以学生为中心，弱化教师的"讲"，强化教师的"解"，即把课堂还给学生，使课堂成了"快乐享受的地方"，不是"被动接受、枯燥无味的看守所"，真正做到"传道、授业、解惑"的作用，让学生"享受学习之乐"。因此教师利用少量时间对学生在展示过程中出现问题，进行重点分析和介绍所要应用的知识点时，学生要认真做好笔记。

6. 最终完成学习任务

通过教师的分析，学生利用剩下的课堂时间或课余时间完成学习任务，交给教师审阅，并对此次学习给出最终评价。

以上是编者在编写本书过程中对教学过程的初步设计，可能存在不足。在教学过程中可根据实际情况进行调整，以取得最大化的教学效果。

模块一 货物知识准备

模块介绍

本模块主要是介绍货物的基础知识，是本课程后续模块学习的基础，在教师的指导下，通过五个不同的训练任务进行训练，使初学者掌握货物的性质、货物质量变化的影响因素、货物保护的方法手段，同时掌握快速识别货物的工具、手段。

任务一 认识货物

技能目标

- 能识别货物的不同特性
- 能够预测货物在运输、存储过程中可能出现的质量问题
- 在不同的环境下能够根据货物的特点采用适当的保护措施
- 能够根据货物的特点和客户的要求选择适合货物的储运条件

知识目标

- 货物的化学性质、生物性质
- 货物的物理性质、机械性质
- 货物的自然损耗
- 影响货运质量的货物特性
- 影响货物的环境因素
- 货物储运条件

任务情境

新疆的哈密瓜

哈密瓜又称为厚皮甜瓜。大约在一千六百多年前，新疆就已有大量种植了，现在大约有一百八十多个品种及类型。其中最受人们欢迎的有：红心脆哈密瓜，它肉质红嫩，香脆甜爽；黑眉毛蜜极甘哈密瓜，它肉质软而多汁，甜蜜醇香；网纹香哈密瓜，瓜肉为绿白色，含糖量

特高，风味香甜可口。

训练任务

把新疆的哈密瓜运到广州来卖

小李今年七月高职毕业，经家长同意并出资，决定毕业后自主创业，初步意向是到新疆哈密瓜产地收购哈密瓜运到广州批发。

如果你是小李，你认为怎样才能保证哈密瓜高质量地从新疆运到广州？

任务要求

1. 围绕技能目标，就上述问题学生分组讨论，找出任务实施的难点、要点，并选择代表进行总结发言。

2. 教师根据各小组讨论的氛围和发言代表的表现进行评价。

3. 教师最后归纳出实施本任务的难点和重点。

任务讨论、分析

提示：要高质量地把哈密瓜从新疆产地运至广州，操作过程大概如下：

清楚哈密瓜的货物特性→了解在运输、保管、装卸搬运过程中会遇到什么问题→进行恰当的包装→储存→洽谈运输→签订运输合同→实施运输→货到广州。

同学们主要围绕在这个过程中有什么难点和要点，把讨论得出的结论写在下面的空白处。

任务展示

知识学习

提示：在这里由教师提出解决难点、要点的方法，注意做笔记，方便下面提出任务、实施方案。笔记可以写在下面的空白处。

> 解决难点、要点的方法

完成任务

根据老师提出的解决难点、要点的方法，简略地写出本任务的实施方案。要求：由学生提出，老师修正。

 相关知识阅读

知识一、货物的性质与货物的质量变化

货物由于受到自身的性质、包装品的性质以及各种因素的影响，在物流过程中发生许多方面的变化，如物理变化、化学变化、生理生化变化等。当这些变化超过规定的限度时就会导致货物在性能、品质方面的转变，使其失去原有的性质、性能，或存在故障隐患，影响其

寿命，甚至失去功效而成为废品和垃圾。

为了保证运输、仓储和装卸搬运的安全和货物的质量，有必要掌握不同货物具有的特性。货物的各种特性是由货物本身的组成成分和结构所决定的，有物理性质、机械性质、化学性质、生物性质。

一、货物的物理、机械性质

货物的性质是指代表货物的各种物质，如材料、器具、机械、干鲜果蔬、粮、油、禽、蛋等本身的属性。一般来说，凡货物的某种性质改变时，不一定涉及物质分子或晶体化学组成的改变，该性质即属于货物的物理性质。例如：固体的软化、溶解或熔化；液体的气化、凝固；气体的压力变化等。而货物的某种属性必须在其分子或晶体发生化学反应时方显出来，即属于化学性质；货物的某种属性是由于生命或新陈代谢现象所引起的，属于生理生化性质。

货物的机械性质是指货物在机械运动过程中引起其性质改变的特性，实际上它是物理性质的一部分。机械运动是指物体之间或物体内部各部分之间相对位置发生变化的过程，它是最简单、最普遍的运动形式。如车辆、船舶的前进，货物高处的跌落等都是机械运动。货物的尺寸、质量、硬度、刚度、弹性、固有频率、机械损伤等都属于机械性质。

(一)影响货物物理性质的因素

影响货物物理性质的内因与外因主要包括：

1. 产品的成分与结构

(1)产品的成分。产品成分是指构成产品原材料的分子或原子的各种元素、化合物、聚合物、混合物等的名称与数量。产品成分是影响产品物理性质的主要因素之一。

(2)产品的结构。一般分为产品的微观结构和宏观结构。微观结构是指产品原材料成分的结构，即分子、原子结构。如乙醇和甲醚，组成元素、分子量相同，结构不同，产品性质就不同。宏观结构是指外观结构及表面形状。如电灯泡和啤酒瓶，外观形状不同、结构不同，所能承受外力的大小也不同。

2. 环境与保护

货物的物理性质除了上述的影响因素外，其所处的外部环境也是十分重要的影响因素。如温度、湿度、压强、时间、热、力、声、光、电场、磁场、辐射、风沙、尘埃、空气微生物、细菌、有毒有害气体、酸雨、海水腐蚀等。

货物包装质量(材料与型式)的好坏直接影响货物的物理性质。如印刷铜板纸通过防潮包装，可以控制纸张含水量保持在一个稳定值。

(二)货物在物流过程中的物理变化

1. 三态(液态、气态、固态)变化

(1)挥发与干缩。挥发是指液态或固态的物质在常温下转变为气态的现象。产品的挥发一方面会使其质量减轻，严重时产生干缩，如油漆等；另一方面某些挥发出来的气体具有毒性，或与空气混合而易燃易爆，如乙醚、汽油、香蕉水等。

(2)溶解与风化。溶解是指某种物质(溶质)分散于另一种物质(溶剂)的过程。溶化是指固体物质溶成水溶液的过程。空气的相对湿度对产品的溶化程度有极为重要的影响,相对湿度低,货物不易溶化。

(3)熔化与凝固(伴随吸热或放热)。熔化是固态转变为液态,凝固是液态转变为固态。在物流过程中冰激凌、奶油巧克力、蜡烛等要防熔化,新鲜果蔬、药用生物制剂需预防冻结和凝固的发生。

2. 渗漏与渗透

(1)渗漏,主要是指气态、液态或粉粒状固态产品由于包装品材质或封口质量等原因造成在储运过程中的渗出、泄漏现象。

渗漏的原因:包装品加工质量差,例如:有砂眼、气泡、微孔、裂纹、微小间隙或焊锡不匀、接口处和封盖处密封不牢固、不严密等。有些包装品由于材质的原因,如耐蚀性差、受潮锈蚀或机械强度不高,在流通和装卸过程中受到外力作用而破损、裂纹。有些内装物由于受环境温度影响,产生三态变化,使包装品内部压强增大而损坏。有些液态货物在低温冻结时,体积膨胀造成包装品破裂。

(2)渗透,指气体或蒸气直接溶进包装材料的一侧表面,通过向材料本体的扩散,并从另一侧表面解吸的过程。

采用防渗漏和防渗透的包装对于易燃、易爆、有毒货物尤为重要。

3. 机械性质变化

机械性质的变化是货物在物流过程中最普遍、最重要,有时又是不可避免的一种物理变化。例如某些货物的机械性质发生了变化,但不影响其使用质量和外形状态。如表面擦伤、划痕、表皮脱落,五金产品螺丝松动。

货物机械性质变化分四类:货物性能完好无损;有微小的损伤但不影响使用性能和质量;外表无损伤,但对货物发生内在影响,如使用寿命降低;完全无使用价值。

4. 其他变化

(1)导热与耐热性变化。导热性是指货物传递热能的性质。耐热性是指货物在受热时,仍能保持物理机械性能及使用性能的性质。如金属材料,其导热性、耐热性良好,可以露天堆放;粮食、橡胶制品,导热性、耐热性差,就不能在烈日下曝晒,也不应在湿度和温度过高的环境中储存。

(2)场强变化。场强变化是指电场、磁场、电磁场、静电场、辐射场的变化。由于货物材质结构及性能的不同,外界场强的变化超过一定限度时,就会对某些特殊产品造成损坏或影响其使用性能。如危险品、精密电子产品、军用品及高技术产品,对场强有特殊的要求,要进行电磁屏蔽。

(3)光学性质变化。光对货物的影响主要取决于光的强度以及包装材料的透明度等。透明度分三个等级:透明;半透明;不透明。在实际包装应用中,有些采用透明包装:五金。有些采用不透明、半透明包装:药品、化工产品,以延长货架寿命。

(三)力学因素对储运条件的影响

货物在经由公路、铁路、水路和空中运达销售地的过程中大都几经周折,并反复进行吊运、装卸和变换运输工具,其中有机械化操作,也有人工帮助完成。在这过程中,人们很难或不能准确地预计货物将会发生什么样的机械损伤。

通过大量的调查研究,归纳起来物流中货物的机械损坏主要分为装卸、运输和仓储三方面的损伤,如表1-1所示。

表1-1　物流过程中主要的机械性损伤

损伤类型		损伤来源
碰撞	垂直方向	1. 人工操作时的跌落、扔、翻滚和其他野蛮操作;
	水平方向	2. 运输、起吊工具的启动、碰撞、刹车或颠簸;
	倾斜方向	3. 装卸设备,如铲车、吊车、输送机产生的碰撞或由其上跌落至地面等。
振动	垂直方向	车辆、船舶、飞机等交通工具的振动,包括发动机引起的固有振动、路面不平、交叉路口凹凸不平、海浪、风暴、气流等引起运输工具的机械振动等。
	水平方向	
	任意方向	
压力		1. 在工厂、货仓、仓库、商店等地的静态堆码; 2. 在运输工具货舱中瞬时动态压力; 3. 由于搬运和起吊方式不同引起的压力、夹持力或挤压力等。
戳穿、撕裂、磨损		1. 由吊钩、手钩或突出部位戳伤; 2. 搬运、装卸设备使用不当,或错误的搬运方法所致。
倾斜与变形		1. 由于地面不平或储存时不平衡支承; 2. 吊挂位置不当或局部吊起引起不平衡提升等。

1. 储运损坏与环境

(1)装卸损坏与装卸环境

装卸损坏主要包括包装件之间的碰撞以及包装件与非包装件(地面、箱壁等)之间的碰撞。其中:垂直向下的碰撞称为跌落,力学上把跌落和碰撞引起的作用叫冲击。

人工装卸时,包装件小于10 kg时,可能被抛掷,跌落高度超过1 m;包装件(20 kg~30 kg)时,易实现轻拿轻放;包装件大于60 kg时,需要较强的劳动力搬运,易产生翻滚,棱、角、面跌落或碰撞。

包装件重量超过90 kg时,一般用机械装卸。正常情况下机械设备如叉车等作业时发生跌落的高度低于人工装卸作业的高度,因此受到的冲击也较小。

(2)运输损坏与运输环境

实际上,无论何种运输工具,货物的损坏主要由振动和冲击造成。

铁路运输中的冲击主要由货车的编组连挂、加速、减速、急刹车等引起。公路运输过程中货物的损坏主要由于地面状况、车辆缓冲性能、车速、载重量和载货方式等原因引起冲击和振动造成的。船舶运输过程中货物的损坏主要由堆码引起的压应力造成。

货物在航空运输中的损坏主要是由飞机发动机引起的高频振动、着陆时与地面的冲击或空气中气流的冲击和振动所造成。另外在高空飞行时因低温低压，且飞机货舱内无加温加压装置，货物也会造成损坏，如喷雾罐中的液体发生泄漏等。

（3）储存过程中的损坏

堆码损坏。货物在储存中的损坏主要表现在堆码过高，或从垛顶滑落下来引起冲击。同时与温度、湿度有关。如果储存环境湿度过高，瓦楞纸箱会吸收水分，纸箱强度下降，引起纸箱变形或压塌。影响包装货物堆码性能的因素，如表1-2所示。

表1-2 影响包装货物堆码性能的有关因素

内装物因素	1. 数目、排列、重量及尺寸 2. 特性、强度、变形性 3. 与纸箱的相互作用
流通因素	1. 堆码方法、形式和托盘的类型等 2. 堆码高度和负载等 3. 堆码的持续时间 4. 气候条件 5. 堆码前的搬运破损 6. 堆码中的纸箱状态
纸箱因素	1. 尺寸、形状和类型 2. 所用材料、结构和容差 3. 附件 4. 封口方法
其他因素	有关法规、公司规范、运输承运商的接受条件等

2. 货物包装件的重量与跌落的高度的关系

根据统计得出，货物包装件越重，体积越大，则发生跌落的高度越低。当货物的重量大于16 kg时，可以用经验公式求得可能跌落的高度。

$$H = 300 \times m^{-\frac{1}{2}}$$

其中：m—包装件重量（kg），H—跌落高度（cm）。

二、货物的化学性质

货物的化学成分，可分为无机物、有机物和两者混合成分三大类。货物在物流过程中的质量变化，主要是产品的自身运动或生理活动的结果。

（一）货物的化学性质

货物的化学性质是指货物的形态、结构以及货物在光、热、氧、酸、碱、温度、湿度等作用下，货物本质发生改变的性质。

1. 货物的化学稳定性

这是指货物受外界条件作用，在一定范围内，不易发生分解、氧化或其他变化的性质。

如红磷与黄磷都是磷，黄磷在常温下易氧化、加热到 40 ℃能自燃。红磷在 160 ℃能燃烧。普通钢容易氧化锈蚀，不锈钢不易氧化锈蚀。

2. 货物的毒性

这是指某些货物能与有机体某部分组织发生化学作用或物理化学作用，破坏有机体正常的生理功能的性质。主要有医药、农药和化工产品。

3. 货物的腐蚀性

这是指某些货物与生物体接触后能使生物体发生腐蚀性灼伤或接触其他物质后能使其发生破坏性的化学性质。腐蚀性货物大多伴有毒害、易燃、易爆等性能。如：无机酸（硫酸、盐酸）、无机碱（$NaOH$），它们都有吸水性、氧化性。

4. 货物的燃烧爆炸性

产品的燃烧性，燃烧属于氧化反应的范围，只是反应强烈。分为：易燃液体，如乙醚、乙醇、汽油等；易燃固体，如赤磷、火柴等；自燃物品，如黄磷；遇水燃烧物品，如锂、钠、氢化钠、碳化钙。货物的爆炸性，爆炸是指物质从一种状态转变为另一种状态，并在瞬间放出大量能量的现象。爆炸有物理爆炸、化学爆炸之分。物理爆炸是指包装容器内部压力超过自身的耐压强度而引起的爆炸，如啤酒瓶、液化石油瓶的爆炸等。在物流过程中发生最多的是化学性爆炸。化学性爆炸是指某些物质受外因作用，引起化学反应而发生的爆炸。

（二）货物的化学变化

货物在运输、储存过程中，要与空气接触，有时受日光的直接照射。由于空气中的氧、水蒸气、有害气体、细菌、霉菌等作用，以及温度、湿度、压力、日光照射的影响，货物会发生化学发应。货物发生化学发应的过程就是货物质量发生质变的过程，严重时会使货物完全失去使用价值。

常见的化学反应有：化合、分解、水解、氧化、锈蚀、老化等。

三、货物的生物性质

货物的生物性质，是指有生命的有机体货物及寄附在货物上的生物体，在外界各种条件的影响下，为了维持其生命而发生生物变化的性质。它包括货物本身的生命活动（呼吸过程消耗营养物质）和微生物在有机营养内活动的两个方面。

在物流运输中，货物发生生物变化的形式主要有酶、呼吸、微生物、虫害的作用等。

果品的呼吸强度高低与贮藏寿命有密切的关系，呼吸强度高贮藏寿命短。贮藏温度、湿度对果品的呼吸强度影响很大，温度、湿度的降低，呼吸强度减弱。另外，果品应避免机械损伤，机械损伤会引起呼吸损伤，随着时间的延长，呼吸作用明显增强。

与货物质量变化的微生物有细菌、霉菌和酵母三类。影响微生物生命活动的因素有：

（1）温度。温度是影响微生物生长与存活的最重要因素之一，当环境温度超过微生物的最高生长温度时，将引起微生物的死亡。所以有高温灭菌法。

（2）干燥。水是微生物不可缺少的物质。缺水，导致微生物迅速死亡、逐渐死亡、不能繁殖等。

（3）渗透压。突然改变渗透压将使细胞失去活性。

（4）超声波。超声波可使细胞破裂死亡。

（5）辐射。辐射对微生物有害。辐射有：紫外线、X射线和γ射线。

在运输、储存过程中，为了抑制呼吸和微生物的生命活动，主要是采取控制水分和温度的方法，尽可能地创造干燥和低温的条件，以确保货物的原有品质。

害虫对有机体货物危害性很大，害虫不仅蛀食货物，破坏组织结构，造成破碎、孔洞、发热和霉变等危害，而且害虫的分泌物、粪便、尸碱能沾污货物，影响卫生，降低质量，甚至完全丧失食用或种用（种子粮）价值。如粮谷害虫能促使粮谷结露、陈化、发热和霉变等，老鼠、白蚁等还会咬坏货物的包装、库场建筑物和传染疾病等。

虫害作用与一般环境的温湿度、氧气浓度、货物的含水量有关，其中高湿是最重要的。为防止虫害，应控制有关因素并做好防感染工作。

四、影响货物的环境因素

货物在物流过程中，曝露在环境之中，在运输、装卸和储存保管过程中常受到温度、湿度、雨雪、太阳辐射、沙尘等环境因素的影响。对于物流工作人员来说，了解环境因素对货物的影响，防止环境因素对货物质量的改变是十分重要的。

（一）温度

1. 温度

一般气象台所观测的温度，是指离地面2 m高，无阳光直射且空气流通处的空气的温度。遮阳棚下、空气流通处的仓库内的温度与之相似。

2. 高温与低温

由于地域的不同，各地的高温情况也不同，在我国最高温度超过30 ℃的天数来比较，长江以南有100天～150天，黄河流域约75天，东北地区约10天。

高温对货物的运输及储存有很大的影响，特别是金属包装材料，在烈日曝晒下，表面温度可高达60 ℃～70 ℃；由于高温影响，用于防水的沥青油毡还会出现熔化的现象。

低温一般出现在1月，东北的黑龙江1月的平均温度在－20 ℃以下。低温会使橡胶、塑料等包装发生硬化，在外力作用下发生硬化损坏。

3. 温差

温差通常指一天中最高温度和最低温度之差。温差以干热带地区最大，日出前到午后的8小时内，温差可达30 ℃。温差大可能会引起封闭的包装件内产生水凝结现象，从而加速内装物的受潮、腐蚀，如集装箱的"出汗"现象就属于此类情况。另外温度的变化影响包装容器内货物的含水量，直接影响货物的质量。

（二）湿度

湿度是指空气中含水量的多少，有绝对湿度和相对湿度两种计量表示方法。

绝对湿度是以每立方米空气中所含水蒸气的克数来表示，单位 g/m^3。

饱和湿度(SH)：一定大小的空间能容纳水蒸气的最大限度，单位 g/m^3。不同温度下的饱和湿度见表1-3。在一定温度下，空气中所能容纳的水汽量是有限度的，如超过这个限度，多余的水汽就会凝结成水滴，这个限度称为该温度的饱和水汽量，这时的空气湿度称为饱和湿度。

相对湿度是在一定温度下，空气中实际的含水量与该温度下饱和时含水量的百分比。相对湿度越大，表示空气中的水汽量越接近饱和状态，空气就越潮湿，货物易吸湿受潮；反之，相对湿度越小，表示空气中的水汽量距离饱和状态越远，空气就越干燥，货物易散湿。因此，货物吸湿性的强弱、受潮变质的程度以及货物水分蒸发速度，与相对湿度的高低有着密切关系。

当高湿伴随着高温出现时，微生物会快速生长，在相对湿度80%～95%、温度为25 ℃～30 ℃时，将促使霉菌旺盛繁殖，结果会破坏货物的外观和质量。高湿会促使金属加速腐蚀，一般金属的临界腐蚀湿度是：铁：70%～75%，锌：65%，铝：60%～65%，当湿度超过金属的临界腐蚀湿度时，其腐蚀速度就成倍增长。

表 1-3　不同温度下空气的饱和湿度

温度(℃)	饱和量(g/m^3)	温度(℃)	饱和量(g/m^3)
11	9.934	21	18.142
12	10.574	22	19.220
13	11.249	23	20.353
14	11.961	24	21.544
15	12.712	25	22.795
16	13.54	26	24.108
17	14.338	27	25.486
18	15.217	28	26.931
19	16.143	29	28.447
20	17.117	30	30.036

(三)空气成分

空气是多种气体的混合物。它的恒定组成部分主要为氧和氮，可变组成部分为二氧化碳和水蒸气，它们在空气中的含量随地球上的位置和温度不同在很小限度的范围内会微小变动。至于空气中的可变组成部分，则随不同地区变化而有不同，例如，靠近冶金工厂的地方会含有二氧化硫，靠近氯碱工厂的地方会含有氯等。此外空气中还有或多或少的尘埃。

动植物的呼吸、物质的燃烧、动植物的腐烂、钢铁的锈蚀都需要耗用大量的氧气。在物流过程中对于大多数货物来说，为长期保证质量，氧气、水蒸气和尘埃是有害成分，需要严格控制和隔离；而氮气和二氧化碳则是保护性气体。

（四）太阳辐射

太阳辐射是一种由太阳发出的以电磁波形式传到地球的能量。太阳辐射可以杀死微生物，可以使货物的温度升高，降低货物的含水量。但太阳光照会使一些货物产生剧烈或缓慢的破坏作用，如酒类在光照下和空气中的氧发生反应而变浑浊；油脂会加速酸败；橡胶、塑料、纺织品、纸张在太阳光的作用下会加速老化；还有些货物如洋布、油纸在太阳照射下会氧化放热，若不及时散热，可能会自燃而引起火灾。

（五）雨雪

在热带地区，常会发生雨水落地后很快蒸发又回到大气中去的现象，特别是午后阵雨。显然对货物特别是户外堆放的货物来说是非常不利的，因为空气的相对湿度增加了。暴雨时常伴随着强风，因风的影响会使雨水降落的最大倾斜角达到60°，这种现象对户外地面堆放的货物会产生较大影响。

风雪环境大多发生在寒冷地区，包装好的货物会因小雪粒的积聚而受到损害。

五、影响货物储运质量的货物特性

货物的某些特性一旦在储运过程中表现出来，就会对货物的安全造成威胁，因此我们必须了解不同货物的不同特性：

（1）吸湿性。货物处于潮湿空气之中时，能吸收周围水分的特性。绝大多数吸湿性货物在空气相对湿度降低时，又会散发水分。如没有包装的纸张，当空气相对湿度大时，就会从空气中吸收水分，使纸张含水量升高；当空气相对湿度变小时，纸张会向空气中散失水分，纸张含水量降低；由于纸张吸收或散失水分不均匀，造成纸张变形。

（2）粘附染尘性。货物吸附气体、沾染灰尘等杂质的特性。如粮食、茶叶吸收异味；纤维材料易吸附粉状杂质。

（3）冻结性。一些表面具有较多吸附水的货物具有这种特性。如矿石、煤炭在含水量较大、遇低温时会冻结，虽不影响货物的质量，但会造成装卸困难。蔬菜、水果易冻结，质量也随之变化。

（4）热变与易腐性。货物随温度升高而发生质量变化的特性。如肉类、禽蛋、蔬果等具有明显的易腐性。另外，货物在受热后，虽在成分上未发生质的变化，形态上却发生了变化。如软化、变形、粘连、熔化等，造成货损、货垛倒塌及沾污其他货物，影响装卸作业等。

（5）自热、自燃性。一般情况下，氧化作用的进行是十分缓慢的。如果氧化产生的热量不易散发而积聚起来，就会发生自热、自燃现象，如油布伞、油纸、桐油布等油制品，如尚未干透即行打包运输，就易发生自燃。对于一些发热量较大、燃点较低的，如黄磷、废电影胶片、赛璐珞制品等，要特别注意防止自燃事故的发生。

（6）锈蚀性。绝大多数金属及其制品具有能被氧化锈蚀的特性。金属的锈蚀主要与其所处环境的相对湿度有关，相对湿度大、金属表面的水膜层就厚，金属就发生锈蚀。

（7）脆弱性。货物受外力作用极易被破坏的特性。如玻璃及其制品、精密仪器等。

(8)挥发性。由液体变为气体的过程。挥发会造成货物数量减少，质量降低。

(9)危险性。货物具有燃烧、爆炸、毒害、腐蚀、放射射线等危害的性质。

(10)互抵性。不同的货物能发生相互为害或不利影响的性质。如水泥和糖。因为糖掺水泥就不能食用，水泥掺有糖就会丧失凝固性。

六、货物的自然损耗

在运输过程中，由于货物本身的性质以及有关的运输条件的影响而产生的货物重量的不可避免的减少称为自然损耗，或称为自然减量。

(1)影响货物减量的主要因素是：干耗和挥发、渗漏和沾染、飞扬和散失。

(2)自然损耗率是指货物自然损耗的重量占运输货物原来总重量的百分比，又称自然减量损耗率。自然损耗率的大小与货物种类、包装、装卸方式以及次数、气候条件和运输时间长短等因素有关。它可以在有关合同中事先规定损耗限度。

在货物的运输过程中，货物的非事故性减量在自然耗损率或规定的损耗限度以内，承运人不负任何赔偿责任。部分货物的自然损耗率如表 1-4 所示。

表 1-4　部分货物的自然损耗率

货物名称	包　装	自然损耗率(%)
蔬菜类		0.34～3.40
水果类		0.213～2.55
肉类		0.213～2.55
鱼类		0.34～2.55
蛋类		0.213～1.7
酒类		0.51
糖		0.085～0.34
煤炭	散装	0.06～0.85
矿石	散装	0.11～0.15
盐	散装 袋装	0.85～3.0 0.30
水泥	袋装	0.70

知识二、货物运输条件

货物运输条件有两种意思，一是为了货物的安全和质量，在运输货物时，运输工具应具备的适货条件；二是为了运输的安全，航空运输、公路运输、铁道运输、水路运输都必须了解货物的运输危险性，确定货物的运输适宜性。

一、运输工具应具备的条件

为保证货物运输安全和质量，应充分了解物流运输的条件。不同的运输方式，运输条件有所不同，如所有运输方式中，海上货物的运输条件最难掌握，这些条件通常包括：船舶货舱适货条件、船舶货舱通风条件、船舶航行中的摇摆对货物的影响、货物的装载和保管条件、保证货运质量的条件等。这里主要介绍各种运输方式的共性条件。

为了适应大多数货种的装载，运输工具应具备：

（1）清洁。指车厢或货舱内不残留易污染其他货物的污秽物及其他物质。如残留化肥、煤、油脂或有毒害的物质等。

（2）干燥。指车厢或货舱内应无积水、漏水及潮湿现象。

（3）无异味。指油味、漆味、腥味、酸味及其他影响装载货物的异味。

（4）无虫害。指车厢或货舱内无害虫、检疫对象等。

（5）结构紧密。指车厢或货舱构件连接紧密，能防漏水、防光、防止各种块粒漏入。

（6）防震。货物在运输时的损坏大都是由于震动引起的，运输工具应有一定的防震措施，如在运输工具的底部放置衬垫等。

（7）通风良好。通风良好可以控制车厢或货舱内的温度和湿度。

二、货物运输条件鉴定

由专门的测试机构对货物进行鉴定。货物运输条件鉴定就是对货物的运输适宜性作出评价和建议。货物运输条件鉴定一般依据 IATA《危险货物规章》（DGR）2005、《联合国危险货物运输的建议书》第 14 版、GB12268-2005《危险货物品名表》、GB6944-2005《危险货物分类和品名编号》以及《物质安全数据表》（MSDS）等标准，对货物作出鉴定。具体包括：

1. 普通货物及化工品鉴定

根据客户的需求，测试机构依据联合国《关于危险货物运输的建议书》（橙皮书）、国际民航组织《危险物品航空安全运输技术导则》（ICAO TI 导则）、国际航空运输协会《危险品规则》（IATA DGR）、国际海事组织《国际海运危险货物规则》（IMDG Code）、联合国《化学品分类及标记全球协调制度》（GHS）等相关国际规章对运输的货物进行危险性分类检测。如果筛分结果表明该货物不属于九类危险品的范畴，测试机构将出具适合于空运、海运、铁路、公路、邮政以及快件的中英文对照的《货物运输条件鉴定书》，并注明该货物为普通化工品，为空运、海运等相关部门的进出口业务的高效开展提供权威的技术支持。

2. 危险品鉴定

依据联合国《关于危险货物运输的建议书》（橙皮书）、国际民航组织《危险物品航空安全运输技术导则》（ICAO TI 导则）、国际航空运输协会《危险品规则》（IATA DGR）、国际海事组织《国际海运危险货物规则》（IMDG Code）、联合国《化学品分类及标记全球协调制度》（GHS）以及中华人民共和国国家标准 GB12268-2005《危险货物品名表》等相关国际规章对运输的货物进行危险性分类检测，并出具适合于空运、海运、铁路、公路、邮政以及快件的中英文对照的《货物运输条件鉴定书》。

任务二 选择合适的运输包装保护货物

技能目标

- 能根据物流条件和货物的性质选择适合的运输包装
- 能辨别运输包装的等级
- 能识记各种包装形式

知识目标

- 货物运输包装的选择
- 运输包装的等级
- 货物的包装形式
- 包装的体积利用率

任务情境

瑞典宜家集团公司

宜家历史始于 1943 年瑞典阿根纳瑞小村庄，从一支笔、一瓶墨水的小生意做起，宜家创始人英格瓦·坎普拉德当时只有 17 岁。自那时起宜家集团已发展成为一个在全世界 25 个国家/地区拥有 123 000 个员工，年销售额 215 亿欧元的大型零售企业。

宜家集团在全世界 25 个国家拥有 267 个商场，宜家商场备有的家居用品应有尽有。去年，共有 5.9 亿个顾客光顾宜家商场。

宜家在全世界 30 个国家拥有 26 个贸易采购公司。这使宜家能够与供应商保持密切的合作——宜家在全世界 55 个国家拥有大约 1 220 个供应商。因此，宜家能够在关注社会和工作条件的同时监督生产、测试新的方法、商谈价格和检查质量。

前五大采购国家：中国 20%，波兰 18%，意大利 8%，德国 6% 和瑞典 5%。

前五大销售国家：德国 15%，美国 10%，法国 10%，英国 7% 和瑞典 6%。如图 1-1 所示。

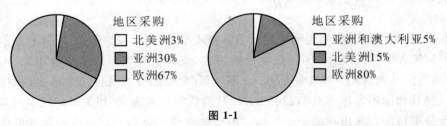

图 1-1

（资料来源：www.ikea.com）

 **训练任务**

宜家家具在运输、储存过程中是如何降低成本的？

宜家标榜以低价格制造好产品，是老百姓买得起的家居用品。这就必须找到既节约成本又富有创新的方法。这是宜家自其在瑞典斯莫兰起步之日起始终不渝的追求。从上面的介绍可以看出，宜家的前五大采购国家和前五大销售国家是不同的，也就是说宜家在采购地和销售地之间存在着大量的物流活动。本次训练任务是通过你的调查研究指出宜家在保证家具质量的前提下主要是从哪些方面来降低物流成本的。

任务要求

1.围绕技能目标，就上述问题学生分组讨论，根据以往掌握的知识指出降低物流成本的途径，并选择代表进行总结发言。

2.教师根据各小组讨论的氛围和发言代表的表现进行评价。

3.教师最后归纳出实施本任务的难点和重点。然后学生在课后通过上网或到图书馆查找资料，在下次上课时提出各组的最终答案。

任务讨论、分析

提示：降低物流成本的途径有多种，可以通过加强物流管理来达到目的，也可以通过改变货物的形态来实现，比如提高货物的密度就可以提高运输和仓储的效率，从而降低物流成本。

同学们主要围绕提高货物的密度这方面来讨论，指出宜家降低物流成本的可能途径，把讨论得出的结论写在下面的空白处。

> **宜家降低物流成本的可能途径**

知识学习

提示：在这里由教师提出宜家用来降低物流成本可能用到的方法和知识，注意做笔记，方便下面提出正确的方法。笔记可以写在下面的空白处。

> 提高货物密度、降低物流成本的方法，难点、重点

完成任务

根据老师提出的解决难点、要点的方法，通过查找资料，完成本任务。

相关知识阅读

知识一、货物包装概述

一、包装的概念

在我国《包装通用术语》的国家标准中，对包装下了明确的定义："为在流通过程中保护产品，方便贮运，促进销售，按一定的技术方法而采用的容器，材料及辅助物等的总名称。"也指"为了达到上述目的而采用的容器材料及辅助物的过程中施加一定技术方法等的操作活动"。

商品包装包括二层含义：一是指为了使商品方便运输，贮存，促进销售，便于使用，对商品实行的包裹、存放的容器和辅助材料，通常叫包装材料或包装用品，如箱、纸、桶、盒、绳、钉等。二是指对商品进行包裹、存装、打包、装潢的整体操作过程，是包装商品的具体业务。如装箱、扎件、灌瓶等。产品经过包装所形成的总体称为包装体。包装体则是一般意义上包装的延伸。它包括从包装产品到产品组合，分发包装产品，处理废物及回收利用，体现了与包装有关的许多部门之间的系统联系。

也有人认为：包装是一种在合理条件下以最低成本保证货物安全有效地送达最终消费者手中的工具。包装是一种技术经济的作用，其目标是运送成本极小化，销售和利润极大化。

二、包装的等级和类型

包装的分类方法很多，对很多初学者来说不容易区分，在这里采用包装的等级和类型来区分不同的物流包装，易掌握。

(一)包装的等级

在欧洲，为了反映包装的级别，包装常分为一类、二类和三类包装，如图1-2所示。

一类包装：又称消费者包装，包含一个销售单元给最终用户或消费者的包装。是消费者带回家的包装，主要功能是容纳和保护。随着人们对环保的日益重视，消费者包装已成为焦点。因此要减少货物可能对环境的负面影响，消费者包装是关键的因素。

图1-2 包装的等级

二类包装：又称运输包装。用来容纳许多一类包装的包装。可整体卖给消费者或作为工具。主要功能是便于搬运和识别。

三类包装：便于运输和搬运多个一类或二类包装的包装。也称为运输包装，其目的是防止产品的损坏。

(二)包装的类型

在我们的日常生活中，包装有不同的类型，具体定义如表1-5所示。

表1-5 不同类型的包装定义

包装类型	定 义
一类包装	直接与产品接触的包装，这种包装常常是消费者带回家的包装
消费者包装	同一类包装
销售包装	同消费者包装
二类包装	用来包装数个一类包装的包装
运输包装	为了提供有效的产品和物流以及防止搬运和运输损失，包装被考虑来方便保护、陈列、搬运和运输许多一类包装
工业包装	同运输包装
大件包装	同运输包装，但体积>1 m³
物流包装	同运输包装
成组包装	方便保护、陈列、搬运和运输许多一类包装
陈列包装	同成组包装，常常更强调陈列的特性
零售包装	类似于成组包装，特别强调其适合商店的货架

三、包装的功用

包装是在人类社会的长期经济生活中逐步形成和发展起来的。随着我国国民经济的不断发展，包装在生产、流通和人民生活中的地位和作用日益增长，在现代生产中绝大多数产品只有经过包装后，才算完成它的生产过程，才能进入流通领域和消费领域。在现代市场营销活动中，商品包装被冠以"无声推销员"美誉，是宣传商品、宣传企业形象的工具，是商品特征的放大镜、免费的广告。因此，良好的包装从货物的生产、销售，到人们的生活始终起着重要作用。

(一)保护货物

货物在物流过程中经过搬运、装卸、运输、贮藏等过程容易受到处界因素损害和影响使商品破坏变形、渗漏和变质。适宜的包装能抵抗各种破坏因素，可防止商品遭到损害和影响，起到保护货物质量完好的作用。

货物在运输过程中经受振动、冲击、压力、低温、高温等破坏。因此，货物包装要有一定的抗振动性，才能保证在运输过程中的安全，尤其在采用集装箱和托盘运输时，货物包装不能过于简陋，要避免货物损害事故的发生。

货物在贮存、堆码所产生静压力对包装的破坏也是很严重的。因此，包装要有一定的强度，保证在规定堆积高度下的稳定性和安全性。

环境方面对货物的破坏因素是水、高温、低温和湿度的变化及污染等，因此，包装必须有一定的防潮、防腐蚀等防护措施，保证包装本身在外界环境因素影响下，性能稳定，以免造成商品的锈蚀、变质。

虫蛀、鼠害及微生物的侵入，也是一种破坏因素，因此，包装要采取一定措施封避严密，以防生物和微生物的威胁和侵害。

(二)方便配送

货物经过配送才能实现其消费。这个功能随着货物搬运的机械化和自动化的提高变得越来越重要。在配送时尽可能使用叉车、标准化的托盘以适应机械化的装卸。据研究表明：搬运在配送中心、零售商和发货人中受到最大的关注，它是成本的最大部分。那么包装如何方便配送呢？

(1)单元载荷适中。包装应该包容产品并使它们容易搬运、堆码和展示。包装能很好地适应 800 mm×1 200 mm 或 1 000 mm×1 200 mm 尺寸的模数包装。标准的包装使得使用标准的搬运设备和标准的仓储设备成为可能。

(2)容易识别的信息。有关货物的信息是通过包装上的信息传递给用户，主要是通过包装上提供的条形码或 RFID 读取所有的信息。

(3)便于运输。在运输过程中混合装载时使用标准化的包装日益重要。

(三)方便消费者

合理的商品包装，其绘图、商标和文字说明等即展示了商品的内在品质，方便消费者认别，又介绍了商品成分、性质、用途和使用方法，便于消费者购买、携带。

(四)美化商品，促进销售

包装是"无声的推销员"。好的包装本身就是很好的广告。精美的包装，可起美化宣传商品的作用，提高市场竞争力。良好的包装，给商品"梳妆打扮"，给人以美的享受，能诱导和激发消费者购买动机和重复购买的兴趣，特别是在当今人们的物质生活和文化生活不断提高的情况下，包装与装潢更成为消费者购买商品时的重要因素。

(五)使商品使用价值和价值增值

新颖独特、精美合理的包装，是商品价值增值的重要手段。合理的包装增加了商品的自然寿命，因而使商品的使用价值增值，具有提高商品身价的功能。合理而精美的包装可增加企业的经济效益。

四、物流中的包装

在整个物流活动中，包装的材料、形式、方法以及外形设计都对物流环节产生重要的影响。在生产企业和商业企业都进入微利时代的今天，物流已成为企业取得竞争优势的关键。在物流中最重要的包装功能和参数为：有效体积、消费适应性、有效重量、过程集成、可搬运性、保护、识别、经济。

(一)有效体积

在物流中为获得良好的经济性，货物需要有高的体积利用率。包装容器的体积利用率包括：

(1)内部的充填程度，包装容器的充满程度。主要取决于产品的形状、设计和衬料。

(2)外部的充填程度，包装在运载工具上充满率和仓储空间的利用率。主要取决于包装是否适合标准模数和堆码高度。

为了达到最优的体积效率，无论是内部充填率还是外部充填率都必须考虑影响全局的三个影响因素：产品、包装和物流环境。

另外，空包装也应该有高的体积利用率，空包装在运输和仓储过程中能够用一定方法进行压缩，节省空间。

例如：由东洋制罐开发的塑胶金属复合罐 TULC(Toyo Ultimate Can)罐，以 PET 及铁皮合成之二片罐，主要使用对象是饮料罐。这种复合罐既节约材料又易于再循环，在制作过程中低能耗、低消耗，属于环境友好型产品。东洋制罐还研发生产一种超轻级的玻璃瓶。像用这种材料生产的 187 mL 的牛奶瓶的厚度只有 1.63 mm，89 g 重，普通牛奶瓶厚度为 2.26 mm，重 130 g，比普通瓶轻 40%，可反复使用 40 次以上。该公司还生产不含木纤维的纸杯和可生物降解的纸塑杯子。东洋制罐为了使塑料包装桶、瓶在使用后方便处理，减少体积，在塑料桶上设计了几根环形折痕，废弃时可以很方便地折叠，这类塑料桶(瓶)种类包括 500 mL 到 10 L 容积等多个品种。

（二）消费适应性

包装的尺寸和大小应适应消费者的需求。如能满足消费者需要的重量和大小，在包装中有分包装，包装可重复密封。

（三）有效重量

在运输工具上被运输的货物受到自身的体积和重量所限制。包装的形状、体积和重量决定了运输工具的实载率，同时也影响搬运的效率和质量。

（1）人工装卸时，包装件小于 10 kg 时，可能被抛掷，跌落高度超过 1 m；包装件（20 kg～30 kg）时，易实现轻拿轻放；包装件大于 60 kg 时，需要较强的劳动力搬运，易产生翻滚，棱、角、面跌落或碰撞。

（2）机械装卸。通常是包装件大于 90 kg 时用，装卸时产生的冲击小。

（四）过程集成

主要指货物的包装、搬运、配送等作为一个过程的集成部分，包装的过程应合理、减少包装的种类、方便配送和零售。

（五）可搬运性

无论对谁，包装是容易搬运的。

（六）保护

包装的保护性能应适合整个供应链，但保护和成本之间是效益背反的。

（七）识别

正确的货物在正确的时间放置在正确的位置上，包装起到重要的作用。自动识别技术保证我们可以快速和可靠地获取信息。

在包装上的信息量有增大的趋势，特别是消费者包装上。这就导致了包装上空间的不足。除了声明的内容、条形码、使用说明书和一般的商品描述外，包装还必须显示对环境的标志、材料的种类和儿童防护等内容。

（八）经济

在能保护货物的前提下，包装成本要最小。

知识二、常见的运输包装

一、物流的基本单位

在物流过程中，产品和包装是一个不可分离的整体，直到最终到达消费者为止。在操作过程中，我们接触的是货物的运输包装，特别对于快速消费品来说更加如此。所以物流的基本单位是运输包装，具体表现为木箱、瓦楞纸箱、桶、袋、托盘等。

二、常见的运输包装

货物的运输包装可按包装形式和包装材料分为六种，具体如表 1-6 所示。

表 1-6　运输包装形式及适用货物

包装形式（附英文复数简写）	通常所装货物
箱状包装 各种木箱（Case）　C/S 纸箱（Carton）　Ctns 胶板箱（Plywood）　C/S，/Cs 板条、亮格箱（Crate）　Crts	箱装总称：装杂货等 日用百货等 日用百杂货、茶叶等 机械设备、大理石、瓷砖等
捆包状包装 包、捆（Bale）　B/S	棉麻、纤维、纺织品、羊毛等
袋状包装 袋（Bag）　Bgs 麻袋（Gunny Bag）　Bgs 纸袋（Paper Bag）　Bgs 布袋（Sack）　Sks 人造革袋（Leatheroid Bag）　Bgs	袋装总称：装粉粒状货物 粮谷、糖、化肥等 水泥、化肥、塑料原料等 面粉、淀粉等 化学原料、矿粉等
桶状包装 各种金属桶（Iron Drums）　Drms，D/S 塑料桶（Plastic Drums） 鼓形木桶（Barrel）　Brls 大木桶（Hogshead）　Hghds 小木桶（Keg）　Kgs	油类、染料、危险性化学原料等 液体类 肠衣、酒、松脂等 烟叶、农副土产等 小五金等
其他形状包装 捆扎（Bundle）　Bdle 卷筒等（Roll，Reel，Coil） 篓筐（Basket）　Bkts 坛、瓿（Jar） 瓶（Bottle） 钢瓶（Cylinder） 罐（Can）	平叠纸张、金属锭、钢材等 卷纸、电缆、铅丝、绳索等 水果、蔬菜 腐蚀性液体、酒、榨菜等 酒、化学品等 各种压缩液化气体等 油漆等
裸状包装 锭（Ingot）　Igts 块（Pig） 管（Pipe） 条、棒（Bar） 张（Sheet）　Shts 个、件（Piece）　Pcs 头、匹（Head）　Hds 裸装（Unpacked）	铝、锌、锡、铜等 生铁、铜、建筑石块等 大型钢管、铁管等 条形钢材等 钢板 各种奇形钢材或设备等 活动物 大型机件、车辆、舟艇、设备等

（1）箱状包装。形状为六面体，由天然木板、胶合板或瓦楞纸板等材料构成，目前瓦楞纸板所制造的箱子应用有增大的趋势。箱状包装是最常用的一种包装，应用广泛。

（2）捆包状包装。这是直接贴附在货物外表的包装，通常使用棉、麻等织物作为包皮，加以捆扎。它适用于纤维及其织品的包装。

（3）袋状包装。可以使用多种材料。如纸、麻织料、布料、塑料和化纤等。主要装载粉状、颗粒状货物。

（4）桶状包装。是一种圆柱形密封包装。材质有金属、胶合板、纸板、塑料等。主要是装载块状、粉状、糊状、液体等物质。

（5）其他形状包装。指以上四种形状以外的包装。

（6）裸状包装。通常是不加包装而成件的货物，但实际上有相当多的货物需要简单的捆扎。如把一定数量的钢管或钢条捆扎成一体。

任务三　识别货物

技能目标

- 理解包装标志是货物快速识别的关键
- 能识别运输包装上的标志
- 能正确理解品类与品项的概念
- 理解定量包装和变量包装
- 掌握不同包装对应的条形码

知识目标

- 运输包装标志
- 品类的概念
- 品项的概念
- 货物的编码
- 条形码介绍

任务情境

eBay 收购 iPhone 条形码扫描程序

全球最大的在线交易市场 eBay 日前宣布从 Occipital 公司收购了备受使用者欢迎的苹果公司 iPhone 条形码扫描应用程序 Red Laser 以及相关技术。但收购的具体条款并未同时公布。

凭借超过 200 万次的下载，Red Laser 程序堪称最畅销的 iPhone 条形码扫描应用程序。eBay 计划将 Red Laser 的条形码扫描技术整合到其 iPhone 应用中，从而帮助 1000 多万用户快速获得产品信息，以便快捷地销售产品和进行对比购物。

（资料来源：中华工商时报 2010 年 07 月 08 日）

 训练任务

选择一种货物，调查运输包装上有哪些信息。货物的包装、品项、条形码之间的关系是怎样的。

任务要求

1. 围绕技能目标，学生预先找到两种货物的一类包装和二类包装（主要观察二类包装），就上述问题学生分组讨论，找出任务最初答案，并选择代表进行总结发言。

2. 教师根据各小组讨论的氛围和发言代表的表现进行评价。

3. 教师最后归纳出实施本任务的难点和重点。

任务讨论、分析

提示：运输包装上的信息有很多，运输包装的信息有一个很重要的作用是识别货物。由于个性化需求的增加，同时又要快速满足这些需求，货物的快速识别变得越来越重要。本次任务主要是围绕快速识别这方面来讨论。把讨论得出的结论写在下面的空白处。

任务展示

知识学习

提示：在这里由教师提出知识、技能要点，注意做笔记，笔记可以写在下面的空白处。

知识、技能要点

完成任务

根据老师提出的知识、技能要点，完成任务。

相关知识阅读

知识一、运输包装标志介绍

运输包装标志主要是应物流管理的需要而产生的。货物在物流过程中要经过多环节、多层次的运输和中转，要完成各种交接，这就需要标志来识别货物。包装货物通常为密封容器，经手人很难了解内装物是什么，同时内部产品性质不同、形态不一、轻重有别、体积各异，保护要求也就不一样。物流管理中许多事故和差错常常是因为标志不清或错误而造成的，如错发、错运、搬运装卸操作不当、储存保管不善等。所有这些都说明包装标志对有效地进行装卸、运输、储存等物流活动起着重要影响。

包装标志就是指在运输包装外部采用特殊的图形、符号和文字，以赋予运输包装件以传达功能。其作用有三：一是识别货物，实现货物的收发管理；二是明示物流中应采用的防护措施；三是识别危险货物，暗示应采用的防护措施，以保证物流安全。

运输包装的标志，其主要作用是在储运过程中识别货物、合理操作。按其用途可分成运输标志(Shipping Mark)、指示性标志(Indicative Mark)、警告性标志(Warning Mark)、重量体积标志和产地标志。

一、运输标志

运输标志,又称唛头,是一种识别标志。按国际标准化组织(ISO)的建议,包括四项内容:

(1)收货人名称的英文缩写或简称;

(2)参考号,如订单、发票或运单号码;

(3)目的地;

(4)件号。

例如：　　ABCCO　　　收货人名称

　　　　　SC1050　　　合同号码

　　　　　LONDON　　目的港

　　　　　No.4—20　　件号(顺序号和总件数)

运输标志在国际贸易中还有其特殊的作用。按惯例规定,在商品特定化以前,风险不转移到买方承担。而商品特定化最常见的有效方式,是在商品运输包装上,标明运输标志。此外,国际贸易主要采用的是凭单付款的方式,而主要的出口单据如发票、提单、保险单上,都必须在运输标志中显示出。商品以集装箱方式运输时,运输标志可被集装箱号码和封口号码取代。

二、指示性标志

指示性标志(也称包装储运标志)。是一种操作注意标志,以图形和文字表达。如小心轻放、由此起吊、禁止翻滚等。具体如表1-7所示。

表 1-7　包装储远标志(摘自 GB 191—2000)

序号	标志名称	标志图形	含义	备注/示例
1	易碎物品		运输包装件内装易碎品,因此搬运时应小心轻放	使用示例:
2	禁用手钩		搬运运输包装件时禁用手钩	

序号	标志名称	标志图形	含义	备注/示例
3	向上		表明运输包装件的正确位置是竖直向上	使用示例：
4	怕晒		表明运输包装件不能直接照晒	
5	怕辐射		包装物品一旦受辐射便会完全变质或损坏	
6	怕雨		包装件怕雨淋	
7	重心		表明一个单元货物的重心	使用示例： 本标志应标在实际的重心位置上

续表

序号	标志名称	标志图形	含义	备注/示例
8	禁止翻滚		不能翻滚运输包装	
9	此面禁用手推车		搬运货物时此面禁放手推车	
10	禁用叉车		不能用升降叉车搬运的包装件	
11	由此夹起		表明装运货物时夹钳放置的位置	
12	此处不能卡夹		表明装卸货物时此处不能用夹钳夹持	
13	堆码重量极限	kg$_m$	表明该运输包装件所能承受的最大重量极限	

序号	标志名称	标志图形	含义	备注/示例
14	堆码层数极限		相同包装的最大堆码层数，n 表示层数极限	
15	禁止堆码		该包装件不能堆码并且其上也不能放置其他负载	
16	由此吊起		起吊货物时挂链条的位置	使用示例： 本标志应标在实际的起吊位置上
17	温度极限		表明运输包装件应该保持的温度极限	a) b)

三、警告性标志

警告性标志，又称危险品标志（如表 1-8 所示），用以说明商品系易燃、易爆、有毒、腐蚀性或放射性等危险性货物。以图形及文字表达。对危险性货物的包装储运，各国政府制定有专门的法规，应严格遵照执行。

表 1-8 危险货物标志

标志号	标志名称	标志图形	对应的危险货物类项号
标志 1	爆炸品	 爆炸品 1 （符号：黑色，底色：橙红色）	1.1 1.2 1.3
标志 2	爆炸品	1.4 爆炸品 1 （符号：黑色，底色：橙红色）	1.4
标志 3	爆炸品	1.5 爆炸品 1 （符号：黑色，底色：橙红色）	1.5
标志 4	易燃气体	易燃气体 2 （符号：黑色或白色，底色：正红色）	2.1

续表

标志号	标志名称	标志图形	对应的危险货物类项号
标志5	不燃气体	（符号：黑色或白色，底色：绿色）	2.2
标志6	有毒气体	（符号：黑色，底色：白色）	2.3
标志7	易燃液体	（符号：黑色或白色，底色：正红色）	3
标志8	易燃固体	（符号：黑色，底色：白色红条）	4.1

续表

标志号	标志名称	标志图形	对应的危险货物类项号
标志9	自燃物品	（符号：黑色，底色：上白下红）	4.2
标志10	遇湿易燃物品	（符号：黑色或白色，底色：蓝色）	4.3
标志11	氧化剂	（符号：黑色，底色：柠檬黄色）	5.1
标志12	有机过氧化物	（符号：黑色，底色：柠檬黄色）	5.2

标志号	标志名称	标志图形	对应的危险货物类项号
标志 13	剧毒品	（符号：黑色，底色：白色）	6.1
标志 14	有毒品	（符号：黑色，底色：白色）	6.1
标志 15	有害品（远离食品）	（符号：黑色，底色：白色）	6.1
标志 16	感染性物品	（符号：黑色，底色：白色）	6.2

续表

标志号	标志名称	标志图形	对应的危险货物类项号
标志 17	一级放射性物品	（符号：黑色，底色：白色，附一条红竖条）	7
标志 18	二级放射性物品	（符号：黑色，底色：上黄下白，附两条红竖条）	7
标志 19	三级放射性物品	（符号：黑色，底色：上黄下白，附三条红竖条）	7
标志 20	腐蚀品	（符号：上黑下白，底色：上白下黑）	8

续表

标志号	标志名称	标 志 图 形	对应的危险货物类项号
标志21	杂类	杂类 9 （符号：黑色，底色：白色）	9

四、重量体积标志

重量体积标志。运输包装外通常都标明包装的体积和毛重，以方便储运过程中安排装卸作业和舱位。如：GROSS WEIGHT（毛重）881 kg；NET WEIGHT（净重）85 kg；MEASUREMENT（体积）45 cm×35 cm×25 cm。

五、产地标记

产地标记，商品产地是海关统计和征税的重要依据，由产地证说明。但一般在内外包装上均注明产地，作为商品说明的一个重要内容。许多国家规定禁止无原产地标志的商品进口，大多数国家对不符合原产地标志规定的进口商品处于罚款。

产地标记是用于指示一项产品来源于该地，且该产品的质量特征完全取决于该地的地理环境、自然条件、人文背景等因素，从而对特定的产品实施保护，它代表着商品的质量和信誉。获得原产地标记的产品，不仅能够提高其品牌在国际上的知名度，在国内外市场可受到不被仿冒侵害等保护措施，而且在进出口贸易中易获得关税、通关等优惠。

世界上诸如美国、加拿大、日本等国很早就开始对进口商品要求加贴原产地标记。其中美国对原产地标记的管理最为典型、最为严格。该国规定外国货物入境时，未进行准确标记的不得进入美国市场。否则，海关将征收相当于货物价值10％的标记税。欧盟也不例外。2006年7月，欧委会表决通过了由意大利等国提出的对来自欧盟成员国以外的某些产品强制实行原产地标记的决议。

在我国对"原产地"这一术语有两种解释：

其一：是海关管理及其他对外贸易管制中的进口物原产地即世界组织货物规则项下的原产地（The Origin of Goods）。这种产地仅仅是指货物的来源地，并且这里指的来源地，并非一定是货物真正的出产地，它也可能是货物的转让地即第二次加工地。根据各国的原产地规则和国际惯例，原产地是指某一货物的完全生产地，当一个以上的国家参与了某一货物的生产时，那个对产品进行了最后的实质性加工的地区，即为原产地。而且确定原产地的目的是为了征收关税或者采取其他贸易管制措施。在这种意义上讲，原产地与产地标记、货源标记同义，也称为"原产国标记"。比如：美国制造、中国制造等。

原产国标记是指用于指示一项产品或服务来源于某个国家或地区的标识、标签、文字、图案以及与产地有关的各种证书等，它被形象地称为"经济国籍"，欧盟要求在进口商品中加贴的标记就是指这种原产国标记。

其二：是从它含有的无形财产权的意义上讲的，乃 WTO 下《TRIPS 协议》提出给予法律保护的一种商业标记，即相当于《TRIPS 协议》等国际公约中所使用的地理标志意义上的原产地。即地理标志（Geographical Indications），而非国际货物贸易中的原产地。地理标志是指一个国家、地区或特定地方的地理名称，用于指示一项产品来源于该地，且该产品的质量特征完全或主要取决于该地的地理环境、自然条件、人文背景等因素。原产地标记是客观存在的，它的自然属性不受法律保护。只有通过第三方的检验检疫或注册后，方能得到证明和保护。

我国出口企业的原产地标志是由企业向辖区内的出入境检验检疫部门提出并由检验检疫部门进行评审，报国家质检总局备案。

原产地标记不同于原产地证书，它所证明的层次比原产地证书要深的多，如"大闸蟹"，我国就有江苏，安徽，辽宁，江西等地。但在国际上享有声誉的，只有苏州地区的"阳澄湖大闸蟹"，"太湖大闸蟹"。因此，在某种特定的情况或环境下，进行原产地标识或地理标识，就能使消费者进行正确的识别，能够购买到自己想购买的正确品牌。图 1-3 是中华人民共和国地理标志保护产品专用标志。

图 1-3　中华人民共和国地理标志保护产品专用标志

知识二、品类、品项、条形码

一、品类的概念

按照 AC 尼尔森调查公司的定义，品类即"确定什么产品组成小组和类别，与消费者的感知有关，应基于对消费者需求驱动和购买行为的理解"，而家乐福则认为"品类即商品的分类，一个小分类就代表了一种消费者的需求"。

请明确的是这里讲的是根据消费者的需求进行分类，而不仅仅是根据商品的属性进行分类，这就是品类管理与传统商业管理在分类上的最大不同。在零售企业中，最典型的一个对比是关于"碗碟"的分类，在某跨国零售企业的分类中，"碗碟"被定义为"消费者通常用于盛放食物的器皿"，所以它在小分类中是先分为"碗碟"，再细分为"陶碗碟"、"瓷碗碟"、"密胺碗碟"、"玻璃碗碟"、"不锈钢碗碟"、"木制碗碟"等，集中陈列，方便消费者选购；但是我国有些零售企业，仍然按照传统的商品属性分类，"陶碗碟"、"瓷碗碟"放在众多的陶瓷制品中，"密胺碗碟"放在密胺制品中，"玻璃碗碟"放在玻璃制品中，"不锈钢碗碟"放在不锈钢制品中，"木制碗碟"放在木制制品中，而在陈列方面，这些碗碟分别陈列在百货区的四个角落，顾客如要购买碗碟，非常不方便。

品类是超市商品管理的基本单位，由若干品项（单品）构成。

二、品项

在库存管理中经常会看到"SKU"这个词，SKU 英文全称为 Stock Keeping Unit，定义为库存进出计量的最小单位。例如纺织品中一个 SKU 通常表示：同一规格、颜色、款式。还有的译为存货单元、库存单元、库存单位、货物存储单位、存货保存单位、单元化单位、单品、品种，基于业务还有的是称最小零售单位、最小销售单位、最小管理单位、库存盘点单位等。

理解 SKU 首先应当了解单品的定义，即指包含特定的自然属性与社会属性的商品种类。对一种商品而言，当其品牌、型号、配置、等级、花色、包装容量、单位、生产日期、保质期、用途、价格、产地等属性与其他商品存在不同时，可称为一个单品。在连锁零售门店中有时称单品为一个 SKU。当然，单品与传统意义上的"品种"的概念是不同的，用单品这一概念可以区分不同商品的不同属性，从而为商品采购、销售、物流管理、财务管理以及 POS 系统与 MIS 系统的开发提供极大的便利。例如：单听销售的可口可乐是一个单品，而整扎销售的可口可乐又是一个单品，这两个单品在库存管理和销售是不一样的。而在传统意义上的品种，听装的可口可乐是一个品种，不管其销售模式是什么样的。

SKU 基本上包含三个概念：品项、编码、单位。这三个概念代表了三个方面：

1. 品项

品项可以结合上面关于单品、SKU 和品种的解释来理解。也就是只要属性有不同，那么就是不同的品项（SKU）。同一种产品的属性有很多种，如品牌、型号、配置、等级、花色、生产日期、保质期、用途、价格、产地等；但同样的产品只要在人们对其进行保存、管理、销售、服务上有不同的方式，那么它（SKU）就不再是相同的了。如同一种货物以箱的方式保管，或以托盘的方式来保管，不同方式下的品项（SKU）是不同的。

2. 编码

这个概念是基于信息系统和货物编码管理来说的，像"品项"中介绍的那样，不同的品项（SKU）就有不同的编码。我们可以依照不同的 SKU 数据来分析库存、销售状况。当你使用物流或者 ERP 系统的时候，你会发现 SKU♯：12356 这样的文本框。长时间的使用会让很多人都认为，SKU 就是产品的编码了。但是这里的产品如"品项"所说，并非是一个泛泛的产品概念，而是很精确的产品概念。

3. 单位

这是基于管理来说的，这个名字上是数字化管理方式的产物。但是这里的单位和我们平时的"单位"有所不同：产品的包装单位不同，SKU 就不同。精确到 SKU 的管理方式才能适应目前的激烈竞争。

综上所述，SKU 就是现代物流的最小管理单位，是现代物流信息化的产物。由于中国有很多的仓库管理还没有真正实现信息化，大部分还是电脑做表格，手工记录，所以 SKU 无法实施，这是因为信息量过大，手工操作太繁杂的缘故。

三、条码

条码是由一组按特定规则排列的条、空及对应字符组成的表示一定信息的符号。分为一维码和二维码，如图 1-4、图 1-5 所示。在物流中使用的条码大都是一维条码。条码技术产品有近万种，本文只介绍与一类包装、二类包装和三类包装有关的条码。

CODE16K

图 1-4　一维条码　　　　　图 1-5　二维条码

（一）商品条码

EAN 商品条码是国际物品编码协会（EAN）制定的一种商品用条码，通用于全世界，我国的商品条码与其等效。UPC 商品条码是代码一体化委员会（UCC）制定的一种商品条码，主要用于美国和加拿大地区。2002 年 11 月 26 日 EAN 正式接纳 UCC 成为 EAN 的会员，条码系统形成了一个新的 EAN·UCC 系统（现称为 GS1 系统）。UCC 的加入有助于发展、实施和维护 EAN·UCC 系统，有助于实现制定无缝的、有效的全球标准的共同目标。

EAN·UCC 系统是一个以商品条码为核心的标识系统。通过对产品、运输单元、资产、位置与服务的唯一标识，对全球的多行业供应链进行有效管理的一套开放的国际标准，由国际物品编码协会与美国统一代码委员会共同开发和维护。

1. 商品条码概念

狭义概念。GB 12904-2003《商品条码》：指零售商品的代码与条码标识，只包括 EAN/UPC 条码。广义概念。《商品条码管理办法》（2005 年）：指在供应链中流动的物品（包括零售商品、非零售商品、物流单元）以及交易方（厂商物理位置）的全球统一的代码与条码标识。包括 EAN/UPC 条码、ITF-14 条码和 UCC/EAN-128 条码。不同类型的条码，如图 1-6 所示。

图 1-6　不同类型的商品条码

2. 商品标识代码和商品条码的区别和联系

商品标识代码由国际物品编码协会（EAN）与代码一体化委员会（UCC）规定的，用于标识商品的一组数字，包括 EAN/UCC-13、EAN/UCC-14 和 UCC-12 代码。

商品条码由国际物品编码协会（EAN）与代码一体化委员会（UCC）规定的用于表示商品代码的条码，包括 EAN/UCC-13、EAN/UCC-14 和 UPC 条码。具体如图 1-7 所示。

图 1-7　商品代码与商品条码

3. 贸易项目

贸易项目是指一项产品或服务，它可以在供应链的任意一点进行标价、定购或开据发票以便所有贸易伙伴进行交易。对于货物，贸易项目就是流通中可以交易的一个单元，如一瓶啤酒，一箱啤酒。它可以是零售的，也可以是非零售的。从包装的角度来看，可以是一类包装、二类包装或三类包装。

我们把货物分成消费（贸易项目）的、储运的和货运（物流）的三种单元，还可以把商品分为定量单元（包装）和变量单元（包装）两类。

在某种特定情况下，三种单元有可能是一致的。如一个特别大的电冰箱搬到你家是一个冰箱（贸易项目单元），存在仓库里面肯定也是一个冰箱（储运单元），放到卡车运的时候还是一个冰箱（物流单元）。

通过零售渠道直接销售给最终用户的单元叫做消费单元（主要是一类包装）。对于消费单元，按件（包装）计数的叫做定量消费单元（包装），而按照一些基本的计量单位计数的叫做变量消费单元（包装）。比如我们在超市里面买肉，当时切下来在电子秤上一称，打出来的条码属于变量消费单元条码。

（二）商品代码（主要指消费单元代码）

商品代码采用 EAN/UCC-13 代码，代码有 13 位数字组成，结构相对稳定。在我国 EAN/UCC-13 代码分三种结构，每种代码结构由三部分组成，具体如表 1-9 所示。

表 1-9　EAN/UCC-13 代码的三种结构

结构种类	前缀码 $(X_{13} X_{12} X_{11})$	厂商识别代码（含前缀码）	商品项目代码	校验码
结构一	690 691	$X_{13} X_{12} X_{11} X_{10} X_9 X_8 X_7$（7 位）	$X_6 X_5 X_4 X_3 X_2$（5 位）	X_1
结构二	692 693	$X_{13} X_{12} X_{11} X_{10} X_9 X_8 X_7 X_6$（8 位）	$X_5 X_4 X_3 X_2$（4 位）	X_1
结构三	694 695	$X_{13} X_{12} X_{11} X_{10} X_9 X_8 X_7 X_6 X_5$（9 位）	$X_4 X_3 X_2$（3 位）	X_1

前缀码是由 2～3 位数字组成，是由 EAN 分配给国家（或地区）编码组织的代码。前缀码由 EAN 统一分配和管理，中国的前缀码是 690～695。需要明确的是，前缀码并不代表产品的原产地，而只能说明分配和管理有关厂商识别代码的国家（或地区）编码组织。

厂商识别代码由 7～9 位数字组成，由中国物品编码中心负责分配和管理。根据《商品条码管理办法》，具有企业法人营业执照或营业执照的厂商可以申请注册厂商识别代码。

商品项目代码由 3～5 位数字组成，由厂商负责编制。

校验码为 1 位数字，用来校验 X_{13}～X_2 的编码正确性。校验码是 X_{13}～X_2 的数字按一定的数学算法计算而得。

（三）储运单元条码

1. 储运单元

储运单元是指为了便于搬运、仓储、订货、运输等由贸易项目组成的商品包装单元。一般来说，储运单元是不通过 POS 扫描销售的贸易项目。从包装的角度来看主要是二类包装。

2. 储运单元代码

定量储运单元的代码可采用 13 位数字编码,对应的条码是 EAN-13 条码,也可采用 14 位数字编码,对应的条码是 ITF-14 条码。

采用 EAN-13 条码表示。EAN-13 条码既可以表示零售商品,也可以表示非零售商品。二者用法相同。如图 1-8 所示。

图 1-8　EAN-13 表示的储运单元代码

采用 ITF-14 条码表示。ITF-14 条码只用于不经过 POS 扫描结算(可直接用于仓库)的非零售商品的包装上。该条码符号较适合直接印制于瓦楞纸或纤维板上。如图 1-9 所示。

变量储运单元的编码采用 14 位数字的主代码和 6 位数字的附加码组成。对应的条码是:主代码采用 ITF-14 条码,附加码采用 ITF-6 条码。

图 1-9　ITF-14 条码表示储运单元

(四)物流单元条码

物流单元是为了运输或仓储而建立的组合项目,在供应链中需要进行管理。从包装的角度看,物流单元主要是三类包装。

物流单元采用 UCC/EAN-128 条码表示。UCC/EAN-128 条码是全球统一标识系统中惟一可以用于表示附加信息的非定长条码符号,且应与应用标识符连用。如图 1-10 所示。

1. SSCC

系列货运包装箱代码(SSCC)是为物流

图 1-10　用 UCC/EAN-128 条码表示物流单元

单元(运输和/或储藏)提供惟一标识的代码。SSCC 用 EAN·UCC 系统 128 条码符号(简称 EAN / UCC -128 条码符号)表示。编码结构如表 1-10 所示。

表 1-10　SSCC 编码结构表

AI	SSCC			
	扩展位	厂商识别代码	系列代码	校验码
00	N_1	N_2 N_3 N_4 N_5 N_6 N_7 N_8 N_9 N_{10}	N_{11} N_{12} N_{13} N_{14} N_{15} N_{16} N_{17}	N_{18}

其中 AI 称为应用标识符,用来标识数据的含义和格式的字符,一般由 2~4 位数字组成。厂商识别代码与前述一致。系列代码为具有厂商识别代码的厂商分配的系列号。表 1-11 为部分应用标识符示例。每个物流单元都要有其唯一的 SSCC。当物流单元尚未形成时,无法事

先将含 SSCC 在内的条码符号印在物流单元的包装上，因此，通常情况下，物流标签是在物流单元确定时附加在上面的。图 1-11 为 SSCC-18 的代码结构图。

图 1-11　SSCC-18 的代码结构

表 1-11　应用标识符示例

AI	数据段含义	数据段名称
00	系列货运包装箱代码	SSCC
01	全球贸易项目标识代码	GTIN
02	物流单元内贸易项目的 GTIN	CONTENT
10	批号或组号	BATCH/LOT
11	生产日期	PROD DATE
15	便质期	BEST BEORE 或 SELL BY
17	有效期	USE BY 或 EXPIRY
37	物流单元内贸易项目的数量	COUNT
401	货物托运代码	CONSIGNMENT
402	装运标识代码	SHIPMENT No.
410	交货地 EAN·UCC 全球位置码	SHIP TO LOC
411	受票方 EAN·UCC 全球位置码	BILL TO
412	供货方 EAN·UCC 全球位置码	PURCHASE FROM
420	同一邮政区域内交货地的邮政编码	SHIP TO POST
422	贸易项目的原产国（或地区）	ORIGIN

2. 物流标签

物流标签上表示的信息有两种基本形式：由文本和图形组成的供人识读的信息；为自动数据采集设计的机读信息。

一个完整的物流标签可划分为三个区段：供应商区段、客户区段和承运商区段。如图 1-12、图 1-13 所示。

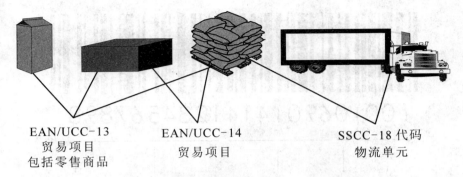

图 1-12　最基本的物流标签（含一个 SSCC）

图 1-13　包含供应商、客户、承运商区段的标签

四、包装、品项、条码之间的关系

(一)包装与条码之间的关系

一类包装：只能使用 EAN-13 条码；

二类包装：可以使用 EAN-13、ITF-14 条码；

三类包装：可以使用 EAN-13、ITF-14 和 EAN·UCC-128 条码。具体如图 1-14 所示。

（00）00614141123456789 0

图 1-14　包装类别与条码之间的关系

(二)单品或品项(SKU)与条码之间的关系

每一个确定的品项有唯一的条码和它对应，品项不同，它对应的条码就不同。所以很多情况下，在实际工作中，查验货物只要查验条形码就可以了。如图 1-15 所示。

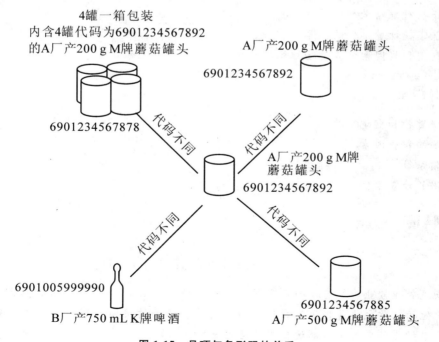

图 1-15　品项与条形码的关系

五、相关名词解释

(1)全球贸易项目代码(GTIN):用于世界范围内贸易项目的唯一标识。贸易项目是指一项产品或服务,对于这些产品或服务需要获取预先定义的信息,并可以在供应链的任意一点进行标价、定购或开据发票,以便所有贸易伙伴进行交易。它包括各种单个项目及其不同包装类型的各种形式。通常使用 EAN-13 、ITF-14 条码表示。

(2)系列货运包装箱代码(SSCC):用于物流单元的唯一标识。物流单元是指为了便于工作运输和/或仓储而建立的任何包装单元。每个物流单元分配一个唯一的 SSCC 。通常使用 UCC/EAN-128 条码或 ITF-14 条码表示。

(3)全球位置码(GLN):用于物理实体、功能实体或法律实体的唯一标识,采用 EAN/UCC-13代码结构,用 UCC/EAN-128 条码表示。

(4)应用标识符(AI):是字符串开始的前两个或两个以上字符域,是唯一标识紧跟其后数据域含义和格式的前缀。其使用受确定的规则支配。

任务四 计量货物和选择适当的空间存储

技能目标

- 能正确对货物进行计量
- 熟练掌握计量单位的换算
- 能利用积载因素计算货物堆场的面积、选择适当的运载工具

知识目标

- 容积货物和重量货物
- 货物的积载因素
- 亏箱系数
- 常用的计量单位

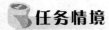

任务情境

小强的新工作

小强物流管理专业毕业后,好不容易找到一份物流工作,经过一星期培训后,开始上岗独立工作。他的工作主要是根据客户送来的货物计算货物的运输费用;根据货物安排适当的藏运空间;根据货物安排适当的运输工具运输货物。

训练任务

完成以下的计算

1. 根据运价表(表1-12)计算零担货物的运费

表1-12 上海到广东省物流运输运价表(单位：元)

名称	千米数	2-5 立方米	6-10 立方米	11-20 立方米	21-40 立方米	千克	2～5 吨	6～10 吨	11～20 吨	21～30 吨	到达时间(天)
广州	1 613	140	130	130	120	1.20	550	500	450	400	3
深圳	1 752	150	140	130	120	1.20	560	500	450	400	4
梅州	1 275	190	180	160	140	1.30	650	600	550	500	4
东莞	1 647	160	150	140	140	1.20	550	480	420	400	4
佛山	1 680	160	150	140	140	1.20	550	480	420	400	4
中山	1 716	170	160	150	140	1.40	550	480	420	400	4

现有一批货要从上海运到梅州，货物名称哌拉西林钠，包装规格是 10 kg/袋，2 袋/纸桶，包装桶的规格是 430 mm×540 mm，共有 120 桶，问需要多少运费？

2. 计算货物的存储空间和运输量

(1)某船Ⅱ舱计划配装出口箱装红茶 50 t，问配载时需要安排多少舱容？

(2)已知某船Ⅱ舱容积为 2 800 m³，现计划全部配装袋装白砂糖，每袋净重 100 kg，皮重为 0.5 kg，问该舱能装多少袋白砂糖？

3. 计算航空运输运费

某托运人从深圳发往北京一批普通货物，使用某航空公司飞机托运。已知某航空公司国内航线普通货物运价如下表1-13(表中：A、B、C、D代表航班舱位等级，N为普通货物基础运价，+45，+100分别为重量等级运价)所示：

表1-13 某航空公司国内航线普通货物运价表　　　　　　　　　　单位：元/kg

航线	等级	A	B	C	D
深圳—北京	N	13.5	9.0	—	—
	+45	13.5	5.5	—	—
	+100	13.5	4.5	4.3	4.3

假设托运人申请的等级舱位为 B 级，托运的该批货物实际毛重为 35 kg，长为 1.2 m，宽为 0.8 m，高为 0.6 m，请计算该托运人应付运费为多少？

任务要求

1. 围绕技能目标，就上述任务学生进行初步计算，找出任务实施的难点、重点，由老师抽几位学生发言。

　2. 教师根据同学的发言和发现的问题的多少进行评价。

　3. 教师最后归纳出实施本任务的难点和重点。

任务讨论、分析

　提示：计算运输费用可以按重量计算和按体积计算，那什么情况下是按重量或体积计费呢？同学们主要是围绕这个问题来讨论，把讨论得出的结论写在下面的空白处。

```
                    任务展示

```

知识学习

　提示：在这里由教师提出解决上述计算题的知识和方法，注意做笔记，笔记可以写在下面的空白处。

```
                 知识、技能要点

```

完成任务

　根据老师提出的知识、技能要点，完成任务。

 **相关知识阅读**

知识一、货物的计量和积载因素

一、货物计量

货物的体积和重量，不仅直接影响船舶、飞机、车辆等运输工具的载重量和载货容积的利用率，还关系到有关库场堆放货物时如何充分利用场地面积和空间等问题。而且有时还是计算运费的基础，同时与货物的装卸、交接也有直接的关系。

(一)货物的丈量

1. 概念

货物的丈量主要是测量货物的外形尺寸和计算体积。在运输中，一定重量的货件其尺度和体积，对于运费计算和货物在运输容器内的装载有着直接影响。

货物丈量的原则是，须按货件的最大方形进行丈量和计算。在特殊情况下可酌情予以适当的扣除。某些畸形货件可按实际体积酌情考虑其计费体积。

货物的丈量体积是指货物外形最大处的长、宽、高的积：

$$V = L \times W \times H$$

式中：V——货物丈量体积(m³)；

L——货物的最大长度(m)；

W——货物的最大宽度(m)；

H——货物的最大高度(m)。

丈量的工具与丈量的工作有着密切的关系。量具应经国家计量管理部门检定合格后，方可使用。在丈量工作中，一般使用的量具有木卡尺、钢卷尺和皮带尺三种。

2. 丈量的计算单位

货物尺码以公制单位米(m)为单位，单件货物尺码测量到小数点后两位数。货物体积以立方米(m³)为单位，单件货物体积计算到小数点后六位数，每票货物的总体积计算到小数点后三位数。

在实际的操作中除了公制的单位，还会遇到英制的单位。公、英制单位换算如下：

1 m(Meter)＝3.281 ft(Foot)

1 m³(Cubic Meter)＝35.315 ft³(Cubic Foot)

1.133 m³(Cubic Meter)＝40 ft³(Cubic Foot)

1 ft³(Cubic Foot)＝0.0283 m³(Cubic Meter)

1 ft(Foot)＝0.305 m(Meter)

1 in(Inch)＝25.4 cm(mm)

1 ft(Foot)＝12 in(Inch)

1 yard＝0.9144 m＝36 in＝3 ft

板（Board Foot Measure，BFM）：指厚一英寸、面积一平方英尺的木材。

板材的换算：100 板＝2.36 m³

原木的换算：100 板＝5 m³（近似值）

（二）货物的衡重

1. 衡重的概念

货物衡重是指衡定货物重量。货物的重量可分为净重、皮重和毛重，货物的衡重应以毛重计算。货物的衡重的原则是逐件衡重，但因条件或时间的限制，不具备逐件衡量时，可采用分批或整批衡重，抽件衡重并求平均值等方法测得重量。

（1）对品质、规格相同，定量一致的包装货物：

$$总毛重＝抽件总毛重 / 抽件数量×整批总件数$$

（2）对由多种包装不同、件重不一的货物组成的一批货，总重量可按原报重量为准。

（3）对大型重件货物，可采用大型衡器。

$$总毛重＝重车重量－空车重量$$

（4）散装货物计重，可利用各种计量器，如流量计、计量罐等衡取重量。也可采用船舶水尺计量法或油船量尺法确定散装货物的重量。

货物衡重可以用轨道衡、汽车衡、吊钩秤、皮带秤、定量秤等。

2. 衡重的衡制及单位的换算

衡制即货物重量的计重单位。在不同的国家，衡制可能不同；不同的运输方式、托运方式，计重单位也是不同的。

（1）海运，常用的单位是：

公制，公吨（Metric Ton），用 M/T 表示；

美制，美洲国家多使用，如短吨（Short Ton），用 S/T 表示；

英制，欧美国家多使用，如长吨（Long Ton），用 L/T 表示。

港制，如司马担（Picul）。

各单位换算如表 1-14、表 1-15 和表 1-16 所示。

表 1-14 重量的换算

公制	英制	美制	港制
公吨	长吨	短吨	司马担
1	0.9842	1.1023	16.535
1.016	1	1.12	16.8
0.9072	0.8929	1	15
0.05	0.04921	0.0551	0.8267
0.0508	0.05	0.056	0.8402
0.0605	0.0594	0.0667	1

表 1-15　重量的换算

公制	中国市制	英美制
公斤	斤	磅
1 000	2 000	2 204.6
1 016	2 032	2 242
907	1 814	2 000
50	100	110.23
50.8	101.6	112
60.48	120.96	133.33
1	2	2.2046
0.5	1	1.1023
0.4536	0.9072	1

表 1-16　容积(体积)的换算

公制	英制	美制
升	英加仑	美加仑
1	0.22	0.264
4.546	1	1.201
3.785	0.833	1

在海运运费计算时，用于计算运费的"吨"称为"运费吨"。凡 1 t 重量货物的体积小于 1 m³ 或 40 ft³ 者，称为重量货物(或重货)，重量货物按其重量计费。重量货物的运费吨又称为"重量吨(W)"。凡 1t 重量货物的体积大于 1 m³ 或 40 ft³ 者，称为容积货物或轻货，容积货物按其容积计算，"尺码吨(M)"作为计费的单位。计算公式：

$$1 \text{ m}^3 = 40 \text{ ft}^3 = 1 \text{ 尺码吨(M)}$$

(2)铁路运输

整车货物运输：用于计算运费的重量称为"计费吨"，单位是 t，不足 1 t 时四舍五入。零担货物运输，计费重量以 10 kg 为单位，不足 10 kg 的按 10 kg 计算，凡不足 300 kg/m³ 的轻泡货物均按其体积折合为重量，并与货物重量比较选择大者作为确定其计费重量。

折合重量(kg)=300×体积(m³)

(3)道路运输

整车货物运输以吨为单位，尾数不足 100 kg 时，四舍五入；零担货物运输以 kg 为单位，起码重量是 1 kg，尾数不足 1 kg 时，四舍五入。计费时取实际重量、折合重量大者作为计费重量。

轻泡货物的折算重量是：折算重量(kg)=333×体积(m³)。

(4)航空运输

航空运输是根据计费重量来计算的，计费重量是计算运费时所采用的重量标准。主要有如下两种：

实际重量：是指一批货物包括包装在内的实际总重量。当用 kg 表示时，不足 1 kg 的尾数，不足 0.5 kg 按 0.5 kg 计算，超过 0.5 kg 按 1 kg 计算。用磅表示时，不足 1 lb 的尾数进为 1 lb。

体积重量：是指将货物的体积按一定折算标准折合后的重量。体积重量的确定方法是：首先测量货物最长、最宽、最高部分的尺寸（单位是 cm，小数部分是四舍五入取整数），三者相乘出体积，然后将体积折算成重量，折算标准为 1 kg＝6000 cm³，保留一位小数。

一般选择货物的实际重量和体积重量较高者作为计费重量。

例如，一批货物的实际重量是 3 kg，货物的体积是 24 000 cm³，则体积重量为 4 kg，货物的计费重量为 4 kg。

(三)定量包装法计算货物重量

所得重量与填报重量的误差不大于 2%。

二、货物的数量(Quantity)

在运输、储存作业过程中经常要核对货物的数量。常用的数量单位有：

(一)货物的件数

(1)件(Package)。货物可以单独计数的一个运输包装称为一件。件是可数货物的一个计量单位，可用于计算货物的数量和办理货物的交接。

(2)票(Piece)。同一提单中的相同货物称为一票。通常用关单号(S/O)标记，一票货物由若干件组成，在装卸和堆码中不必加以区分。同一票货物的各件在托运时有相同的标志。

(3)批(Lot)。同一提单中的货物称为一批。一批货物通常由若干票组成，同一批货物应尽可能利用同一船舶装载。

(二)货物的重量

1. 重量的种类

(1)散货重量：装船重量(Loaded Weight)；卸船重量(Discharged Weight)。

(2)包装货物重量：总重(Gross Weight，G.W.)；净重(Net Weight，N.W.)；皮重(Tare Weight，T.W.)。

2. 重量的计量单位

(1)公制计量单位：公吨(Metric Ton，t，M/T)；千克(kg)。

(2)英制计量单位：长吨(Long Ton，L/T)；磅(Pound，lb)。

(3)美制计量单位：短吨(Short Ton，S/T)。

（三）货物的体积

计量单位。公制：m^3；英制：ft^3；美制：gal（加仑）。

三、货物积载因素

货物的积载因素是船舶等运输工具配载和积载工作中重要的货物资料。

（一）货物积载因数（Stowage Factor，SF）定义

货物积载因素是指每一吨货物在正常堆装时实际所占的容积（包括货物之间正常空隙及必要的衬隔、铺垫所占的空间）。单位是立方米/吨（m^3/t）或立方英尺/吨（ft^3/t）。

$$SF=V/Q$$

式中：SF——货物的积载因数（m^3/t 或 ft^3/t）；

V——货物的量尺体积（m^3 或 ft^3）；

Q——货物的重量（t）。

（二）舱容系数（Coefficient of Loading）

舱容系数是指船舶等运输工具货舱容积与其净载重量的比值，即每一净载重量占有多少立方米（或立方英尺）的货舱容积。

$$舱容系数=\frac{货舱容积}{航次净载重量}(m^2/t)$$

从运输工具积载的角度考虑，也可以将货物分为重货和轻货。这里所谓的重货和轻货，是指货物的积载因素与船舶等运输工具的舱容系数比较而言的。

一般而言，一般杂货船的舱容系数均 $1.5\ m^3/t$ 以上，有的已超过 $2.0\ m^3/t$。当货物的积载因素小于船舶的舱容系数时，则称该货为重货，反之，则为轻货。

（三）亏舱系数 β

承运人在编制积载计划时，必须根据货物的积载因素核算货物占用舱容的情况，此时，还应充分考虑货物在装载时，由于不论目前堆装货物的技术如何良好，货舱的某些部位在堆装货物时还是不便于使用，因而难免会产生无法利用的空间，损失部分舱容，这个空间就叫做亏舱或空位。

亏舱损失是按积载因素核算的占用舱容的百分数来表示的，该百分数称为亏舱系数，又称亏舱率。

$$β=(W-V)/W×100\%$$

式中：W——货物占用货舱的容积（m^3 或 ft^3）；

V——货物的量尺体积（m^3 或 ft^3）。

亏舱系数的大小取决于货物的种类、包装形式、装载方法和质量以及堆装货物的舱位的因素，其经验值如表 1-17 所示。

表 1-17　不同货种的亏舱率 β

货物的包装形式	亏舱率 β
各种包装的杂货（General Goods）	10%～20%
统一包装的箱装货（Cases）	4%～20%
统一包装的袋装货（Bags）	0%～20%
统一包装的小袋（Sack）	0%～12%
统一包装的包装货（Bales）	5%～20%
统一包装的鼓形桶（Barrel）	15%～30%
统一包装的铁桶（Drum）	8%～25%
大木桶、大啤酒桶（Hogshead）	17%～30%
散装煤炭（Coal）	0%～10%
散装谷类（Grain）	2%～10%
散装盐（Salt）	0%～10%
散装矿石（Ore）	0%～20%
散装木材（Timber）	5%～50%

（四）考虑亏舱损失的积载因素

货物的积载因素有不包括亏舱和包括亏舱的两种数据，前面所述积载因素是不包括亏舱的，现在介绍包括亏舱的积载因素。

$$货物积载因素（SF'）= \frac{货物占用货舱的容积}{所装载货物的重量}$$

$$= \frac{货堆体积 + 无法利用的舱容}{货堆重量}（m^3/t）$$

因此，包括亏舱的货物积载因数与不包括亏舱的货物积载因数之间可按以下公式换算：

$$SF' = SF/(1-\beta)$$

（五）积载因素的应用

1. 确定运输工具的货舱容积

货物的积载因素的大小说明货物的轻重程度，反映一定重量的货物需占据运输工具多少舱容。它是裁定具体的运输工具宜装多少不同货物的重要依据。在配载和积载中得到普遍应用。

给货舱配载时，积载因素和亏舱率可用于两个方面：

（1）已知货物积载因素和亏舱率，确定某货舱所能装载的货物重量。

（2）已知货物重量、积载因素和亏舱率，确定货物所需舱容。

例：某船装运出口箱装货物 200 t，该箱装货物的理论积载因数是 1.8 m^3/t，亏舱率经验值为 14%，计算该批货物实际可能占用的货舱容积。

解：已知：$Q=200$ t，$SF=1.8$ m³/t，$\beta=14\%$，求：W

因为 $SF=V/Q$，

所以 $V=SF\times Q=1.8\times200=360$（m³）

又因为 $\beta=(W-V)/W\times100\%$

所以 $W=(V\times100\%)/(100\%-\beta)$

$=36\,000/(100-14)=418.6\approx419$（m³）

该批货物实际可能占用的货舱容积为 419 m³。

2. 确定场库可用堆存面积（有效面积）

场库的可用堆存面积是指实际能用于堆货的地面面积，应从场库的地面总面积中扣除一系列不能使用的面积，如货堆间的通道，支柱、办公室、仓库围墙周围的安全空间，设备的通道以及预防火警和其他突发事件时用作通路的安全空间等。

（1）平均积载因素

场库内只堆存一种货物时，根据该种货物的积载因素，便可计算出所需的堆存面积。

场库内堆存多种不同的货物时，可先计算出多种货物的平均积载因素，再计算堆存面积。

$$\overline{SF}=\frac{\sum_{i=1}^{n}SF_i}{n}$$

式中：$\overline{SF}$——平均积载因素（m³/t）；

SF_i——某种货物的积载因素（m³/t）；

n——堆存货物种类。

在许多情况下，各种货物的入库量是不同的，即各种货物的入库量占总入库量的比例不同，此时应采用下式计算平均积载因素：

$$\overline{SF}=\sum_{i=1}^{n}SF_i\times q_i$$

式中：q_i——某种货物占总入库量的百分比。

（2）有效面积的确定

确定可用堆存面积（有效面积）的方法是：已知货物重量的前提下，先确定货物的积载因素或平均积载因素，然后算出货物占有的空间，根据货物的允许堆放高度，计算出可用堆存面积。容积除以高度就是可用堆存面积。

知识二、跟单员如何审查货物数量

一、跟单员介绍

（一）定义

跟单员是指在企业运作过程中，以客户订单为依据，跟踪产品，跟踪服务运作流向的专职人员（不能兼职，替代）。所有围绕着订单去工作，对出货交期负责的人，都是跟单员。

(二)跟单员工作内容

跟单员是业务助理，跟单员在许多时候扮演业务经理助理的角色，他们协助业务经理接待、管理、跟进客户，因此跟单员的主要工作内容有：①函电的回复；②计算报价单；③验签订单；④填对账表；⑤目录，样品的寄送与登记；⑥客户档案的管理；⑦客户来访接待；⑧主管交办事项的处理；⑨与相关部门的业务联系。

跟单员是协调员。跟单员对客户所订产品的交货进行跟踪，即进行生产跟踪。跟踪的要点是生产进度，货物报关，装运等。因此，在小企业中，跟单员身兼数职，既是内勤员，又是生产计划员、物控员，还可能是采购员。在大企业，则代表企业的业务部门向生产制造部门催单要货，跟踪出货。

(三)跟单员的素质要求

跟单员的工作性质与特点决定了其从业的素质要求：

(1) 分析能力。分析出客户的特点及产品的价格构成，以利于报价。

(2) 预测能力。能预测出客户的需求，企业的生产能力及物料的供应情况，便于接单，生产及交货的安排。

(3) 表达能力。善于用文字和语言与客户沟通。

(4) 专业知识。对所跟单的产品要熟悉。了解产品的原材料特点，来源及成分。知道产品的特点，款式，质量。便于和客户及生产人员的沟通。

(5) 与人共事的能力。与各部门的人员打成一片，使其自觉完成客户订单。

(6) 人际关系处理的能力。处理好与客户，与上级，与同事，与外单位人员的关系。通过他们来完成自己想要做的事。

(7) 法律知识。了解合同法，票据法，经济法等与跟单工作有关的法律知识。做到知法，守法，懂法，用法。

(8) 谈判能力。有口才，有技巧。

(9) 管理与推销能力。对外推销高手。对内管理行家。

(10) 物流知识。了解运输，装卸搬运，保管，配送，报关等知识。

(四)跟单员的工作内容及知识，技能要求

跟单员的工作内容主要有：出口业务跟单，物料采购跟单，生产过程跟单，货物运输跟单及客户联络跟踪(客户接待)。

(1) 出口货物跟单(外贸业务跟进)，了解基本外贸知识(谈判，报价，接单，签合同等等)、基础外语及函电往来等。

(2) 物料采购跟单(业务跟进)，懂营销，懂产品(物料，性能，使用，保养)。

(3) 生产过程跟单(生产进度跟进)，懂生产、懂管理、懂沟通。

(4) 货物运输跟单(出货跟进)，了解货物运输知识(运输工具，方法，配柜)，以及报关知识。

（5）客户联络跟踪（客户接待），了解对客户的管理，懂国际礼仪知识。

二、跟单员如何审查货物数量

跟单员应审查合同中所规定的货物的数量是否可以及时筹集到，其计量单位、重量以及约数有何规定。有关计量单位，在国际贸易中，通常采用公制（国际单位制）、英制、美制，我国《计量法》规定采用国际单位制。因此，除个别特殊领域外，一般不许再使用非法定计量单位。我国出口商品，除照顾对方国家贸易习惯约定采用公制、英制或美制计量单位外，应使用我国法定计量单位。我国进口的机器设备和仪器等应要求使用法定计量单位。

（一）审查计量单位

货物计量单位的采用，应视货物的性质和市场习惯而定。在国际贸易中，通常采用的计量单位有下列几种：

（1）重量（Weight）：克、千克、盎司、磅、公吨、长吨、短吨等；

（2）个数（Numbers）：只、件、套、打、令等；

（3）长度（Length）：米、英尺、码等；

（4）面积（Area）：平方米、平方英尺、平方码等；

（5）体积（Capacity）：立方米、立方英尺、立方码等；

（6）容积（Volume）：升、加仑、蒲式耳等。

（二）审查重量的计算

在国际贸易中，有很多货物是按重量计算的，其计算方法主要有以下两种：

（1）按毛重计算。毛重（Gross Weight）是指货物本身的重量加上皮重，即加上包装物的重量。有些单位价值不高的货物，可采用按毛重计量的方法，也就是按毛重作为计算价格的基础。这种计量和计价的方法，在国际贸易中称作"以毛作净"（Gross for Net）或"以毛作净价"（Gross for Net Price）。

（2）按净重计算。净重（Net Weight）是指货物的本身重量，即不包括皮重的货物实际重量。如在合同中未明确规定用毛重还是净重计量、计价的，按惯例应以净重计量。此外，个别商品有按公量（Conditioned Weight）和理论重量（Theoretical Weight）计算的。

（3）审查约数。在合同数量前加"约"字，也可使具体交货数量作适当机动，即可多交或少交一定百分比的数量。但国际上对"约"字的含义解释不一，有的解释为 2.5%，有的则为 5%。按《UCP600》（跟单信用证统一惯例）的相关规定：信用证上如规定"约"字，应解释为允许有不超过 10% 的增减幅度。鉴于"约"数在国际上解释不一，为防止纠纷，使用时双方应先取得一致的理解，并有书面协议。

案例：沿海船载货物重量出现短缺纠纷处理

一、案情

A 托运人与 B 承运人签订散装玉米的航次租船合同，约定装货港为大连港，卸货港为黄埔港，散装玉米 2 万吨，运费每吨 120 元以及滞期费等条款，但没有约定船载货物的计量方式。A 托运人在装货港使用港口提供的电子磅，对货物进行计量，并由港口出具计量单证。该计量单证上载明的货物重量与运单中载明的重量相同。在黄埔港卸货时，收货人也采用港口的电子磅对所卸的货物进行计量，但其结果是较之运单上载明的重量短少了 80 t。每吨玉米现价 1 400 元，80 t 总计为 112 000 元。据此，收货人立即通知了 A 托运人，A 托运人采取了拒付合同中约定的应当在卸货后立即支付的剩余运费 40 万元。B 承运人无奈，向海事法院提起诉讼，要求 A 托运人支付剩余的 40 万元运费。

二、审判

海事法院的判决是：因合同当中没有约定具体的计量方法，那就意味着运输合同的双方当事人对船载货物的数量漠不关心。又因 A 托运人没有提供承运人有偷盗等其他行为造成货物的短少，那么 B 承运人在卸货港的实际交货数量，也就是 A 托运人在签订运输合同时所期许的数量。至于 A 托运人和收货人在装卸两个港口的过磅行为，应当视为对贸易合同的履行，而非履行运输合同的必要。据此，判决被告 A 托运人向原告 B 承运人支付运费 40 万元和同期银行流动资金贷款利息。驳回被告的反诉请求。

三、评析

原告 B 承运人在诉状的事实和理由中作了如下陈述：依据航次租赁合同的约定，托运人应当在货物卸空后立即支付剩余运费 40 万元，A 托运人以卸货短少为由，拒付运费既无合同依据，也无法律依据，所以应当依约支付运费。被告 A 托运人答辩反诉说：装港和卸港的过磅单可以证明货物确实短少，因此 B 承运人应当对短少的货物承担责任，即短少 80 t 货物的 112 000 元和贸易合同的违约金 20 万元。

我国《国内水路货物运输规则》第六十四条规定："散装货物按重量交接的，承运人与托运人应当约定货物交接的计量方法；没有约定的应当按船舶水尺数计量，不能按船舶水尺数计量的，运单中载明的货物重量对承运人不构成其交接货物重量的证据。"本案中，双方签订的航次租赁合同中没有约定货物的计量方法，所以 A 托运人用单方面的计量数据对抗 B 承运人，没有合同依据。据此，运单中载明的货物重量是不能作为承运人交付货物重量的证据的。

不过，《合同法》第七条规定，当事人订立和履行合同，应当遵守法律和行政法规。因《国内水路货物运输规则》的立法位阶是部门规章，较之国务院的行政法规低了一个位阶，能不能作为审理本案的法律或者行政法依据用也值得探讨。也正因为如此，被告曾在辩论中指出，即使《国内水路货物运输规则》具有法律效力，也不能作为意识自治的产物，而应当视为格式条款。

但是，就双方签订的航次租赁合同来说，无论在航次租赁合同的左上角，还是在运单的右上角，均备注了这样一句话："承运人、实际承运人、托运人、收货人的有关权利、义务，适用《国内水路货物运输规则》。"在合同中有了这样的表述，笔者以为也就意味着《国内水路货物运输规则》已经作为合同的条款并入到运输合同中，而不能简单地用立法位阶来衡量其法律效力。因为《合同法》第八条还规定："依法成立的合同，对当事人具有法律约束力。"所以，并入到合同中的《国内水路货物运输规则》，早已脱离了立法位阶的束缚，而具有与最高权力机构制定的法律同等的效力。

　　总的来说，法院的最后判决基本符合法律原则。

模块二　普通货物管理

模块介绍：

　　本模块围绕目前我国物流运输领域中常见的一些普通货物进行管理训练。通过五个训练任务，使初学者掌握几类普通货物的基本性质，从而能够科学合理地为普通货物选择恰当的运输、储存方式，并进行相关的养护操作。

任务一　化学肥料的管理

 技能目标

- 能够对化学肥料进行防潮养护
- 能够根据化学肥料的化学危险性，进行安全防护
- 能够根据化学肥料的特性，合理进行运输、储存

知识目标

- 化学肥料的种类、性质
- 化肥的防潮技术、安全防护措施
- 化学肥料的配装
- 化学肥料的运输、保管

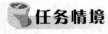 **任务情境**

不该发生的事故

　　2009 年 7 月，某运输管理有限公司新接到一批订单，将一批化肥从广西运往上海。到达目的地后，发现舱内的 600 t 硝酸铵结块现象严重，大部分无法使用。经查，该轮船同行次载运的货物还有磷酸二铵、石灰氮、钢管、树油脂等。几种货物混积，并且部分化肥靠近机舱，部分积载在深舱。

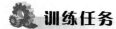

训练任务

1. 分析货损的原因。
2. 提出避免货损的对策。

任务要求

分小组讨论，每组成员形成一份简要报告，并展示论述。

任务讨论、分析

提示：分析货损原因首先应从货物本身的性质入手，研究哪些因素可能导致货损。调查运输环境中的不利因素，例如船舱是否漏水、包装是否合理、积载是否得当等。

任务展示

知识学习

提示：在这里由教师提出知识技能要点，注意做笔记。笔记可以写在下面的空白处。

知识、技能要点

货物管理实务

完成任务

根据老师提出的解决难点、要点的方法，由学生完成任务，老师修正。

相关知识阅读

知识一、化肥的种类与性质

近年来，农业生产对化肥的需求量日益增多，我国的化肥工业得到很大发展，各种化肥的生产储运量均有增长。目前，我国生产的化肥种类繁多，为了在商业经营和日常施用中能及时稳定地保证化肥质量，了解化肥的种类和性质是必要的。

一、化肥的种类

(一)按照所含主要营养元素的不同，化肥可以分为单质肥料和复合肥料两大类

1. 单质肥料

仅含氮、磷、钾三种养分中的某一种养分的肥料，称为单质肥料。

(1)氮肥。根据氮元素存在的形态不同，氮肥可分为铵态氮肥、硝态氮肥、铵态硝态氮肥、酰胺态氮肥、氰氨态氮肥等。

铵态氮肥：氮元素以铵根离子(NH_4^+)形态存在，如碳酸氢铵、氨水、氯化铵、碳铵、硫铵等。这类化肥易吸湿溶化，遇碱会有氨气逸出，降低肥效。

硝态氮肥：氮元素以硝酸根离子形态存在，如硝酸钙、硝酸钠等。这类化肥肥效快而明显，但易吸湿、爆炸，保存时应特别注意。

铵态硝态氮肥：氮元素同时以铵根离子和硝酸根离子形态存在，如硝酸铵、硝酸铵钙、硫硝酸铵等。

酰胺态氮肥：氮元素以酰胺基形态存在，如尿素等。此类化肥也具有吸湿性，但比较稳定，挥发较慢，在保管中比硫铵、碳铵要容易一些。

氰氨态氮肥：氮元素以氰氨基形态存在，如石灰氮等。

(2)磷肥。根据溶解性能的不同，磷肥又可分为以下几大类。

水溶性磷肥：如过磷酸钙、重过磷酸钙等。易溶于水，肥效快。

枸溶性磷肥：如钙镁磷肥、脱氟磷肥、钢渣磷肥等。难溶或不溶于水，但能溶于酸度相当于2%的枸橼酸溶液中，肥效较慢。

难溶性磷肥：如骨粉和磷矿粉。不溶于水和2%枸橼酸溶液，须在土壤中逐渐转变为磷酸一钙或磷酸二钙后才能发生肥效。

(3)钾肥。根据钾肥的化学组成可分为含氯钾肥和不含氯钾肥。大多数钾肥都能溶于水，某些情况下含有其他不溶性成分。目前常用的有氯化钾、硫酸钾、硝酸钾等。

2. 复合肥料

在一种化肥中含有氮磷钾三种养分中的两种或三种时，统称为复合肥料。农业生产中应

用较多的复合肥料有硝酸钾、磷酸铵、硝酸磷等。由于复合肥料的制造方法不同，叫法也有所区别。具体来说，通常把由化学反应合成的二元肥料称为复合肥料，如磷酸二铵、磷酸二氢钾等；基础肥料经二次加工机械混合配置成的三元肥料称为复混肥料，如氮钾混合肥，尿素钾磷混合肥等。

（二）按照酸碱度的不同，化肥可以分为酸性肥料、碱性肥料和中性肥料

1. 酸性肥料

酸性肥料施用后，会造成土壤酸化。酸性肥料又可分为化学酸性肥料和生理酸性肥料两类。化学酸性肥料是指本身呈酸性的肥料，在水中可以产生氢离子（H^+），如过磷酸钙。生理酸性肥料指化肥本身没有酸性，作物吸收化肥中的有效成分后，残留在土壤中的酸根离子增多，从而使土壤的酸度提高的肥料，如氯化铵、硫酸铵等。

2. 碱性肥料

碱性肥料施用后，会造成土壤呈碱性反应。碱性肥料又可分为化学碱性肥料和生理碱性肥料两类。化学碱性肥料是指本身呈碱性的肥料，在水中可以产生氢氧根离子（OH^-），如氨水。生理碱性肥料指化肥本身没有碱性，作物吸收化肥中的有效成分后，残留在土壤中的碱性离子增多，从而使土壤的碱度提高的肥料，如硝酸钠、硝酸钙等。

3. 中性肥料

中性肥料施用后，不会造成土壤发生酸碱度的变化，如尿素及大部分复合肥等。

二、化肥的性质

1. 吸湿性

大部分化肥都具有吸湿性，吸湿后往往会导致结块、溶化、分解或体积膨胀等现象，使肥效降低甚至丧失。化肥吸湿的程度随环境的温度、湿度，以及化肥的品种的不同而有所差异。硝酸铵吸湿后极易结块，造成装卸和使用的困难；碳酸氢铵、石灰氮、磷酸铵等吸湿后会发生分解、化合等反应而损失有效成分，降低肥效；石灰氮吸湿后会分解出易燃爆的乙炔气体，可能造成燃爆事故；过磷酸钙吸湿后不仅会发生化学反应使肥效降低，还会体积膨胀，损坏包装。

2. 分解、挥发性

部分氮肥稳定性差，容易分解、挥发，如碳酸氢铵、氨水在常温下就能分解、挥发出氨。所有铵态的化肥受热、遇碱都能发生分解、挥发出氨；硝态化肥受热能分解，引起爆炸。化肥分解、挥发时，不仅造成肥效降低，还会引起燃爆、腐蚀、毒害事故。相对氮肥而言，磷肥、钾肥性质比较稳定，一般不会分解、挥发。

3. 结块性

在温度、湿度、压力等综合作用下，化肥易表现出一定的结块性。比如，一些化肥因为贮存时吸潮溶化，然后在干燥的环境下快速失去水分，容易结块或压实结块。水分越多结块条件越充分；堆垛越高、受压越大，结块的硬度就越大。某些散装化肥甚至可能在船舱内形成"石山"，给装卸搬运带来极大困难。常见易结块化肥有：氯化钾、硝酸铵、过磷酸钙等。

4. 燃烧、爆炸性

有些化肥属于危险品，容易燃烧爆炸。比如硝酸铵、硝酸钾、硝酸钠等，受到高温或遇强烈撞击或与强还原剂接触，能引起燃烧或爆炸；石灰氮吸湿后产生的乙炔气极易燃爆；液氨在受高温或猛烈撞击或接触火星时会发生爆炸。

5. 腐蚀性

化肥多具有一定的酸碱性，对人的皮肤、包装物、金属、有机物等能造成腐蚀作用。除直接接触带来的腐蚀作用外，部分化肥挥发出的气体（如氨、游离氨）同样有破坏力，而且危害范围大，必须做好安全防护措施。

6. 毒性

我国使用的化肥主要有氮肥（如碳酸氢铵、氯化铵、尿素等）、磷肥（如过磷酸钙、磷酸钙等）和钾肥。在上述三类化肥中，除钾肥对人体无明显危害外，氮肥和磷肥对人体都有较大的毒性作用。氮肥对人的皮肤及粘膜有不同程度的刺激作用，如石灰氮及氨水可强烈刺激呼吸道粘膜，可引起急性中毒。氮肥中施用量最大的碳酸氢铵是一种挥发极强的化肥，即使在0 ℃以下的环境里，也能产生无色、有恶臭味的刺激性氨气。不仅对人的眼睛和上呼吸道粘膜有强烈的刺激作用，还能与人体粘膜的水分结合，形成弱碱性氢氧化铵，使人体蛋白质变性、脂肪皂化、破坏细胞膜结构，易造成人体呼吸道粘膜发炎乃至灼伤。其临床表现症状为鼻炎、气管炎及支气管炎等，并出现咽喉部灼样疼痛、声音嘶哑、咳嗽、咳痰及胸闷等多种病状。磷肥在运输、分装和田间使用中形成的粉尘，极易刺激皮肤、眼结膜和呼吸道粘膜而引起炎症，有些人接触某些化肥后还可引起皮肤过敏或全身性变态反应。

7. 扬尘性

有些粉状散装化肥在装卸中会表现出一定的扬尘性。扬尘性相对表现突出的化肥有：过磷酸钙、重过磷酸钙、磷矿粉、石灰氮等。

8. 散发异味性

大部分化肥有一定的刺激性气味，尤其是铵态化肥在分解过程中会挥发出异味强烈的氨气。在运输保管过程中，要注意防止与其他货物串味。

三、化肥的运输包装

由于化肥需求具有明显的季节性和地域性，为解决化肥常年生产、季节使用的矛盾，促进化肥企业均衡生产，满足用肥旺季农业生产需要，国家建立了淡季化肥储备制度。为了保证在储运过程中化肥质量的稳定，对化肥进行适当的包装是重要的。

化肥在运输中有固体和液体两种状态，其中大部分是以固体形态装运。在国际货物运输中，化肥一般是以散装的形式用船运输，在卸货港码头卸货后在码头进行包装。包装形式是包装袋，属运输包装。

（一）包装袋的类型

根据国家标准 GB8569—2009 规定，固体化学肥料的包装材料应按表 2-1 的规定选用。

（二）包装规格

固体化学肥料包装按内装物料净含量一般分为四种：50 kg、40 kg、25 kg、10 kg。其他规格可由供需双方确定。

采用塑料编织袋或复合塑料编织袋包装，内装物料质量 10kg 时，选用 TA 型袋；内装物料质量 25 kg 时，选用 A 型袋；内装物料质量 40 kg 时，选用 B 型袋；内装物料质量 50 kg 时，选用 B 型袋或 C 型袋；袋的型号和允许装载质量，如表 2-2 所示。

表 2-1　固体化学肥料包装材料选用

化肥产品名称	多层袋	复合袋	二合一袋（塑料编织布/膜）	三合一袋（塑料编织布/膜/牛皮纸）
	外袋：塑料编织袋 内袋：聚乙烯薄膜袋	外袋：塑料编织袋 内袋：聚氯乙烯薄膜袋		
尿素	√	—	√	—
硫酸铵	√	—	√	—
碳酸氢铵	√	√	√	—
氯化铵	√	—	√	—
过磷酸钙	√	—	√	—
钙镁磷肥	√	—	—	√
磷酸铵	√	—	√	—
硝酸磷肥	√	—	√	—
复混肥料	√	—	√	—
氯化钾	√	—	√	—

表 2-2　袋的型号和允许装载质量

型　号	TA 型	A 型	B 型	C 型
允许装载质量 kg	10～20	21～30	31～50	51～60
组　织	单经平纹	单经平纹	单经平纹	单经平纹

知识二、化肥的储存与运输

化肥运输具有品种多、性质各异、季节性强、数量大的特点，承运化肥时应分清品种，托运人应填报具体品名，不能简单地填写"化肥"。在储存与运输过程中，尤其应格外注意以下事项：

1. 防潮与防腐蚀问题

鉴于大部分化肥具有易吸湿、腐蚀性的特点，应重点考虑化肥运输包装的防潮、密封作用。目前，化肥的运输包装通常为塑料编织袋，内衬塑料薄膜，此外还有多层纸袋、麻袋、化纤布袋等。各类包装的牢度、防潮性能有一定差异，实际应用中应可根据化肥的不同性质加以选择。应把肥料放在干燥、阴凉的仓库里，堆垛离墙要有 30 cm～50 cm 的距离，仓库的温度在 30 ℃以下，相对湿度以 40％～70％为宜。承运时要有一定的备用包装随货同行，以便随时扫集地脚化肥，整理破袋。地脚化肥装袋后单独堆放。

化肥运输，最好专船专舱装运，化肥所进的舱（库）要求清洁、干燥，有防雨设备及防潮垫隔。装运化肥的货舱盖板应完整密闭，污水沟应畅通。舱体需加强通风管理，防止因船体出汗而发生货损。为了保护船体，在装载化肥时，还应使用木板、席片等物料加以铺隔，防止化肥直接对船体进行腐蚀。装卸完后，要做好清扫工作，以防舱（库）受腐蚀及污染其他货物，未经清洗前也不得堆放其他货物。

2. 有毒化学肥料的安全防护

在装卸搬运有毒化学肥料时，工作人员必须穿戴专门的防护用品，以避免呼吸吸入或皮肤接触。例如，戴口罩、胶皮手套和防风眼镜操作，遇到有氨水等挥发性物质时，需站在上风口操作。另一方面，注意遵守操作规范，禁止使用手钩，以免包装破损，造成染毒范围扩大。

3. 危险性化学肥料的安全防护

对于硝酸铵、硝酸钠、硝酸钾等易爆化肥，应严格按《危险货物管理规定》进行储运保管。积载时，防止混入易燃物质、有机物和金属粉末等；避免这类化肥受到高温和火源的影响；避免撞击和碰撞；尽量将这类化肥装载在远离机炉舱和厨房的位置，并及时清除这些化肥在舱内的残留地脚。必须将这类化肥与易燃、易爆品进行积载分隔，切忌混装。要考虑到电气设备可能产生电火花的影响，加用防火罩，并保证消防设备处于可用状态。

4. 化学肥料的配装问题

化学肥料对很多货物均会产生不良影响，因此在配装时需格外注意。例如，化肥会使金属产生腐蚀，因此不能把化肥与金属制品配装在同一处所。化肥不得与食品混装混存，以免引起食物中毒。铵态化肥不能与碱类物质配装在同一处所，因为这类化肥遇碱会大量逸出氨气，从而降低肥效；铵态化肥也不能与水泥配装在同一处所，因为铵态化肥所分解出的氨气会加速水泥凝固，从而降低水泥使用价值。

在配装化肥时，还应考虑到各类化肥之间的化学反应，切忌不分种类加以混装。对于不同种类的化肥，可参照表 2-3 做出同舱或分舱装载的具体处理。

表 2-3　化学肥料配装表

	硝酸铵	硝酸钠	硫酸铵	氯化铵	尿素	石灰氮	过磷酸钙	磷矿粉	硫酸钾	氯化钾
硝酸铵						×	○			
硝酸钠			○	○		○	○			
硫酸铵		○				×				
氯化铵						×				
尿素								×		
石灰氮	×	○	×	×					○	○
过磷酸钙	○	○		×						
磷矿粉										
硫酸钾							○			
氯化钾							○			

图例：空格—可以配装　×—不能配装　○—可以暂时配装，但不可久置

5. 运输工具应干净、平整、无突出的尖锐物，以免刺穿刮破包装袋。化肥包装件应储存于场地平整、阴凉、通风干燥的仓库内；不允许露天贮存；防止雨淋日晒；堆码高度应小于 7 m。

任务二　棉花、纺织品的管理

技能目标

- 掌握质量变化的原因
- 会采取合理的包装防止质量变化
- 能选择合适的储运环境

知识目标

- 棉花、纺织品自燃性
- 回潮率、公量
- 防霉包装技术
- 棉花、纺织品储运的要求

任务情境

近日，深圳某纺织有限公司向深圳出入境检验检疫局申报进口一批原产地为非洲的棉花，共 1 000 t，价值 120 万美元。该局工作人员检查时发现有 30 包、价值约 6.3 万人民币的棉花不同程度上存在腐烂发霉情况，属品质严重不合格。目前，该公司正在深圳检验检疫局的协助下，积极向进口商索赔。深圳出入境检验检疫局有关人士称，进口棉花的品质技术指标问题及短重问题、包装及品质问题时有发生，应引起有关部门及企业的高度重视。

深圳检验检疫局因此提醒企业，在与外国棉商签订合同时一定要在合同中制定宽松的索赔期，并明确棉花重量及品质的索赔办法，便于检验检疫部门按合同要求出具证书。

训练任务

1. 棉花发霉现象时有发生。2008 年～2009 年深圳相继检出进口水渍棉，多为装货过程中突然降雨或运输途中海水涌入船舱所致。此外，还有棉花沾污、起火等多种情况发生。要做好棉花的运输储存工作，你认为应该从哪几方面入手？试为某运输公司制定一份棉花运输管理规范。

2. 一批棉花毛重为 20 t，包装物重量为 100 kg，经检验，实际回潮率为 10%，则这批棉花公量是多少？

🔍 任务要求

列出棉花在堆垛、运输、储存等方面的要求，给出相关工作人员的操作规范。

❓ 任务讨论、分析

提示：需先了解一份运输管理规范应包括的内容，之后根据棉花的特殊性质进行分析，最终完成任务。

任务展示

🔍 知识学习

提示：在这里由教师提出解决难点、要点的方法，注意做笔记。笔记可以写在下面的空白处。

知识、技能要点

✔ 完成任务

根据老师提出的解决难点、要点的方法，由学生完成任务，老师修正。

 **相关知识阅读**

知识一、棉花性质与运输包装

棉花是一种重要纺织材料，本部分重点介绍棉花的性质，附加介绍其他纺织材料。棉花的主要成分是纤维素，成熟的棉纤维在正常状态下含有 6%～8% 的水分。完全失去水分的棉纤维其成分有：纤维素占 94.5%，蜡质占 0.5%～0.6%，果胶质占 1.2%，含氮物占 1%～1.2%，矿物质占 1.14%，糖类有机酸等其他物质占 1.36%。

一、棉花的分级

棉花分级是为了在棉花收购、加工、储存、销售环节中确定棉花质量，衡量棉花使用价值和市场价格必不可少的手段，能够充分合理利用资源，满足生产和消费的需要。

棉花等级由两部分组成：一是品级分级；二是长度分级。

1. 品级分级

一般来说，棉花品级分级是对照实物标准（标样）进行的，这是分级的基础，同时辅助于其他一些措施，如用手扯、手感来体验棉花的成熟度和强度，看色泽特征和轧工质量，依据上述各项指标的综合情况为棉花定级，依上述指标将棉花分为七个品级，分别为一、二、三、四、五、六、七级。国标规定，三级为品级标准级。

2. 长度分级

长度分级用手扯尺量法进行，手扯纤维得到棉花的主体长度（一束纤维中含量最多的一组纤维的长度），用专用标尺测量棉束，得出棉花纤维的长度，将棉花分为 25 mm、26 mm、27 mm、28 mm、29 mm、30 mm、31 mm 共七个长度等级。各长度值均为保证长度，也就是说，25 mm 表示棉花纤维长度为 25.0～25.9 mm，26 mm 表示棉花纤维长度为 26.0～26.9 mm，以此类推。同时国标还规定，28 mm 为长度标准级；五级棉花长度大于 27 mm，按 27 mm 计量；六、七级棉花长度均按 25 mm 计量。

品级分级与长度分级组合，可将棉花分为 33 个等级，构成棉花的等级序列。如国标规定的标准品是 328，即表示品级为 3 级，长度为 28.0～28.9 mm 的棉花。

二、棉花的性质

棉花的重要理化性质如下：

(一)吸湿性

棉纤维的主要成分纤维素中，含有大量亲水性基团，且纤维素填充层之间存在很多空隙，因此具有较大的吸湿能力。棉纤维的吸湿能力随空气中相对湿度的增长而增长。当空气中相对湿度增大时，其吸湿能力也加大，最高含水量可达 20% 左右。

1. 回潮率、公量

纺织材料包括加工成纺织品的纺织原料（如原棉）、纺织半成品，如各种纤维、条子、纱线、织物等。纺织材料的吸湿性是关系到材料性能和加工工艺的一项重要特性。纺织材料的吸湿性通常用回潮率、公定回潮率来表示，这些基本质量指标在纺织材料的商业贸易、性能测试及在纺织加工中起着十分重要的作用。

回潮率＝（纤维湿重－纤维干重）/纤维干重

纺织材料的回潮率不同时，其重量也不同。为了消除因回潮率不同而引起的重量不同，满足纺织材料贸易和检验的需要，国家对各种纺织材料的回潮率规定了相应的标准，称为公定回潮率（或标准回潮率）。它在数值上接近标准温湿度条件下测得的平衡回潮率，即纺织材料和纺织品在标准温湿度条件下达到吸湿平衡时的回潮率。

我国规定的标准状态为：相对湿度 65％±3％，温度 20 ℃。

纤维的重量折算就是统一按国家标准回潮率进行折算，交易的不同面料的回潮率是不同的，天然纤维的舒适性与其较高的回潮率有关。我国常见纤维的公定回潮率，如表 2-4 所示。

表 2-4　我国常见纤维的公定回潮率

纤维种类	公定回潮率％	纤维种类	公定回潮率％
原棉	11.1	粘胶纤维	13
同质洗净毛	16	涤纶	0.4
异质洗净毛	15	锦纶	4.5
桑蚕丝	11	腈纶	2
苎麻、亚麻	12	维纶	5
黄麻	14	丙纶、氯纶	0

对于含水率不稳定的商品，如羊毛、生丝、棉花等，为准确计算这类商品的重量，国际上通常采用按公量（Conditioned Weight）计算的方法、即测定商品的实际回潮率（含水率）以计算商品干净重，再换算成公定回潮率的重量。计算公式如下：

公量＝［商品实际重量/（1＋实际回潮率）］×（1＋公定回潮率）

＝商品干净重×（1＋公定回潮率）

2. 棉花和纺织材料的霉变

当棉花及纺织材料的含水量达到一定程度、温度适当时，霉菌就会快速生长、繁殖，纺织材料或纺织品就会出现霉变现象，严重的会出现面积较大的霉斑。霉斑使棉花丧失光泽，纤维强度减弱，影响质量。

（二）易燃性

棉纤维的主要成分是纤维和蜡质，极易燃烧。纤维细小蓬松，与空气接触面大，遇到微小的火星，就能立即燃烧，棉花的燃烧速度约为木材的 16 倍～25 倍，一旦着火瞬间可扩大成片，蔓延迅速，不易扑灭。

棉花极易燃烧，当棉花温度超过 230 ℃时，可引起自燃。潮湿的棉花、渗油的棉花、沾有易氧化物的棉花以及焦棉、再生棉花和乱包棉容易由于自身热量的积聚而在棉包内引火燃烧，除能嗅到一些气味外，在外表一时不易看出明显迹象。当易燃的棉花突然遇到空气对流时，不但能使引燃的棉花很快发生完全燃烧，而且能够引起一氧化碳与空气的混合物发生爆炸，故要提高警惕。潮湿或含油的、焦的棉花及其他动植物纤维在《国际危规》和《国内危规》中被列为自燃物质。

（三）怕酸性

棉纤维的化学性能比较稳定，对碱和有机酸抵抗力较强，但抵抗无机酸的能力弱。纤维素分子在无机酸中产生水解，引起大分子断裂，使棉纤维强力下降，化学稳定性变差。影响纤维素水解速度的因素是无机酸的种类、浓度、温度及作用时间。盐酸、硝酸、硫酸等强无机酸，对纤维素破坏作用最强烈。一些酸性盐类（如硫酸铝等）的水溶液呈酸性，也会引起纤维素大分子水解断裂。酸的浓度越高，温度越高，作用时间越长，纤维素水解速度越快。

（四）易污染性

棉花是绒毛性纤维，很容易沾染灰尘、油污等，造成污损，降低其纺织性能。

（五）保温性

纤维素本身是热的不良导体，具有良好的保温性。而棉纤维又是多孔性物质，在纤维间存有大量空气，使棉花不易传热，因此棉花内部易积聚热量，进而发生自燃。

三、棉花的运输包装

棉花是一种最常见的、传统的纺织品原材料，中国是世界的产棉大国，中国的棉花远销全球各地。针对棉花具有重量大、易受污染、搬运频率高、运输距离远等特点，使其在包装方面要求十分严格，特别是对捆扎材料的要求也很高，既要坚实牢固，又要求防水防潮防锈，还要经受跨国际长途运输的考验。

（一）棉包的外形和尺寸

棉包的外形和尺寸，如图 2-1 所示：

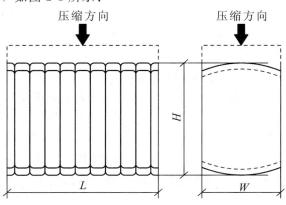

图 2-1　棉包的外形和尺寸

(二)棉包的外形尺寸及重量

棉包的外形尺寸及重量具体如表 2-5 所示。

表 2-5　棉包的外形尺寸及重量

包装型号	长度 L/mm	宽度 W/mm	高度 H/mm	棉包重量/kg
Ⅰ	1 400	530	700	227
Ⅱ	1 060	530	780	200
Ⅲ	800	400	600	85

(三)包装材料

采用不污染棉花、不产生异质纤维的本白色纯棉布、塑料和其他材料来包装。塑料包装袋应留有半圆形的透气孔。

(四)捆扎材料

使用钢带、钢丝打包棉花的传统方式已经日渐不适用于当今的纺织品原材料包装标准，钢带、钢丝因其自身存在成本高、易生锈、易返松、与运输过程中，与棉花化发生摩擦起火、打包操作不方便、打包浪费严重等不足。使用 PET 塑钢带打包是目前及未来纺织品原材料包装的发展趋势。PET 塑钢带是目前国际上流行的替代钢带、钢丝、PP 带打包的新型环保包装材料。

(五)防霉包装技术

棉花的质量变化主要是由于霉变引起的，在这里简单介绍防霉包装技术。

1. 霉变的关键因素

霉变是由有机物构成的物品受霉菌侵袭而导致物品质量变化的一种现象。物品霉变(霉菌生长)的关键因素是水分。

2. 物品霉变的四个环节

(1)受潮。霉菌生长的关键因素。

(2)发热。霉菌生长会产生热量，一部分供自身生化活动，其余散发出来，造成产品发热。

(3)长霉。霉菌在物品上生长繁殖，长出霉丝，继续生长扩大形成霉点．再扩大形成霉苔，霉菌代谢物使霉苔变成黄、红、紫、绿等颜色。

(4)腐败。随霉菌的不断生长，物品的营养成分被消耗，内部结构被破坏，产生霉味，产品变质失去价值。

3. 防霉包装

为了防止或抑制物品长霉影响质量，根据物品的性质、流通条件等要求采取的具有一定防护措施的包装。主要是通过控制密封包装内的水分、物品的水分、温度、空气的成分来抑制霉菌的生长，达到防霉的目的。

知识二、棉花的储存与运输

一、棉花储存及保管

棉花一般存放在专业的棉花储备库内，目前国内的棉花储备库房有砖混仓和钢板仓两种。

（1）储存库要求交通便利、防火、通风、防潮、防霉变等，特别是防火，棉花储备库都是特级防火单位。

（2）分类存放。要同产地、同批次、同等级存放（主体品级、长度级、主体马克隆值级都相同）。

（3）保管。棉花应库内堆垛存放，库外存放要盖苫布。棉垛下要打好垫基（枕木或石块），堆垛时包应平放，上下层交叉压缝。垛与垛之间应留出必要的通道。

（4）库房温湿度的控制。棉花库区要设立气象观测百叶箱，每栋库房都要配备温湿度计。保管员应每天查库，测量温湿度，并做好记录。根据天气变化和库内外温湿度差异，应适时采取通风散湿或关闭仓库等措施。一般库内温度应保持在 30 ℃以下，最高不得超过 35 ℃，相对湿度不得超过 70％，保管中的棉花含水率不得超过 10％。

二、棉花运输方面的要求

（1）要防止棉花受水浸雨淋和污染。

（2）棉花运输要货证相符、货证同行。即同一批棉花和表示其质量凭证的检验证书要相符合，不允许发生张冠李戴的情况，棉花检验证书要与货物随车同行，或者特快专递等其他方式，保证货到证到。

（3）一批棉花原则上不得分开装运，如因运输工具等特殊原因确需分开装运的，原来的检验证书要分开。分开几批装运，几批要分别抄码，各自的检验证书，除公定重量与原检验证书不一致外，其他检验项目的结果与原检验证书均相同，并在证书和重量码单上注明。

（4）同一车（船）内装有几个批次等级的，要做到按批次等级分舱、分层装运，以方便卸货和防止混批。

（5）遭水湿、油渍污染或含有杂质的棉花不能装运。

（6）在中转环节，供、需双方不得更改包装和质量标识，不得伪造或变更检验证书，否则按国家有关规定处理。这里只规定"供、需双方"，专业纤维检验机构在中转环节可以进行监督检验。

知识三、其他纺织品的管理

我国纺织工业历史悠久，纺织品多用于人们的穿着，是日用消费必需品。纺织品分为以天然纤维和合成纤维为原料加工制造的两大类。纺织品的性能主要体现在以下几点：

1. 吸湿性

纺织品吸湿性的大小主要取决于纺织品表面积的大小和其内部化学结构，即分子中具有亲水基团的多少。不同纺织纤维织成的织品具有不同的吸湿性。棉纤维、麻纤维、毛纤维和丝纤维等天然纤维织物吸湿性较好。在化学纤维中，黏胶纤维和富强纤维等人造纤维的吸湿性能好，而涤纶、氯纶、丙纶等大部分合成纤维的吸湿性都很差。

2. 抗磨性

纺织品的耐磨性与所采用的纤维种类、织造方法有密切关系。麻纤维、腈纶纤维不耐磨，织品表面极易起毛。相对于平纹、斜纹织品，缎纹织品耐磨性相对较低。在运输与保管过程中应加以注意，尽量减少它们与周围货物之间的摩擦。

3. 抗折皱性

抗折皱性是指织品对弯折的抵抗能力和织品产生折皱变形后能恢复到原来状态至一定程度的能力。有些纺织品保型性很差，在外力作用下，极易变形。麻纤维、黏胶纤维、蚕丝织品保型性相对较差，在保管过程中应注意避免外力重压。

4. 色牢度

织品的色牢度是指染料与织品结合的紧牢程度，主要有日晒牢度、摩擦牢度、汗渍牢度、皂洗牢度、熨烫牢度等。除日晒牢度分 8 级以外，其他牢度均分为 5 级，以 5 级最好。对一些易褪色的织品，应注意防水防潮防晒，并避免与其他织品混装。

5. 耐酸碱度

不同织品对酸碱度的耐受能力有一定差异。棉麻织品耐碱不耐酸，羊毛、蚕丝等织品对弱酸溶液有一定耐受能力，然而在碱溶液下会迅速水解。因此，积载时应与酸碱性显著的货品分开存放，并注意其他货物的腐蚀性。

6. 耐热性

部分织品对热的耐受能力不是很强。例如，锦纶在 170 ℃开始软化，到 215 ℃就会熔化。维纶在开水中强度会降低 1/3，在 115 ℃开始收缩变形。在运输保管这类织品时，应尤其注意远离热源。

在进行纺织品的运输与保管时，应根据织品类型，分析各种性能指标，做到防晒、防潮、防火，并不得与饮料、食品、易燃物等混装，避免织品受到污染或发生火灾。对一些易受虫蛀、霉菌感染的天然纤维织品，要做好防虫防霉工作。

纺织品的内包装一般采用塑料薄膜包装，有防潮、防霉的作用；运输包装大部分用五层瓦楞纸箱。

任务三　金属五金的管理

技能目标

- 会分析金属及其制品质量变化的原因
- 能采取适当的措施，防止金属五金在物流过程中产生质量变化

知识目标

- 金属的种类、金属的腐蚀

- 金属的防锈技术与防锈包装
- 金属及其制品的运输保管

任务情境

　　1867年的冬天，俄国圣彼得堡十分寒冷，达－38 ℃。这一年冬天俄国圣彼得堡海军仓库里发生了一件怪事：堆在仓库内的大批锡砖，一夜之间突然不翼而飞，留下来的却是一堆堆像泥土一样的灰色粉末。同一年的冬天，从仓库里取出军大衣发给俄国士兵穿时，发现纽扣都不见了，再仔细看看，原来纽扣处也有着一些灰色粉末。

　　无独有偶，几十年过去了，在1912年，英国探险家斯科特率领一支探险队带了大量给养，包括液体燃料去南极探险，一去就杳无音信。后来发现他们都冻死在南极。带了那么多的燃料为什么还无济于事呢？原来，斯科特一行在返回的路上发现，他们的第一个储藏库里的煤油已经不翼而飞。没有煤油就无法取暖，也无法热东西吃。好不容易克服千难万险，又找到了另一个储藏库，可是那儿的煤油桶同样是空空的，铁桶同样有裂缝，显然煤油都是由于铁桶漏了而流失掉的。后来科学家们经过反复研究终于发现了其中的奥妙，原来盛煤油的铁桶是用锡焊的，当锡变成粉末时，煤油就顺着缝隙流出来了。

训练任务

　　某货运公司承接了一笔锡锭运输业务，要将1 200 t锡锭从中国出口至澳大利亚。为保证海上运输的顺利进行，请你为此提出切实可行的建议。

任务要求

　　小组讨论，形成组内统一意见后，每组派出代表上台发言。

任务讨论、分析

　　提示：在运输与保管过程中，要全面考虑，针对锡锭的特性给出包括积载、养护等方面在内的全面建议。

任务展示

知识学习

提示：在这里由教师提出解决难点、要点的方法，注意做笔记，笔记可以写在下面的空白处。

知识、技能要点

完成任务

根据老师提出的知识、能力要点，由学生完成任务，老师修正并且作最终评价。

相关知识阅读

知识一、金属及其制品的种类

一、金属的种类

工业上对金属的分类主要有两种方法。

(一)按金属成分复杂性分为纯金属和合金两类

(1)纯金属：是单纯由一种金属元素组成的物质(或者含微量其他金属，但不足以改变它的基本性质)。

(2)合金：是以一种金属元素为主和另外一种(或几种)金属或非金属元素组成的物质，如生铁、熟铁、钢等。一般来说，合金比纯金属有较好的更多的机械性能，可以制造各种不同用途的制品。

(二)按金属元素类型分为黑色金属和有色金属两大类

(1)黑色金属：主要包括纯铁、铁合金以及铬、锰等。因为铁的表面常常生锈，盖着一层黑色的四氧化三铁与棕褐色的三氧化二铁的混合物，故人们称之为"黑色金属"。而最常见的合金钢是锰钢与铬钢，锰和铬主要应用于制合金钢，所以把铁、锰、铬及它们的合金也叫做黑色金属。实际上，铁、锰与铬都不是黑色的，纯铁是银白色的，锰是银白色的，铬是灰白色的。

（2）有色金属：包括黑色金属以外的全部其他的金属与合金。有色金属是制造电气工业制品、航空工业机件、各种特殊用途的机件，以及优质合金钢所不可缺少的原料。常见有色金属有铜、铝、锡、锌、铅及其合金等。

二、金属制品的种类

金属制品的种类很多、运量较大的有钢材、日用金属制品及铸铁制品。

（一）钢材

普通碳素钢材分为型钢、板形钢、钢管、钢丝四类。

（1）型钢：型钢是一种有一定截面形状和尺寸的条型钢材。型钢按其断面形状又可分为工字钢、槽钢、角钢、扁钢、圆钢、方钢等。工字钢、槽钢、角钢广泛应用于工业建筑和金属结构，如在厂房、桥梁、船舶、农机车辆制造、输电铁塔，运输机械中往往配合使用。扁钢在建筑工和中用作桥梁、房架、栅栏、输电船舶、车辆等。圆钢、方钢用作各种机械零件、农机配件、工具等。

（2）板形钢：又叫卷钢，按厚度可分为厚钢板（厚度 0.4 cm 以上）和薄钢板（厚度 0.4 cm 以下）。厚钢板可制造船舶、车辆、农机等。薄钢板也称铁皮，以普通碳素薄钢板、房盖钢皮、镀锌钢皮和镀锡钢皮流通量较大。

（3）钢管：按其制造方法分为无缝钢管和有缝钢管，其中无缝钢管按照生产工艺又可分为热轧、冷轧、热扩钢管等。自第二次世界大战后，钢管工业获得了极大的发展，钢管的应用遍布机械工业、石油、地质钻探业、化学工业等领域。

（4）钢丝：钢丝是用热轧盘条经冷拉制成的再加工产品。按断面形状分类，主要有圆、方、矩、三角、椭圆、扁、梯形、Z字形等。普通钢丝包括制钉、制网、包装和印刷业用钢丝，钢丝绳、弹簧钢丝等。

（二）日用金属制品

包括的范围很广，按用途分有建筑用小型金属制品、日用刀具和手工具、金属器皿等。前两类制品习惯上又称为日用小五金制品。

（三）铸铁制品

铸铁件或经热处理后的成品，按断口颜色可分为灰口铸铁、白口铸铁和麻口铸铁。主要有铸铁管（臭气管、雨水管）、铸铁盖板（渠沟孔盖）、厕所水箱等，多涂有沥青或油漆。

三、金属及其制品的包装

(一)金属的形态与包装

在运输、储存过程中接触的金属，按其所处的形态来分，有锭块状、条(片)状和粉状。

金属大多铸成锭块进行运输，如生铁锭、铝锭、锌锭等。多用木箱包装，加打包铁皮。每箱净重 100 kg。也有用麻袋包装，每袋只装一锭。出口运输包装多用托盘，每托盘 900 kg 或 1 000 kg，每一包装上都要注明生产批次或标记。

金属也常制成圆条状、板状运输，如铜板，锌条、铝粉等，金属条或板以捆束、捆扎包装。金属粉由于颗粒小，与空气的接触面大，容易氧化，产生化学危险，须装入严密的金属桶内。

金属制品根据类型不同采用各种不同包装方式，主要有捆扎(如型钢、金属管等)、裸装(如直径较大的金属管)、盘圆(即盘成圈状，如钢丝、铜线等)、用油纸或纸盒包装(如小的五金制品)和用纸箱或木箱包装(如金属器皿)。

(二)金属制品的包装

型钢大多以裸装或简易捆束；厚钢板不加包装，有的以卷筒状(称卷钢)；钢丝通常是盘成圈状，俗称盘圆，以匝为单位；日用小五金制品用木箱运输等。

知识二、金属锈蚀及金属防锈技术

一、金属的销蚀

金属表面与周围介质产生化学作用或电化学作用而被破坏，这种现象称为金属锈蚀。锈蚀主要与空气有关。金属根据原理不同，金属锈蚀可分为化学锈蚀和电化学锈蚀两种。造成金属生锈的主要因素：

1. 大气相对湿度

在某一相对湿度以下，金属锈蚀速度很小，而高于这一相对湿度后，锈蚀速度陡然增加。这一相对湿度称为临界湿度。很多金属的临界湿度在 $50\%\sim80\%$ 之间，钢铁约是 75%。大气相对湿度对金属锈蚀的影响最大。当大气湿度高于临界湿度后，金属表面便出现水膜或水珠，若是大气中含有的有害杂质溶解于水膜、水珠，即成电解液，加剧锈蚀。

2. 气温与湿度

大气温度与湿度两者关联影响金属锈蚀。这有以下一些主要情况：第一，大气的水蒸气含量，随气温升高而增大；第二，气温高促使锈蚀加剧，尤其在潮湿环境里，气温越高，锈蚀速度越快。在相对湿度低时，温度对锈蚀的影响还不太明显，但在高于临界湿度时，随着气温升高，锈蚀量急剧增大。另外，如果大气与金属间有温差，则在温度低的金属表面形成冷凝水、也导致金属生锈。

3. 腐蚀性气体

污染空气中的腐蚀性气体，以二氧化硫对金属腐蚀影响最大，特别是对钢、铜及其合金的危害尤甚。大气中二氧化硫主要来源于煤的燃烧。同时，燃烧产物二氧化碳也有腐蚀作用。在厂周围的大气中混有腐蚀性气体。如硫化氢、氨气、盐酸气等都是促使金属锈蚀的因素。

当然，大气中的氧对金属锈蚀是最为常见，而且随时随地发生作用，这是不言而喻的。

4. 其他因素

大气中含有大量尘埃，如烟雾、煤灰、氯化物和其他酸、碱、盐颗粒等，有的本身具有腐蚀性，或者是水珠的凝结核，也都是锈蚀因素，如氯化物被认为是腐蚀金属的"死敌"。

二、金属及其制品的防锈

防锈是金属及其制品在储存运输过程中最关键的一环，通常与金属的包装联系在一起。从上面可以看到，锈蚀主要与空气中的氧气、水蒸气和空气中的杂质成分有较大关系，还有气温也对锈蚀有影响。通常采用包装方法进行防锈。

（一）防锈包装（封存包装）

金属制品表面因大气锈蚀，会变色、生锈，降低使用性能，造成产品价值降低以至失效。防锈包装是为隔绝或减少大气中水分、氧气和其他污染物对金属制品表面的影响，防止发生大气锈蚀，而采用的包装材料和包装技术方法。

防锈包装有效期可延长数月至数年，对金属制品的储运与销售有重要意义。

（二）防锈包装的一般工艺

1. 金属制品进行清洁和干燥处理

金属表面上因大气污染而沉积了各种污物。在制造加工过程中，也会留下各种液体或固体物的残留物。另外，金属材料或制品表面上有明显的锈蚀层。作为防锈包装，应对金属制品进行清洗、干燥、除锈等预处理，以防止金属制品的进一步锈蚀。金属制品进行清洁和干燥。

凡金属制品在用液体清洗后，都应进行干燥使金属制品上无残留液体。干燥常采用的方法有：压缩空气吹干、加热干燥、浸入水置换液中脱水、用布擦干等。

2. 防锈封存包装

用防锈材料在金属制品表面进行处理与包封。

（三）防锈包装的分级，GB4879 将防锈包装分为四级：

A 级：用于入库长期储存，国内外远距离运输与储存的产品，防锈期 3～5 年。

B 级：用于入库短期储存周转。防锈期 2～3 年。

C 级：用于不需入库储存的产品。防锈期 1 年。

D 级：用于短期储存的产品。防锈期 6～12 个月。

防锈包装的等级是根据产品的重要性和储运要求来确定。一般产品越重要、运输距离越远、储存时间越短、物流环境越复杂，防锈的等级就越高。

(四)常用防锈包装材料与方法

1. 防锈油脂封存包装

将防锈油脂涂覆于金属表面，然后用石蜡纸或塑料袋封装。此方法成本低、包装操作简单。但金属使用时比较麻烦，需清洗，易造成环境污染。此法适用于搬运较少，不接触较高温度环境的金属制品的防锈包装。

2. 气相缓蚀剂(VCI)防锈包装

VCI 是 Volatile Corrosion Inhabitor 的缩写，中文标准译名为"气相缓蚀剂"，是指"在常温常压状态下具有自然挥发性、扩散性和吸附性"的一类缓蚀剂。

防锈机理：VCI 防锈缓释物在经过气化后，吸附在所有金属表面，切断空气中的水蒸气、氧气等物质与物体接触，形成气相保护层，破坏腐蚀的机理，能够非常有效地防止金属表面的锈蚀。特别适用于细长管、曲折、深孔、及缝隙等难以触及的表面防锈。

气相缓蚀剂的使用形式有如下几种：

(1)蚀剂粉末。将粉末直接喷洒于金属件表面或装入透气纸袋内，用量 50 g/m^3 ～400 g/m^3。

(2)防锈纸。将溶解于水或溶剂中的缓蚀剂涂布于中性包装纸上，晾干即得。

(3)防锈塑料。将气相缓蚀剂施于塑料薄膜或泡沫塑料中，然后将金属件包封。

(4)相缓蚀剂溶液。将气相缓蚀剂直接浸涂或喷洒在金属件上，然后用石蜡纸或塑料薄膜包封。

3. 可剥性塑料封存包装

以塑料为基本成分，加入矿物油，防锈剂、增塑剂、稳定剂以及防霉剂和溶剂配制而成的防锈材料。它涂覆于金属表面可硬化成固体膜，既可防锈又有一定的机械缓冲作用。现广泛用于工具、汽车、飞机、造船业等金属制品的防锈包装。

4. 封套防锈封存包装

将金属制品密封于包装或一定空间内，使其处于低湿或无氧的状态。有充氮包装、干燥空气封存包装、脱氧剂封存包装。常用于军械防锈。

(五)防锈方法的选用

防锈包装种类较多，应根据产品的性质、储运条件和保存期加以选择。在储运条件方面应考虑：

(1)达到运输终点的距离与时间；

(2)运输过程与终点的气候条件，是否高温多湿、海滨或极寒等；

(3)装卸次数，装卸设施；储存期长短及储存条件；

(4)所用包装容器是用于批发、零售还是用作储存；

(5)防锈包装费用。

知识三、金属五金的运输与保管

一、金属、五金制品的保管

五金商品保管的一般原则

1. 选择适宜的保管场所

金属材料存放的场所，不论库内库外均应清洁干燥，远离产生有害气体和粉尘的工厂车间，不与酸、碱、盐类及气体、粉末等物质混杂存放，要分类立点，分批存放；不同种类的金属器材存放在同一地点时，需有明显的间隔距离，防止发生接触腐蚀。一般热轧钢材等可以存入货棚或加苫垫；所有铁合金、小型钢材、薄板、钢带、精密器材、金属制品及有色金属材料都应存放入库房内，有条件的可存放在专用专库。

2. 保持库房干燥

保证库房相对湿度在临界湿度以下，一般应将相对湿度控制在70％左右。管理好仓库的温湿度，随时掌握天气变化，避免台风、暴雨侵袭，利用通风办法降温、降潮。库内放置干燥剂也能起降潮作用。保持库房干燥是保障入库五金商品防止或减轻锈蚀的重要条件。

3. 妥善的码垛、苫垫和密封

妥善的码垛和苫垫也是五金商品防潮、防损的环节之一。码垛要求做到合理、牢固、定量、整齐、节约仓位。密封使金属材料和外界空气隔离，以减少潮气对锈蚀的影响。被密封保存的金属材料，必须在密封前未受过潮，且质量是完好的。

4. 保持库房和器材清洁

库房和存库的金属器材应经常保持清洁，尤其是经过海运的器材，如沾染海水、污物后，一般不宜入库存放，而应及时清理，迅速投入生产使用。金属器材沾上手汗后会生锈腐蚀，所以须尽可能避免手汗沾染五金制品。入库器材不得与污物杂品接触，不应沉积尘土。

5. 加强检查制度，发现问题及时处理

五金商品在保管期间，要执行检查制度，进行日常、定期或不定期的检查，以便及时发现问题，及时处理。五金商品的各种防锈措施只能起到缓蚀作用，因此保管应有一定期限，应该贯彻先进先出、轮换发货的原则。

二、金属、五金制品的运输

(一)金属及其合金的储运要求。

不同种类的金属及其制品，其包装方式不同，运输的要求也不同。

1. 包装

(1)铁合金按品种的不同，分堆装和包装两种方式，由供方负责发运到需方。一般按表2-6规定装运，如需方有特殊要求时，由双方协议商定。

(2)包装方式分铁桶包装，木箱包装，袋包装，或集装箱包装。具体采用哪种包装，按相应标准执行。

表 2-6　金属合金的装运方式

装运方式	合金品种
堆装发运	碳素、低碳、中碳铬铁，微碳铬铁，高炉锰铁、碳素锰铁、中低碳锰铁，硅铁、磷铁、硅铬合金、锰硅合金
包装发运	微碳铬铁，真空铬铁，金属铬，电解锰，金属锰，低、中碳锰铁，硅钙合金，稀土硅铁镁合金，稀土硅铁合金，氧化钼块，钨铁、钼铁、钒铁、钛铁、硼铁、铌铁

(3)包装时每件净重一般不超过 100 kg，机械装卸时不超过 500 kg(集装箱除外)。

2.储运

(1)产品应入库分品种、分批号存放，如露天存放须用苫布盖好，严防渗水或混入杂物。

(2)产品发运要用棚车，当用敞车装运进，必须用苫布盖好。

(3)合金堆装发运，必须随车皮在明显处附有质量证明书。不同牌号合金装在同一车皮发运时，必须设法隔开，保证不发生混铁。

(二)金属及其制品的海运要求

金属及其制品对于不同的运输方式，要求也不同，在这里主要说明海运的要求。在运输和保管时，必须注意以下几点：

(1)合理积载，调整船舶重心。金属具有比重大、积载因数小的特点，如果只装金属货，会造成亏舱，因此积载时应与轻货搭配。并且，不能将所有金属货均积载于底舱，以免船舶重心过低而剧烈摇摆。从船舶稳性角度考虑，一般会把这类重货的 2/3 装在底舱，其余的1/3装在间舱。为调高重心，在舱内装载金属时，可适当地提高堆积高度(如采用格子垛型)。同时，适当增加舱内两舷侧部位的重量，以阻止船舶横向摇摆。

(2)保护船体不受损伤。由于金属货普遍较重，容易导致船体损伤。因此，应尽量选用结构坚固和舱口尺寸大的船舶装运。装载时，要注意按照各货舱的仓容比例决定各货舱的载重量，将金属货按比例分配到各舱，以免货重分配不匀导致船体发生中拱变形。同时，严格掌握内底板和各层甲板的定额负荷量，避免金属货在小面积范围内重量过分集中，使船体受到损伤破坏。特别应注意的是，舱口梁以及其他开口结构附近的强度较低，应留有足够的安全余地，以免发生甲板被压塌、断裂等事故。另外，可以采用方木或木板铺垫以扩大受压面积，从而保护船体不受损伤。

(3)避免舱内货件移动。装金属货物时，必须特别注意做好在船舱内和甲板上的防移措施。一旦金属货随船舶的晃动发生偏移，就会使船舶重心偏离，给船舶带来轻浮危险。因此，货物要堆码紧密、整齐，注意捆绑加固，采用衬垫等物件垫牢卡稳，必要时可设置止动板、隔壁、支柱等防移装置。为防止金属制品的移动，卷钢易于滚动，一般采用压缝法堆垛，两端对着船舷；钢管、槽钢等长大件，在舱内应顺船首尾方向对方，采用井型垛，并将横向的两端衬垫好；钢轨采取仰伏交错的方法堆码，使货物稳固并避免受压变形。

(4)避免货损。为防止金属锈蚀，存放金属的场所应该相对干燥，并且金属及其制品不能与酸、碱、盐、化肥等化工产品同舱装载，与含水量高、湿度大的货也不宜同舱积载。海上运输时要做好防水工作，严禁水湿，保持舱内通风，以防舱内外温差造成"汗湿"生锈。

某些金属制品容易变形。例如纯铝制品质地柔软，在外力和硬质残屑的作用下容易出现变形；一些薄型钢管被压扁，板材凹陷等。在装卸搬运时，应注意正确选择恰当的机械设备，防止货件受到不良外力影响。例如，链条吊货工具会对薄钢板产生卷边、断边等不利影响，可用带钩的钢丝索具加以替代。堆放货件时，地面应足够平整，最好加以衬垫，并注意堆垛整齐稳固，防止它们弯曲变形。对一些软质金属，切忌与硬质残屑地脚混存，如生铁、锌碎块及铁矿石、煤等。

另外部分金属粉末，如铝粉、镁粉等极易氧化，遇明火、高温、水、氧化剂等易燃烧或爆炸，在保存时应严密包装，切忌与氧化剂、易燃品同放，远离火源。某些金属在低温时性状会发生改变，引起不良质量变化。例如，锡在 13.2 ℃以下会逐渐转变成粉末，称为灰锡，使锡制品损坏；碳素钢在低温时会发脆。保管这类金属制品时，一定要注意控制温度。某些需要镀锌或镀锡的金属需要防油污，比如房盖钢皮、铜丝、圆钢等也不宜与油类货同装，所用衬垫物也要尽可能避免使用油污木。

(5)避免混唛。对于裸装的金属货，在货件标志不清的情况下，很容易混唛。运输部门承运前应认真逐票核对是否单货相符，不同品种、规格的金属货不能混装、混堆，装舱时应严格隔票。所运的金属货，必须有可靠的发货标志：成束、捆、卷、盘的金属制品，货方应用铁丝将模压标牌或印铁标牌牢固地系挂在金属货物上加以标志，不得仅以粘贴纸制标牌的方法进行标志；不能系挂小牌的金属锭块或金属轧坯，应在货件本身上用不同颜色的油漆画出线或其他识别记号，以利于分唛。

(6)注意装卸作业安全。大多数金属货物属于重货，在装卸搬运时需要格外注意安全问题。操作装卸搬运机械设备时，要严格遵守操作规范，谨慎作业，稳起稳落，以防发生作业中金属货脱落、折断、下滑等情况而造成伤害人身或损坏船体的严重事故。针对不同种类的金属货，所选机械设备有所差异。对于大部分钢材，选用下端有钩的链条吊货工具较为安全，如果选用钢丝绳吊货索装卸钢材，有时会因钢材与船体撞击而使吊货索具发生断裂；装卸厚钢板时应用有辅助爪的吊具；装卸卷钢需采用专用吊具，如果用钢丝索具穿到卷钢内部进行吊装，钢丝索易于与卷钢的边角相摩擦而有被切断的危险，且会造成卷钢内侧受损伤。

任务四 电子电器货物的管理

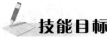

技能目标

- 能根据货物的特性和物流环境的特点，合理选择包装
- 能正确进行储运管理

知识目标

- 中高端电子产品的特点

- 对静电的敏感性
- 静电的产生和预防保护
- 防震包装技术

任务情境

实习生谢应苏、记者刘瑾报道：9 月 15 日，南昌市民吉先生向本报投诉，9 月 4 日，他委托"××快运有限公司"从咸阳托运了一台洗衣机和一台电视机来南昌。当时，他交了 210 元托运费和 30 元保险费。

9 月 7 日，"××快运"派人将货送到吉先生家。吉先生打开包装时发现电视机已震坏，但"××快运"拒绝赔偿。

15 日，记者联系了"××快运"南昌分公司的朱经理。她告诉记者，他们只负责外包装的完好无损，且吉先生签字后才发现电视机坏了，公司对此没有责任。

训练任务

在三十年前结婚的人肯定都还记得需要哪三样东西：手表、缝纫机、自行车。但是现在时代不同了，房子，车子，组合家电这新三样取代了原来的老三样。作为新三样的家电，技术更新快，结构普遍比较复杂、精密，保养保护的要求也高。现在来探讨家用电器特别是液晶电视机（或电脑）在物流过程中，可能有哪些质量变化？质量为什么会发生变化？有哪些影响质量变化的因素？

任务要求

小组讨论后，形成简明报告。

任务讨论、分析

提示：液晶电视机是高科技产品，由大量的电子器件构成。可以从外力的作用、电磁场的影响、温湿度的变化等方面来考虑液晶电视机的质量变化。

任务展示

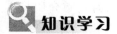 **知识学习**

提示：在这里由教师提出知识、技能要点，注意做笔记，笔记可以写在下面的空白处。

知识、技能要点

 完成任务

学生完成任务后，小组之间进行互评，之后教师做出总结。

相关知识阅读

知识一、电子电器货物的种类与性质

电子电器货物一般是指应用电子技术以电为能源的产品，常见电子电器货物包括发电、变电、输配电设备，音视频设备、通讯设备、仪器仪表、家用电器等。按照能量转换方式，电子电器货物可分为电动产品、电热产品、制冷产品、光电产品、声像产品；按照用途的不同，电子电器货物可分为空调产品、取暖产品、厨房产品、清洁产品、娱乐产品等。电子电器货物由大量电子、电器元件组成，结构普遍比较复杂，因此这类产品具备一些特殊的性质，具体如下：

1. 怕潮湿

很多电子电器货物结构精密，电路复杂。在周围湿度较大的环境下，水蒸气易进入材料内部，在元器件或介质材料表面形成水膜，从而产生"导电小路"，损害元器件的功能，造成电路故障。因此，在存放和运输电子电器货物时，务必防潮防水。

2. 易受温度影响

根据实验测试，在规定的室温范围内，环境温度每增加 10 ℃，电子器件的可靠性约降低 25％，这对电子电器产品的性能有较大影响。除此之外，温度还会对绝缘材料和金属构件产生影响。高温时，绝缘材料在电场的作用下，会有电流产生，称为漏电流，造成介质损耗。在剧烈的温度变化下，电子电器货物的机械传动部件、各类开关等金属构件会发生形变，剧烈的膨胀与收缩所产生的内应力以及交替结露、冻结和蒸烤等温度效应，将加速元件的机械

损伤和电性能劣化。对某些带有磁介质的产品来说，当温度升高到某一数值时，磁介质将失去磁性，磁导率会急剧下降，同样给产品带来不利影响。

3. 易受静电危害

当前，随着电子元器件日趋微小型化，半导体器件对静电的敏感性越来越高。静电的存在，会导致物体表面电荷对空气中带异性电荷的微粒子尘埃的吸引，造成电子敏感元器件绝缘性能的降低、结构破坏。当外界条件适宜时，这种积聚电荷还会产生静电放电，使元器件局部破损或击穿等。在电子设备中起关键作用的半导体分立器件、集成电路、厚薄膜电路及电阻器等，尤其易受静电影响。静电危害几乎涉及电子产品的各个技术领域，特别是那些体积小、工作频率高、安装密度大的电子设备更易受静电危害。

4. 怕震性

剧烈震动与碰撞会使设备的机械结构性能受到损害，特别是一些精密设备，它们精巧的零部件极易因碰撞而损毁。比如，在数码相机中，复杂的成像系统、光学镜头以及精密的电子器件等都是极容易受到损害的部分。

5. 怕尘性

灰尘对精密机械和接插件影响较大。若大量导电性尘埃落入设备内，就会促使有关材料的绝缘性能降低，甚至短路；若大量绝缘性尘埃落入设备内，则可能会引起接插件触点接触不良。例如，外界的灰尘、污物、油烟等落入摄录机的镜头上，会影响摄像的清晰度，并增加调整开关和旋钮的惰性。当磁头与磁带相对高速运动时，落在磁头或磁带上的灰尘会像沙粒一样损伤磁头和磁带，引起故障。

6. 易受电磁场干扰

对某些需要电磁转换的产品，强磁场与强电场都会影响其性能。因此，在存放期间应远离强磁性物体或能产生强电感应的物体，如变压器、工作中的电磁灶等。

知识二、静电的危害及防静电包装

两种物质相互摩擦时，容易失去电子的一方带正电，容易得到电子的一方带负电。这两种独立存在的正电荷和负电荷就是人们通常所指的静电（即静止的电荷）。除摩擦作用之外，电场或电磁场的感应也是静电产生的一个重要原因。

一、静电的产生

静电的产生有其内因和外因。内因取决于物质的导电特性，外因最为常见的是物质相互的摩擦造成起电现象。两种物体相互摩擦或某种物体受热、受压、电解以及受其他带电体的感应，均会发生电荷转移，破坏电荷的平衡，从而产生静电。常见的静电产生途径有以下几种：

（1）摩擦带电：物体相互摩擦时，接触位置发生移动，引起电荷分离，产生静电。在工业生产中，如粉碎、筛选、滚压、搅拌、喷涂、过滤、抛光等工序，都会发生摩擦起电。

（2）剥离带电：相互密切结合的物体被剥离时引起电荷分离，产生静电。日常生活中，穿脱化纤衣物时产生的静电便属此类。

（3）感应带电：当带电物体接近不带电物体时，会在不带电的导体的两端分别感应出负电和正电。此外，产生静电的途径还有喷出带电、流动带电、冲撞带电等。静电的产生具有随机性，在很多情况下都可发生。

（4）物流过程中的静电的产生：储运过程中物质间的摩擦、滚动、撞击等。其次是附着带电、感应带电等。就仓储部门而言，许多商品和包装物都具备了静电产生的内部条件，同时在仓储业务中都离不开搬运、堆码、苫垫、覆盖等操作，因而货物之间不可避免地会产生摩擦、滚动、撞击等。一般货物的塑料包装在堆码过程中由于相互摩擦也会产生静电。

二、静电对电子产品的危害

静电可以积累，即失去的电子越多，积累的正电荷就越多；得到的电子越多，积累的负电荷就越多。静电积累可产生极高的电压，达到十分惊人的程度。日常生活中的一些常见活动都会产生很高的静电电压，如在地毯上行走，相对湿度为 $10\% \sim 20\%$ 时产生的静电压可达 3 500 V，当相对湿度为 $65\% \sim 90\%$ 时，产生的静电压可达 1 500 V。而家用电器中的电子元件如集成电路只能承受 2 V～5 V 的电压。

积累的静电遇到合适的条件（如两物体相互接近），便产生静电放电，瞬间释放出巨大的能量。日常生活中，当我们脱去化纤衣服时，会听到"啪啪"的响声。如果在黑暗中还会看到明亮的闪光，这就是化纤在摩擦中产生的静电放电现象。自然现象中的雷电，实质上也就是水分子在相互摩擦中所产生的静电积累在一定条件下的放电现象。

静电放电引起的组件击穿损害是家用电器最普遍、最严重的静电危害，它分硬击穿和软击穿。硬击穿是一次性造成元器件介质击穿、烧毁或永久性失效；软击穿则是造成器件的性能劣化或参数指标下降。

三、静电对电子产品损害的形式与特点

（一）静电对电子产品损害的形式

静电的基本物理特性为：吸引或排斥；与大地有电位差；会产生放电电流。这三种特性能对电子元件的四种影响：

（1）静电吸附灰尘，降低元件绝缘电阻（缩短寿命）；

（2）静电放电破坏，使元件受损不能工作（完全破坏）；

（3）静电放电电场或电流产生的热，使元件受伤（潜在损伤）；

（4）静电放电产生的电磁场幅度很大（达几百 V/m）频谱极宽（从几十兆到几千兆），对电子产器造成干扰甚至损坏（电磁干扰）。

（二）静电对电子产品损害的特点

（1）隐蔽性：人体不能直接感知静电除非发生静电放电，但是发生静电放电人体也不一定能有电击的感觉，这是因为人体感知的静电放电电压为 2 kv～3 kv，所以静电具有隐蔽性。

（2）潜在性：有些电子元器件受到静电损伤后的性能没有明显的下降，但多次累加放电会

给器件造成内伤而形成隐患。因此静电对器件的损伤具有潜在性。

（3）随机性：电子元件什么情况下会遭受静电破坏呢？可以这么说，从一个元件产生以后，一直到它损坏以前，所有的过程都受到静电的威胁，而这些静电的产生也具有随机性。其损坏也具有随机性。

（4）复杂性：静电放电损伤的失效分析工作，因电子产品的精细、微小的结构特点而费时、费事、费钱，要求较高的技术并往往需要使用扫描电镜等高精密仪器。即使如此，有些静电损伤现象也难以与其他原因造成的损伤加以区别，使人误把静电损伤失效当作其他失效，从而不自觉地掩盖了失效的真正原因。

四、静电的防护与防静电包装

防止静电的危害，简单地说，只要能够造成一个不积累静电的条件，就可以避免静电的危害。静电控制的主要措施有：静电的泄漏和耗散、静电中和、静电屏蔽与接地、增湿等。

（一）防静电材料

静电放电（ESD）是现代工业生产中的大敌，也是静电敏感型产品的危险敌人。在包装领域，由于包装材料没有抗静电性，或者抗静电性不佳，往往导致其中的电子产品比如电子设备、电子零件、军工产品等报废，或者发生错误动作，严重的甚至发生爆炸而引起人身伤亡、设备损毁等事故。因此导电型、防静电型塑料包装受到了重视。

目前市场上流通的防静电包装塑料大多是黑色或者灰色的，在很大程度上影响了包装外观。人们需求的透明和浅色防静电包装材料正在悄然兴起。当今防静电包装材料有多种，其中主要的是填充型防静电材料。

常用的填充型导电填料主要有五类：金属、碳黑、金属化材料（比如金属化玻璃珠）、金属氧化物和化合物系。前三类或由于价格昂贵，或由于颜色太深而不被人们青睐；而浅色的金属氧化物则走俏各类市场。

防静电包装制品非常多，如防静电屏蔽袋、防静电包装袋、防静电海绵、防静电 IC 包装管、防静电元件盒、防静电周转箱、防静电气泡膜和防静电运输车等。这些包装制品防静电屏蔽除用静电导体外，多数是用静电耗散材料制成的，也有些是用防静电材料制作。目的都是对装入的电路或器件及印刷电路起静电保护作用。

（二）防静电包装

防静电塑料材料的应用日益扩大，主要用于静电敏感产品的包装，因而它在电子工业、航天航空、兵器工业，以及纺织、包装、食品等行业得到了广泛的应用。比如：电子元器件、电气产品、光电产品、光机电一体化产品以及导弹、弹药、火炸药等产品的包装，有的国家规定必须采用防静电包装方可进入国际市场。

为了充分利用材料性能，应该选择适合的包装材料，以免造成过分包装。防静电包装按其产品的静电敏感度和性能要求的高低可分为三个等级。国际电工委员会（IEC）规定的静电敏感产品包装分为以下几类：

（1）静电屏蔽型包装，要求包装材料的体积电阻率 $\rho_v < 102$ Ω·cm；

（2）静电导电型包装，要求包装材料的体积电阻率 $\rho_v < 104$ Ω·cm；

（3）静电逸散型包装，要求包装材料的体积电阻率 104 Ω·cm $< \rho_v < 1011$ Ω·cm。

知识三、电子电器货物的质量变化与防震包装

在物流过程中，电子、电器货物除了会受到静电的危害外，还会受到潮湿的空气的影响，当空气湿度大的时候，电路板、电子元件和电器元件表面吸附水分形成水膜、降低元器件的绝缘性，致使元器件短路而被电流击坏。除了这些危害，电子电器货物最可能受到的危害是在运输、装卸和储存过程中受到外力的作用，而使货物发生机械性质的变化，小则元器件松动，表面擦伤、表皮脱落，大则货物破碎失去效用和价值。本单元主要介绍防震包装。

一、防震包装的概念

防震包装又称缓冲包装，在各种包装方法中占据十分重要的地位。这种方法可使被包装物免受冲击和振动的损坏，以达到保护产品的目的。防震包装广泛用于军工、电子、精密机械、仪器仪表、以及易脆、易爆等产品的包装。

是否采用缓冲包装，应通过产品的脆值评价来确定。产品的脆值评价方法目前主要是通过脆值试验来测定或采用类比法来估计。

货物受到外力的作用主要表现为两个方面，一是冲击作用，如运输过程中，货运汽车急刹车，车箱内货物向前移动而产生的水平冲击力的作用，在搬运时货物从高处跌落地面而产生的垂直冲击的作用；另一是振动的作用，如货运汽车在行驶中由于路面的不平使汽车产生振动对货物带来的作用。

二、常用的防震包装材料和方法

缓冲材料与防震材料、隔震材料统称为防震材料。防震材料的作用是用来缓冲包装件中的内装物在运输、装卸过程中所受的冲击和振动外力，故防震材料要具有弹性、能吸收由冲击、振动产生的能量，具有良好的复原性，温湿度稳定性即对温湿度变化不敏感，吸湿性小另外还要酸碱性适中、有良好的耐腐蚀性、抗霉变性和良好的加工性、经济性。

（一）常用的防震包装材料

1. 按材质分类

（1）植物纤维类：纸浆模塑板、棉花、碎布条、纸屑、木屑、稻草等；

（2）矿物纤维类：石棉、玻璃纤维等；

（3）气泡结构类：天然橡胶、泡沫塑料等；

（4）纸及纸制品类：瓦楞纸板、开槽隔板、旧报纸等。

2. 按材料结构分类

（1）松散状：碎纸屑、木屑、碎布、发泡塑料碎块等；

（2）规则形状：块、片状、条状、颗粒状、管状等；

（3）成品状：把内装物的形状和部位制成缓冲材料；

（4）缓冲结构及器具：瓦楞、蜂窝等制成的各种形状的隔板、衬垫、框架等。

3．常用的防震材料

（1）发泡聚合物类材料，有四种。

聚苯乙烯泡沫塑料（可发泡成各种形状的衬垫）：具有良好的缓冲性能，具有较高的耐压强度，有一定的抗油脂性，容易成型，价格低廉。但材质较脆，重复使用性差。常用于家用电器和工业产品的包装，如洗衣机，电冰箱等。

聚乙烯泡沫塑料：重量轻、具有良好的耐低温性、耐化学药品和耐潮性，防震性能优于聚苯乙烯泡沫塑料。广泛应用于精密仪器的包装。

聚氨酯泡沫塑料：有软、硬、半硬质三种。常用于现场发泡，还作隔热、隔音材料。

聚丙烯泡沫塑料：是一种较新的缓冲材料，已逐渐取代聚苯乙烯泡沫塑料。

（2）气泡塑料薄膜：它是两层塑料之间封入空气，在一个面上形成一个个凸起的气泡。薄膜材料一般是 PVC。

（3）橡胶类缓冲材料：橡胶海绵，优点是质量轻，缺点是易吸收水、耐油性差。

（4）木丝，藤丝，纸屑类材料：优点是价格低，但易吸水。

（5）纸浆模塑类缓冲材料：是以再生纸浆为主要原料再适当加入一些填加料，通过模具塑造成各种形状后干燥定型。以前常用于鸡蛋的包装，现广泛应用于电器产品的包装。

（二）常用的防震包装方法

包装方法分为三种：

1．全面缓冲包装

全面缓冲包装是指在产品与外包装容器之间全部用缓冲材料填满的包装方法。全面防震包装方法，由于缓冲材料与产品的接触面积大，当受到外力作用时所产生的应力较小，因而可以减少缓冲材料的厚度及包装件的体积，从而提高运输工具的利用率。

2．部分缓冲包装

部分缓冲包装是将产品表面的一部分用缓冲材料支承或包围的包装方法。部分缓冲包装可以把缓冲体预先放在或粘贴在包装箱的适当部位，装入比较方便。由于局部缓冲、节省了缓冲材料，可以降低包装成本。这是一种适合成批包装大量产品的方法，广泛应用于电视机、洗衣机、电冰箱的包装上，是目前应用最广的一种方法。

3．悬吊式缓冲包装

将产品与坚固的外包装箱之间通过柔性的绳带、弹簧等连接起来，产品被吊挂在外包装箱中，不与四壁接触的包装方法。这种特别适用于精密、脆弱产品的包装，如大型电子管、大型电子计算机。

三、电子、电器产品的若干包装技术

随着我国经济的不断发展，电子信息产业也得到快速的发展，使我国迅速成为电子、电器产品的生产制造、使用和出口大国。由于电子产品生产规模的不断扩大，生产数量的剧增，产品更新换代步伐的加快，对产品包装的要求也越来越考究。通过包装保护产品、促进销售、便于储存、使用和物流运输的作用，也为越来越多的企业所重视和关注。现对电子、电器产品常用的包装技术小结如下：

(一)防震包装技术

电子、电器产品缓冲包装一般是在瓦楞纸箱、纸盒的基础上，在内包装增加塑料泡沫、气泡薄膜或瓦楞垫片等，使产品达到防震的目的。

(二)防潮包装技术

电子产品的防潮包装，有在产品内包装加一层塑料薄膜、铝箔纸、蜡纸等防水包装材料，以及在包装中置放干燥剂等。还有的采用对瓦楞纸盒、纸箱表面进行上光、磨光、覆膜、涂蜡工艺处理，或采用淋膜机对纸板表面喷淋一层厚度在 0.01 mm～0.07 mm 的聚乙烯或聚丙烯等材料，使纸板的防潮、防污等性能得到大幅度的提高，也使纸板气密性和抗拉强度得到较好的提高。

(三)防静电包装技术

防静电屏蔽袋是适用于 PCB、IC 卡、MP4 等静电敏感产品的包装，可防止静电释放给电子产品带来的损害。对静电比较敏感的电子产品，采用防静电屏蔽袋包装后，能有效抑制静电的产生，确保电子产品的质量不受静电的破坏。

(四)防热包装技术

电子产品的防热包装材料有采用铝箔纸，铝箔反光能起反辐射隔热作用，抵抗外界热能的传导，并具有良好的防潮功能。还有的采用在包装上涂布丙烯酸纳米微乳液制成的水性热反应隔热涂料，这种纳米隔热环保涂层材料，能有效反射红外线，减少包装材料对热能的吸收，并具有防腐、防水、隔热优点。

知识四、电子电器货物的运输与保管

目前，中国已经能够生产几乎所有大小的电子电器产品，主要品种从电冰箱、洗衣机到彩色电视机、微波炉等共 120 多种，很多产品产量已经在市场上占有一定份额。中国电子电器产品进出口贸易持续增长，对电子电器货物的运输与保管提出了更高的要求。

在运输与保管过程中，需要注意以下事项：

1. 杜绝野蛮装卸，要合理堆码

放置地点要绝对牢固，确保不会在颠簸中受到意外撞击。大部分的电子产品属于精密的工业产品，在运输、搬运、储存过程中，要尽量减少外力的碰撞和冲击，防止外壳或机芯零部件的损坏；避免各包装箱体在堆码或运输颠簸中出现的相互挤压，防止包装物或产品的变形。不得将重货压在电子电器货物之上，以免损伤产品机壳。

2. 远离电磁影响

电子电器货物的储存和运输，不能在强电磁场环境下进行。在运输、搬运过程中，要有效抑制震动和摩擦的产生，防止由于静电而造成电子产品的损坏或酿成意外火灾事故。避免使用大功率电磁机械设备，防止其影响产品质量。

3. 控制温度，远离热源

电子电器货物不能置于高温环境中，且要避免强光的直接照射。长时间受强光照射或受热会使产品机壳或机芯出现变形、损坏等不良情况。积载时，要避开机舱、厨房及其他热源附近的位置。并且采取适当的措施控制温度的急剧变化，以免温变过程中产生的冷凝雾气损伤产品内部电路。

4. 防止水湿、控制储存场所的湿度，做好配装

要保证运输和储存电子电器货物的场所清洁、干燥、通风良好，防止受水浸雨淋和污染。运输和储存时，应做好衬垫，并确保周围排水系统畅通。考虑到运输储存条件能抵御雾、露、雨水、蒸汽的润湿，有效防止电子产品的氧化、生锈、短路等问题的出现。电子电器货物不能与酸类货、湿货、液体货等同舱装载。

案例：快递签收后，货物受损索赔无门

近几年，快递公司的生意如火如荼，但关于快递方面的纠纷一直居高不下。近日，市民王小姐就向记者讲述一件让她恼火的事。她找到 Z 快运公司（以下简称 Z 公司）从深圳速递家电到广州，当收到货物签收后，当打开快运木板箱，才发现箱里的电视机顶部已裂开两个洞，后盖与屏幕部分也完全脱离。

事后，王小姐将事情反映到 Z 广州分公司，该公司给她的答复是，交货时王小姐并没有提出电视机有问题，并当场签收，所以对于电视机损坏的问题，公司不予赔偿。记者对事情进行采访后，该公司又答应赔偿 450 元给王小姐。

消费者：开箱发现电视受损

5 月 31 日，王小姐在 Z 公司深圳景田网点办理托运业务，当时快递公司将物品用麻袋打包成五件，冰箱和电视机还单独装了木箱。据王小姐向工作人员了解，装木箱的物品 Z 公司要拿到合作的工厂去装。就付了 413 元（包括运费、包装费、打箱费）。当时，王小姐还询问工作人员关于买保险的事，工作人员说，不用保险，装了木箱就很安全的。

据王小姐介绍，6 月 2 日早上，快递的货物送到了她家里后，送货员就拿出快运单要求王小姐签字，当时王小姐只是清点核实了货品的数量，便在单上的"领货人签章"处签了名字。送货员走后，王小姐把货物都整理好，便下楼找保安帮忙打开快运的木箱，当掀开装有电视机的木箱后，王小姐与保安看到木箱里的电视机顶部裂了两个洞，电视机后盖与屏幕部分完全脱离。

发现问题后王小姐拨打了 Z 公司的服务电话，接电话的工作人员表示，王小姐当时已在快运单上签字，就表示货已签收。"收到的货物数量是没少，可是谁知道箱子里的电视机是否有问题，当时送货员让我签了名就走了，这木箱很难打开，我还是请别人打开的。"王小姐气愤地说。

6月3日上午，Z公司广州分公司徐小姐给她打来电话，要求王小姐给受损的电视机拍照，再把照片发给她。6月7日上午，徐小姐说看完照片后认为，不是因为木箱外箱小，也应该不是装订木箱时造成电视机破损，货物运送过程中也不会造成电视机破损。最后，还是以已签字为由拒赔。

公司：货主签收代表合同终止

6月8日上午，记者致电Z公司深圳中心营业部，该中心陈主任表示，交付快递货品时王小姐已在快运单上签字，这样双方的合同就终止了。她还说，王小姐应该在双方人员在场时验收物品，送货员走后才提出电视机有问题，这样公司是不受理的。

8日下午5时许，王小姐给记者打来电话说，Z快运广州分公司调度部的人员对她说，给她送货的是一家与Z公司合作的公司，该工作人员还表示会与该合作公司协商赔偿电视机的费用给王小姐。9日上午，王小姐又给记者打来电话称，早上Z快运广州分公司调度部的人员向她表示，要赔偿450元给她。

律师：签章并不代表已验收

广东××律师事务所谢律师认为，根据《合同法》规定，货运合同对所运货物运输途中的风险由托运人和承运人约定，如未约定的，从货物交由承运人开始，货物毁损的风险由承运人承担。承运人将所运货物交由收货人验收后，承运人对所运货物的风险担保责任消失。本案中，如若王小姐未与Z公司约定家电运输途中的毁损风险，那么家电在运输途中所发生的毁损责任应当依法由Z公司承担。王小姐在本案中既是托运人也是收货人，因此，如Z公司将所运家电交由王小姐验收后中铁公司的风险担保责任消失。

本案的关键是王小姐在快运单签字的行为是否代表着其已对货物进行了验收呢？谢律师认为，王小姐的签章行为并不能代表其已对货物进行了验收。所谓的验收行为并不是单方的行为，须双方都在场才能完成验收。Z公司交货后立即就走，实际上是Z公司自己使王小姐的验收行为无法客观完成。况且，王小姐在开箱时有第三方在场，第三方能够证明家电在开箱前已受损。因此，Z公司应当对王小姐的损失进行赔偿。

律师提醒作为收货人的朋友，在收到货运公司运送的货物后不应急于在运单上签字，首先应对货物进行检查，以免有损失无法追究。

任务五　谷物的管理

技能目标

- 能正确对谷物进行保鲜操作
- 能正确对谷物进行防虫害操作
- 能根据谷物的各种特性，合理储运谷物

知识目标

- 谷物的种类、特性

- 谷物的等级及检验标准
- 谷物的保鲜技术
- 谷物的防虫害技术
- 谷物的运输与保管注意事项

任务情境

大豆在储藏中的变化除了一般的谷物类粮食常见的生虫、结露、发热之外，还存在走油红变、吸湿生霉与品质降低等问题。走油红变与吸湿生霉是品质变化的表现，品质降低，主要是指蛋白质变性、酸价增加和丧失发芽力。当水分超过 13.0%，温度达 25 ℃ 以上时，即使还未发热生霉，但经过一段时间，豆粒会软，两片子叶靠近脐的部位呈深黄色甚至透出红色（一般称为红眼）。以后种温逐渐升高，豆粒内部红色加深并逐步扩大，即所谓红变。严重的还有明显的浸油脱皮现象，子叶呈蜡状透明。这一变化不仅严重影响大豆的生活力，同时也大大降低食用价值，出油率也下降，油色变深，做成豆制品带有酸败，豆浆颜色发红。

大豆在储藏期间发生的"浸油"和"红变"现象，通常认为是在高温和高湿的作用下，破坏了蛋白质与脂肪共存的乳化状态，使蛋白质凝固变性，脂肪渗出呈游离状态，即发生"浸油"现象。同时脂肪中的色素逐渐沉积以致引起子叶变红。

走油红变可以单独出现，而不伴随吸湿生霉。但在吸湿生霉的发展过程中却要出现浸油红变。实践表明，大豆水分超过 13%，种温超过 25 ℃ 时，就会发生红变。红变的严重性随着高温持续时间的延长而增加，但发展速度较生霉变质要慢些。

据北方地区某仓库的观察结果，水分达 13.4% 的大豆放在 25 ℃ 下储藏，3 天后，出现的红眼豆占 0.7%，10 天后增至 2.6%，20 天后增到 21.8%。

训练任务

某公司正准备购入一批大豆，为了做到大豆的安全储藏和运输，请你提出切实可行的解决方案，为预防大豆发生质量变化而提供帮助。

任务要求

1. 报告中需给出豆类在储藏期间发生质量下降的各种现象以及原因。
2. 应提出一套包括仓储和运输措施在内的完整解决方案。

任务讨论、分析

谷物质量下降的原因有很多。一方面可从谷物本身具有的理化性质入手；另一方面可重点研究公司的储藏条件是否有不利于谷物质量保存的方面。要为公司提出完整的解决方案，应针对各种质量下降现象，分别提出关键性策略。

任务展示

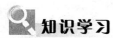

知识学习

提示：在这里由教师提出知识、技能要点，注意做笔记。笔记可以写在下面的空白处。

知识、技能要点

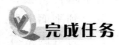

完成任务

根据老师提出的知识、技能要点，由学生完成任务，老师修正。

相关知识阅读

知识一、谷物的种类和性质

我国是谷物生产大国，谷物的种类繁多，可分为谷类、豆类、油料类等。谷类主要包括稻谷、小麦、大麦、元麦、黑麦、荞麦、玉米、高粱、粟米等。豆类有大豆、蚕豆、豌豆、绿豆、赤豆等。油料类主要有芝麻、花生、油菜籽、茶籽、棉籽、向日葵籽等。总体而言，它们都具有以下共同特性。

1. 呼吸性和自热性

谷物是处于休眠状态的有机体，依然存在新陈代谢活动，能够吸收氧气和释放二氧化碳。呼吸作用能产生和散发热量。大量堆积的谷物所产生的热量如果不能及时散发，就会致使谷堆内部温度升高，进一步促进谷物的旺盛呼吸。谷物的呼吸性和自热性主要与温度和含水量有关，在一定温度范围内，呼吸强度和自热强度随含水量的增大和温度的升高而增大。其中，含水量是最主要的因素，含水量越高，其呼吸性越强，自热能力越高。

2. 吸湿性和散湿性

谷物本身含有一定的水分，在相对湿度大的环境中能吸收水蒸气增加其含水量；在空气湿度较低的环境下，水分会向外散发。谷物吸湿增加其含水量后，在一定温度、湿度条件下，会增强呼吸强度，利于霉菌、害虫的繁殖，引起发热、发芽、霉变、虫害。

3. 吸附性

谷物有吸附外界环境中的气味和有害气体的特性。异味一经谷物吸附后便很难去除，直接导致食用价值的降低。

4. 粮虫危害性

谷物在生长和保管运输过程中，很容易感染粮虫。未经杀虫的谷物中含有大量虫卵，在温湿度适宜时就会大量繁殖，形成危害。由于粮虫种类很多，食性杂，传播途径广，往往潜伏在粮仓和包装物中。因此，即使已经杀虫的谷物，在后期储存中也很可能感染粮虫。

5. 微生物危害性

多种微生物均能感染谷物，其中最常见的是霉菌。霉菌在谷物上生长、繁殖，使谷物丧失食用价值，更为严重的是，某些霉菌代谢会产生强烈的致癌物质，对人体有害。

6. 陈化性

谷物随着储存期的延长，酶的活性会逐渐减弱，谷物内部结构发生改变，食用品质下降，这种由新到陈的过程称为谷物的陈化。储存环境的高温高湿、害虫、霉菌等都会加速谷物陈化，不利于谷物保存。

7. 散落性与沉积性

谷物颗粒间的内聚力较小，在堆积时会由中间向四周流散，这种性质称为散落性。粮谷散落性大小通常以静止角（或称自然坡度角）表示。静止角是粮谷由高点自然散落到平面上所形成的圆锥体的斜面与底面之间的角度。它与谷物颗粒的形状、大小、水分、外力等因素有关。谷物的散落性有利于散粮装卸，但是，装在船舱内的散装谷物会受船舶摇摆、颠簸等外力作用而随之发生移动，对船舶的稳性将产生极为不利的影响，严重时，会造成翻船。

谷物颗粒间存在着空隙，在受到外力作用后，表面会下沉。这称为谷物的沉积性。沉积性会影响舱内谷物的重心位置，同样对船舶航行不利，在运输中应采取适当措施加以克服。

8. 扬尘爆炸性

干燥谷物在流动、作业时会扬起微小尘粒，伤害人的呼吸系统；当扬尘颗粒达到一定浓度时（一般为 $50\ g/m^3 \sim 60\ g/m^3$），遇明火会发生爆炸。一般而言，粉尘颗粒直径在 $200\ \mu m$以下，且分散度较大时，吸热快，容易着火。空气湿度对粉尘爆炸有显著影响，一般粉尘湿度超过 30％便不易起爆。

知识二、谷物的质量检验

谷物的质量可以通过感官鉴定和实验分析两种方法确定。

1. 感官鉴定

（1）颜色。检验者可将谷物样品铺在一张黑色的纸上，在太阳的散射光线下，加以观察。当谷物变质、陈化时，颜色会变得灰暗、混浊。

（2）气味和滋味。新鲜谷物具有特有的气味和滋味，或具有一定熏蒸气味。变质谷物具有恶臭味或其他异味。检验者可直接嗅感粮仓气味。也可用手捧一把谷物，感受其气味。谷物在一只手向另一只手翻转几次，并加以吹风后，若异味能够很快散失，则认为谷物品质近乎标准。否则，可把有异味的谷物在热水中（60 ℃）浸泡 2 min～3 min，异味仍未消失，则说明谷物质量不佳。

2. 实验分析

（1）容重。容重是指谷物在单位容积内的质量，以 g/L 标识。作为一项综合指标，容重受到水分、杂质含量、温度、颗粒完好程度、籽粒饱满度等众多因素的影响，是谷物的重要分等标准。

（2）湿度。对通过标准取样程序所取得的谷物的样品，通过测定其水分含量确定质量。水分含量包括谷物、杂质和其他水分在内，它是谷物最重要的质量指标之一。

（3）感染度。感染度表示谷物被霉菌、粮虫感染的程度。其中谷物被霉菌感染的程度，可用植物病理学的分析法，虫害感染度根据 1 kg 谷物中含有的害虫个数来确定，如表 2-7 所示。

表 2-7　1kg 谷物中的害虫个数

感染程度	1 kg 谷物中的害虫个数	
	壁虱目	象鼻虫
第一等	自 1～20	自 1～5
第二等	20 以上	自 6～10
第三等	壁虱目形成毡状层	10 以上

知识三、谷物的保鲜技术和防虫害技术

我国是世界上第一大谷物生产国，然而谷物在储藏、运销过程中陈化、发霉情况严重。每年因储藏不当而损失的稻谷占总产量的 10％以上。近年来，保鲜技术逐渐发展，现介绍如下。

1. 常规储藏

常规储藏谷物时，需根据不同谷物的水分含量要求，严格控制水分。粮仓内不得安装日用水源，消防水源应妥善关闭，仓库旁边的排水沟应保持通畅。仓内湿度升高时，须及时检查谷物的含水量，如有必要，应及时采取除湿措施。常见谷物的含水量标准如下表，凡含水量不超过表中的限定值，即可在一定程度上保证谷物的储藏运输质量。

谷物含水量标准

谷物种类	含水量	谷物种类	含水量
大米	15％以下	赤豆	16％以下
小麦	14％以下	蚕豆	15％以下
玉米	16％以下	花生	8.5％以下
大豆	15％以下	花生果	10％以下

2. 低温储藏

低温储藏是指通过自然或机械的方法，使谷物温度长期保持在15℃或15℃以下，从而降低谷物的呼吸强度，抑制害虫和微生物的生长，延缓谷物品质劣变，达到安全保存和保鲜的目的。粮库通常采取利用自然低温，即自然通风加机械通风，或采取与机械制冷相结合的方式，使谷物处于低温状态，然后利用良好的隔热、保冷措施，尽可能减缓粮温随室外气温上升的速度，从而延长储粮的低温期。

3. 气调储藏

气调储藏是在相对密闭的环境中，通过调节储藏环境中气体成分的浓度来保持谷物品质的一种保鲜技术，包括自然缺氧、充二氧化碳、充氮等方法。一般用塑料薄膜或其他气密性材料密封谷物，改变谷物内气体成分，使谷物处于低氧、富氮、高二氧化碳的状态下，达到防霉杀虫的目的。

自然缺氧法储藏谷物，费用低，不需机械设备，但对谷物品质有一定影响，只能适用于新收获的小麦。若将缺氧的谷物内充入 CO_2，则保鲜防霉效果会有较大改善。据试验，小包装大米充入 CO_2 保管，在 0 ℃～35 ℃下，可安全储藏两年。与 CO_2 储粮相比，充 N_2 储粮可降低费用，且保管效果更好。常用的方法是利用分子筛富氮机进行负压、循环置换法，对密闭的粮堆充氮 4 小时，可除去谷物内的氧及湿气，当氮浓度达到 99％左右时，抑制霉菌效果显著。

对于谷物的防虫害工作，应采取"以防为主，防治结合"的工作方针，积极采取各种治理技术和方法，消灭害虫。主要有以下几点：

(1)保证仓库和仓库周围的清洁，使其不被感染。仓库建筑物若有孔洞和裂痕，应及时修补，保持门窗密封，并积极进行消毒。

(2)严格把关，谷物入库前须先做检查，防止害虫随货入库，杜绝虫源。定期检查谷物储存状态，及时发现粮虫危害。

(3)使用诱杀灯、高压电灭杀。利用各种物理因素(如光、热、射线等)破坏害虫的生理活动和机体结构，常见的方法有高温杀虫法、低温杀虫法、射线杀虫法、远红外杀虫法等。

(4)采用化学药剂。化学杀虫法是当前防治仓库害虫的主要措施。谷物防虫需采用高效低毒的药物，间接进行驱避；或使用无毒药物直接喷洒、熏蒸触杀。

知识四、谷物的运输与保管

谷物作为大宗货运输，主要以散装的形式运输和仓储，进入消费市场流通后才采用包装运输。在运输与储存过程中，存在着很多不安全因素，包括虫害、霉变、火灾等。因此，在谷物保管过程中，应注意以下几点：

1. 干净无污染

粮仓、运输工具和衬垫材料必须清洁、干燥、无异味。装运过有毒、有害、有异味和扬尘性货物或被虫害感染的谷物的船舱，必须清扫、洗舱干净后或经药剂熏蒸检验合格后才能装运。

装舱前需检查船舱水管、水沟以及舱盖、油布是否完好，底舱、间舱甲板要用木板衬垫。船体金属部分（如船舷、肋骨、支柱等）要用草席做好铺垫、隔离，防止水湿、汗湿。严禁和有散味性、发热性、散湿性、扬尘性的货物以及有毒品、化学品、污秽货（如破布等）等同舱装运或上下层间装，也不宜在同仓库堆存保管。

2. 控制温湿度，远离火源

随时监控粮仓的温湿度，严格控制在合适的范围之内。货舱应注意保持通风，防止谷物发热以及因舱壁汗湿而导致谷物滋生虫、霉。当发现谷物自热升温或含水量超过要求时，应及时降温，采取加大通风、进行货堆内层通风降温等措施，必要时进行翻仓、倒垛散热。

谷物具有扬尘爆炸特性，作业现场对防火工作有较高要求。严禁烟火，作业前要认真检查电器设备，特别注意对作业设备运转的静电及粮食与仓壁、输送带的摩擦静电的消除。应严格遵守《交通部港口粮食筒仓防止粉尘爆炸的安全管理制度》，及时做好清扫、通风、设备检修等工作。

3. 加强粮情检查

加强对粮谷质量的检查，遇有处于自热状态中的谷物、含水率在16%以上的谷物、被仓库害虫感染的谷物、驱虫毒气未消除的谷物、缺少植物检疫证书的种子粮食，应拒绝承运，以免发生损失。做好杀虫灭菌驱鼠工作，可采用磷化铝等化学试剂进行熏蒸。在操作时，应注意加强防毒工作，严防药剂残存于粮堆之中，待毒气消失后方可装卸搬运。

4. 海上运输散粮应做好船舶的完整稳定性措施

运载时，谷物的散堆流动性与沉积性会给船舶带来很大不利影响。为了能调节船舶重心，保证船舶稳性，可以在舱内设置纵向的填注漏斗或在主舱口上设围阱，补给谷物以填充舱内下沉的空档。同时，设置纵向隔壁来减少谷物移动的横倾影响。条件允许的情况下，尽量选用满载舱，因为在此种情况下，谷物移动对船舶稳性的影响最小；部分装载的舱经平舱或使顶部略成拱形后，应以粗帆布等覆盖并在设上两层隔板，再进行捆扎或绑缚，以固定谷物表面不流动。

5. 加强装卸搬运管理

散粮作业采用抓斗时，应注意抓斗合口要严密，稳起、稳落、对准，外拉过驳要用防风漏斗。雨雪天不能进行作业。船边安全网要挂好挂牢，作业完毕做好清扫工作，防止撒损、污损。

模块三　特殊货物的管理

模块介绍

特殊货物也称特种货物，是指货物的性质、体积、重量和价值等方面具有特别之处，在积载和装卸保管中需要使用特殊设备和采取特殊措施的各类货物，主要包括长大笨重货物、冷藏易腐货物、危险货物、贵重货物等。本模块主要介绍其中几种特殊货物的基本知识及物流管理知识和技术。在教师的指导下通过四个不同的训练任务进行训练，使学生掌握特殊货物的含义、分类和特性，同时掌握特殊货物的养护知识和技术。

任务一　长大笨重货物的管理

技能目标

- 能根据不同标准识别长大笨重货物
- 能判断长大笨重货物的局部脆弱性和成套性
- 会考虑适合长大笨重货物积载的各种条件和影响因素
- 能选择适合长大笨重货物的储运保管条件

知识点

- 长大笨重货物的含义和分类
- 影响长大笨重货运质量的货物特性
- 影响长大笨重货物质量的环境因素
- 长大笨重货物储运条件

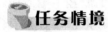

任务情境

世界上第一辆汽车

1769 年，法国人 N. J. 居纽(Cugnot)制造了世界上第一辆蒸汽驱动三轮汽车。1879 年德国工程师卡尔·苯茨(Kart Benz)，首次试验成功一台二冲程试验性发动机。1883 年 10 月，他创立了"苯茨公司和莱茵煤气发动机厂"，1885 年他在曼海姆制成了第一辆苯茨专利机动车，该车为三轮汽车，采用一台两冲程单缸 0.9 PS 的汽油机，此车具备了现代汽车的一些基本特点，如火花点火、水冷循环、钢管车架、钢板弹簧悬架、后轮驱动前轮转向和制动手把等。

1886 年的 1 月 29 日，德国工程师卡尔·苯茨为其机动车申请了专利。同年 10 月，卡尔·苯 茨的三轮机动车获得了德意志专利权(专利号：37435a)。这就是公认的世界上第一辆现代汽车。由于上述原因，人们一般都把 1886 年作为汽车元年，也有些学者把卡尔·苯茨制成第一辆三轮汽车之年(1885)，视为汽车诞生年。

训练任务

把上海大众的 POLO 运到广州来卖

上海大众汽车广州销售服务有限公司，是广州市梅花园汽车修理厂控股子公司，于 1998 年由广州市梅花园汽车修理厂与上海大众联合发展有限公司共同出资组建，是集上海大众系列汽车整车销售、售后服务、配件供应、信息反馈的四位一体全国首批特许经销商。

随着居民生活水平的提高和工作节奏的加快，越来越多的工薪阶层开始为家庭购置小骄车，而价格在 10 万元左右的 POLO 两厢劲情和三厢劲取就成为追求生活品质的白领阶层的首选车型，在中档车市场上独领风骚。

如果你负责该销售公司的车辆调度和运输，你将如何选择运输方式和线路？如何保障将一批批 POLO 车安全无损的运输到广州公司？

任务要求

1. 围绕技能目标，就上述问题学生分组讨论，找出任务实施的难点、要点，并选择代表进行总结发言。

2. 教师根据各小组讨论的氛围和发言代表的表现进行评价。

3. 教师最后归纳出实施本任务的难点和重点。

任务讨论、分析

提示：要高质量地把骄车从上海运至广州，操作过程大概如下：

清楚骄车的货物特性→了解在运输、保管、装卸搬运过程中会遇到什么问题→进行运输方式和运输线路的选择→洽谈运输→签订运输合同→实施装运→货到广州。

同学们主要是围绕在这过程中有什么难点和要点，把讨论得出的结论写在下面的空白处。

任务展示

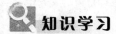

知识学习

提示：在这里由教师提出解决难点、要点的方法，注意做笔记，笔记可以写在下面的空白处。

知识、技能要点

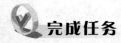

完成任务

根据老师提出的知识、技能要点，完成任务。

相关知识阅读

知识一、长大笨重货物的含义、种类和特点

一、长大笨重货物的概念

在物流运输中，凡单件重量超过限定数值的货物被称为重件货物；凡单件某一尺度超过限定数值的货物被称为长大件货物。一般情况下，超长货物往往又是超重的，超重件中有一些是属于超长的，所以，有时称这类货物为长大笨重货物或件。如水上运输的货物，如单件重量过重，以致不能使用一般的起货设备进行装卸，或单件尺度过长、过高或过宽，以致在装载方面受到一定限制，均称为笨重或长大货物，又称长大笨重货物，如钢轨、机车、高压容器等。

(一)水路运输的重大件货物

对长大笨重货物的单件重量、长度标准，各航线、各类港口和各航运公司规定标准不一。我国各类航线的重大货标准，如表 3-1 所示。

表 3-1　长大笨重货物单件重量、长度的标准

航线	单件重量(t)	单件长度(m)	备注
远洋航线	5	12	
沿海航线	5	12	
长江、黑龙江航线	2	10	各省(自治区、直辖市)
内河航线	1	7	交通主管部门可另行规定

(二)公路运输的大件货物

在公路运输中大件货物包括长大货物和笨重货物。

(1)长大货物：凡整件货物，长度在 6 m 以上，宽度超过 2.5 m，高度超过 2.7 m 时，称为长大货物；如大型钢梁、起吊设备等。

(2)笨重货物：货物每件重量在 4 t 以上(不含 4 t)，称为笨重货物，如锅炉、大型变压器等。

笨重货物又可分为均重货物与集重货物，均重货物是指货物的重量能均匀或近乎均匀地分布于装载底板上；而集重货物系指货物的重量集中于装载车辆底板的某一部分，装载集重货物，需要铺垫一些垫木，使重量能够比较均匀地分布于底板。

(三)铁路运输的超限、超重货物

1. 超限货物的定义

货物装车后，车辆停留在水平直线上，货物的任何部位超出机车车辆限界基本轮廓者或车辆行经半径为 300 m 的曲线时，货物的计算宽度超出机车车辆限界基本轮廓者，均为超限货物。机车的车辆界限如图 3-1 所示。

2. 超限货物的分类

(1)根据货物的超限程度，超限货物分为三个等级：一级超限、二级超限和超级超限。

一级超限：自轨面起高度在 1 250 mm 及其以上超限但未超出一级超限限界者；

二级超限：超出一级超限限界而未超出二级超限限界者，以及自轨面起高度在 150 mm～1 250 mm 间超限但未超出二级超限限界者；

超级超限：超出二级超限限界者。

(2)根据货物超限部位所在的高度，超限货物分为三种类型：上部超限、中部超限和下部超限。

上部超限：自轨面起高度超过 3 600 mm，任何部位超限者；

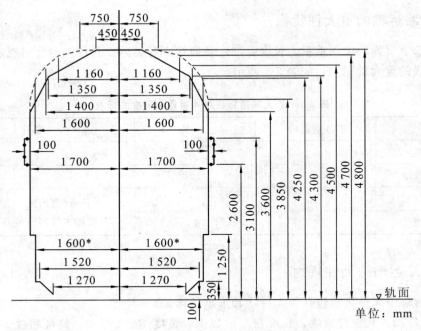

机车车辆限界基本轮廓
电气化铁路干线上运用的电力机车
列车信号装置限界轮廓

*电力机车在距轨面高350 mm~1 250 mm范围内为1 675 mm

图3-1　机车的车辆界限

中部超限：自轨面起高度在1 250 mm~3 600 mm之间，任何部位超限者；

下部超限：自轨面起高度在150 mm至未满1 250 mm之间，任何部位超限者。

3. 超重货物

装车后，重车总重活载效应超过桥涵设计标准活载的货物，称为超重货物。根据货物的超重程度，超重货物分为三个等级：一级超重、二级超重和超级超重。

(1)一级超重：$1.00 < Q \leqslant 1.05$；

(2)二级超重：$1.05 < Q \leqslant 1.09$；

(3)超级超重：$1.09 < Q$。

注：Q为活载系数。

超重货物分级如表3-2所示。

在运输的货物中分出长大笨重货物类，有两方面的意义：一是计费方面区别于普通杂货以便抵偿额外的劳务费用；二是装载方面有特殊的要求，须给予专门的注意，以确保船、货安全。

长大笨重货物承运时，应在货物运单内填明单件重量、长度和体积(长、宽、高)，并在货件上标明，以利于运输中积载、装卸和计费。

二、长大笨重货物的种类和特点

(一)长大笨重货物的种类

1. 按运输中有无包装来分,可分为:

(1)包装重件。包装重件指加有包装,外形整齐的重件货物,如机床和大多数机械设备等。要注意这种包装最重要的是包装箱的底部,一般使用厚实的粗木方,它有减震缓冲的作用。为了防止机器设备在包装箱内移动,需要用螺栓把机器固定在包装箱底部。包装箱的其余五个面的作用主要是防风、阳光、雨、尘的作用。

表 3-2　超重货物分级表

项目 等级	长大货车型号	重车总重 P(t)	长大货车型号	重车总重 P(t)
一级	D2	314＜P≤330	D26	371＜P≤390
	D2A	P＞329	D26AK	P＞332
	D2G	326＜P≤342	D26B	371＜P≤390
	D9G	372＜P≤391	D28	369＜P≤388
	D17	P＞197	D30A	369＜P≤388
	D18A	P＞310	D30G	437＜P≤459
	D18G	P＞331	D32	491＜P≤515
	D19G	372＜P≤391	350 t 落下孔车	490＜P≤514
	D23G	310＜P≤326	D35	502＜P≤527
	D25A	P＞374	D38	543＜P≤571
	D32A	P＞545	450 t 落下孔车	580＜P≤609
二级	D2	330＜P≤343	D30A	388＜P≤403
	D2G	342＜P≤355	D30G	P＞459
	D9G	P＞391	D32	515＜P≤535
	D19G	391＜P≤406	350 t 落下孔车	P＞514
	D23G	P＞326	D35	527＜P≤548
	D26	P＞390	D38	571＜P≤592
	D26B	P＞390	450 t 落下孔车	609＜P≤632
	D28	P＞388		
超级	D2	P＞343	D32	P＞535
	D2G	P＞355	D35	P＞548
	D19G	P＞406	D38	P＞592
	D30A	P＞403	450 t 落下孔车	P＞632

(2)裸装重件。裸装重件指不加包装，畸形的重件货物，如机车、舟艇、重型机械、重炮、坦克、工厂装备组合构件等。

2.货物的本身的实际特点来分，主要有以下几种：

(1)铁制品类，如钢板、型钢和卷钢等钢材。这类货物一般单件重量大多在20 t以下，少数可达35 t左右，多数无包装，通常在库外场地堆存，可装载在船舱内。

(2)运输机械类，如机车车头、车厢，大型平板车等机械。这类货物外形各式各样，单件重量平均达20 t～30 t，长度一般在20 m左右，最大者为重120 t的机车车头，一般均无包装，通常也安排在库外场地存放，也可在船舱内装载，庞大者只限舱面积载。

(3)成套设备类，如炼钢用炉、发电机、蒸馏塔等成套设备。这类货物单件重量多在10 t以下，体积较大者在库外场地存放，须妥善加盖帆布。有的设备可以配装在船舱内，有的只限舱面积载。

(4)其他货物类，如桥梁、驳船、高速快艇、集装箱等。集装箱在普通杂货船装运时也属于长大笨重货物。由于此类货件大多形状不规则，单件重量、长度和体积较大，一般只能在库外场地存放和在舱面积载。

(二)长大笨重货物的特点

1.长大、笨重性

长大笨重货物多为金属制品。重要特性就是笨重，不仅重量大，而且体积庞大，运输装卸困难大，稍有不慎，就会危及船、货，甚至人身的安全。作业操作费时费力，必须使用一些大型的机械、专用的吊索具和采取特殊的方法才能进行。在安排长大笨重货物装卸作业时，宜采取直取作业方法，如条件不可能，也要设法尽量减少作业次数。长大笨重货物还具有惯性大的特点，操作时要特别注意在起吊、加速和使用刹车过程中货物所产生的动负荷以及装卸过程中货物的颤抖、摆动所引起的巨大冲击负荷。

2.局部的脆弱性

长大笨重货物作业时，要特别注意货件局部部位的脆弱性，如重型汽车的车灯、驾驶室、设备中的电脑部件、仪表部位等。长大笨重货物的这些部位或附件较为脆弱，极容易因装卸、积载不慎而造成破碎损坏事故。在长大笨重货物装卸作业前，必须认真查看"长大笨重货物清单"(list of heavy cargo)，弄清实际货件的重量、尺寸和特性，以便做好充分的准备工作，谨慎作业。

3.完整的成套性

成套设备都具有完整的成套性，在运输过程中要防止因某个部件短少或损坏而影响整套设备的安装和施工，给国家造成重大经济损失和不良声誉。成套设备一般必须采取抄号交接，防止混入其他件杂货中。在舱内分票验残时，发现原残严重，操作有可能扩大残损时，应立即通知船方到现场验残。必要时应取得有效的签证和落实措施后再起卸货物，并可拍照备查，以便分清港航双方责任界限。

知识二、长大笨重货物积载、装卸保管和注意事项

在这里主要说明水路运输的一些注意事项，至于其他运输方式运输长大笨重货物的程序、

方法，注意事项找相关资料学习。

一、长大笨重货物的配积载

长大笨重货物配积载好坏对保证货运质量和船舶航行安全关系很大，必须谨慎安排。

（1）要注意甲板的安全负荷能力。船运长大笨重货物多数采用舱面积载，船舶各层甲板负荷能力是不同的，舱底的负荷能力要比各层甲板都大。为防止舱盖受损，舱盖上不能装载长大笨重货物。适宜装运长大笨重货物的船舶一般应有自备重型吊货设备、舱口大、甲板应有较大的强度和较宽敞的面积。长大笨重货物装船时，应按其承载面积来计算甲板负荷量，为增大承载面积可采用适当铺垫，以分散甲板局部受力，甲板的实际负荷量不得超过甲板的安全负荷能力，如必要时，可在甲板上增设临时支柱。如舱面受载困难，可装入底舱，否则，会使舱面甲板凹陷、断裂而发生严重事故。

（2）要注意卸货港口装卸机械条件。起运港积载长大笨重货物前，必须摸清卸货港口有否接卸货物的机械条件。少量长大笨重货物可安排积载在有重吊的中部货舱内，选择便于装卸、易于加固绑扎的处所，在条件许可时，最好装在舱口下面。

（3）配装舱面要留出必要的通道和注意加固的提示。必须避开舷窗、排水孔、消防干线、货舱通风筒和各种阀门等设备，不得妨碍起货机、吊杆等设备的操作。长大笨重货物堆装高度和部位应不妨碍驾驶人员的瞭望视线，怕水的货物宜配装在中部上层建筑后面的甲板上。

（4）二层舱积载要注意计算货件铺垫料的总高度，即二层甲板至舱口横梁下边的高度。装载时应避免超过舱高度而损坏货物。重大件货物不管在舱内或舱面上积载都应注意左右舷均衡，以保证船舶平衡。同时注意船舶具有足够的稳性，货位应选择接近船舶重心处，保证船舶安全航行。

（5）底舱积载要注意充分利用舱容。船舶在装载重大件货物时往往会出现舱容利用不足、载重量没有充分利用的现象。在底舱配置重大件货时，一般可选定货位装载（如前半舱或后半舱），大小件搭配，下面配置不怕压的货物，如钢板、钢轨、生铁等，四周可选配不怕挤压的货物填塞空当，如旧轮胎、小五金等，充分利用舱容。

二、长大笨重货物的装卸

长大笨重货物的装卸是较为复杂的作业，要求船、港、货三方密切配合，依据货物特性和要求，共同采取措施，保证质量。现以装船工作为例说明其注意事项。

（一）准备工作

（1）装货前要开好工前会，按事先制定的装船工艺，要根据长大笨重设备的特性、重量、尺寸、包装、外形特点等要求，选用相应的机械（如船吊、浮吊、岸吊、平车）以及工索具（包括吊货钢丝、卸扣、滚筒），并在工前仔细检查，以确保安全可靠。

（2）核算长大笨重货物在装卸过程中对船舶稳性的影响及船舶可能产生的最大横倾角，必要时船舶应注满压载水或先装部分压载货，以降低船舶重心，保证有足够的稳性高度，达到减小横倾角的目的；要事先准备好方木、支撑架、木楔等衬垫材料、捆绑材料。

（3）要按照长大笨重货物包装或货件上标明的起吊标记位置正确地套绑钢绳，并在受摩擦处加衬垫，起吊标记是准确地测算了长大笨重货物重心位置和力矩范围而标示的，如没有标记，可仔细查阅装载文件或装车时钢丝捆绑的痕迹，或找货主问明货物结构，然后才确定吊装位置，切勿马虎套绑。在实际装卸作业中，常因不按长大笨重货物起吊标记吊装而导致重大货损事故。

（4）全部就绪后方可起吊，当货物起吊离地约 20 cm（或当绳索拉紧时），应暂停再检查各受力处衬垫情况，确认安全后才能继续起吊。

（二）装卸操作

在装卸过程中，长大笨重货要起吊慢、运行稳，变幅、分波不能同时进行，以防重心偏离、货件倾斜发生危险。

在任何情况下，不准将长大笨重货物从船舶上层建筑上通过，也不能长时间将货物悬吊在空中；要保护好货件突出部分，注意起吊货物与船舱栏杆间保持安全高度，以防碰撞而发生意外事故。

长大笨重货物使用平车运输时，应放正摆稳，无紧急情况不得急刹车；要选择道路平坦、畅通无阻的作业路线，防止货件受震跌落损坏。

作业要在白天进行，遇不良天气时应停止作业。

长大笨重货物在卸货过程中的操作同样应注意以上事项。

三、长大笨重货物的捆绑加固

船舶在航行中因受风浪影响而摇晃甚剧，长大笨重货也因受外力作用而随船摇摆，如加固绑扎不牢，极易发生货件位移，轻者货物与船舶相互撞击受损，重者会导致船舶倾覆危险，因此，长大笨重货物捆绑加固是一项不可忽视的重要工作。长大笨重货物加固的目的是防止货件在船上的水平移动。货物移动分纵向和横向，危险最大的是发生横向移动。

长大笨重货物捆绑加固是一项不可忽视的重要工作。长大笨重货物加固的目的是防止货件在船上的水平移动。货物移动分纵向和横向，危险最大的是发生横向移动。

加固捆绑的方法有：垫、堵、支撑、系扎、焊接等多种，通常是综合使用。加固必须留有较大的安全系数。

在捆绑加固时应注意的事项：

（1）要正确选择绑扎索具。用于绑扎的索具有纤维绳、钢索、钢链等并配合张紧器、卸扣等一起使用。其中钢索具有强度高、耐磨损、弹性大、易收紧等优点，故使用较普遍，其他索具可视货件情况选取。

（2）货件捆绑加固时，既要做到不松动，又要做到容易解开，以防万一发生紧急危险时，能立即松绑。

（3）货件在绑扎时加绑角应尽量减少，以增加绑索拉力、节省绑索和提高绑扎拉力。绑扎应使各道绑索尽量受力均衡。

（4）在绑索与货件接触处要加铺衬垫材料，以防止磨损、压损。怕湿的甲板货必须先加盖油布再进行绑扎。易腐蚀的部位应涂上防护油。

（5）除单件货本身进行绑扎外，必要时各货件之间也要相互连接加固，尤其是当舱内装载多种长大笨重货物时，更应采取此措施，以防货件位移和相互碰撞。

四、长大笨重货的保管

长大笨重货物在港区保管，应选择平整的水泥场地或适宜的仓库。对长大笨重货物特别是长大件的货位要考虑到便于机械和车辆的行驶、转弯及起吊分波。对超长而并不笨重也不坚硬的货物，下面要多铺放几个垫头，相互距离要基本相称，以防中间下垂或两端下垂造成变形。

成套设备的重量和体积轻重大小不一，堆高时要在上下两箱之间衬垫木板或木方，以防下面大件箱顶压坏。密封箱与花格箱装的裸装大件设备应分开堆放，密封箱的堆垛要便于加盖油布。对堆高不稳及重心偏向的长大笨重货物堆放时要保持平衡，避免倾斜，以防倾倒。

对要求保持衡温及严防雨湿的精密仪器重件设备，凡仓库具备条件的，应尽量存放仓库保管，港区限于条件无法满足时，应与货主密切配合，做好车船（驳）直接的衔接工作。

任务二　冷藏货物的管理

技能目标

- 能识别冷藏货物的不同特性
- 能把握冷藏货物在物流过程中的质量变化
- 能够选择冷藏货物的质量保护措施
- 能选择适合冷藏货物的储运条件

知识点

- 货物的化学性质、生物性质
- 货物的物理性质、机械性质
- 货物的自然损耗
- 影响货运质量的货物特性
- 影响货物的环境因素
- 货物储运条件

任务情境

荔枝（学名 Litchi chinensis）

"长安回望绣成堆，山顶千门次第开。一骑红尘妃子笑，无人知是荔枝来。"

　　荔枝具有很好的食用功效，其味甘、酸、性温，入心、脾、肝经；果肉具有补脾益肝、理气补血、温中止痛、补心安神的功效；核具有理气、散结、止痛的功效；可止呃逆，止腹泻，是顽固性呃逆及五更泻者的食疗佳品，同时有补脑健身，开胃益脾，有促进食欲之功效。

　　新鲜的荔枝每年五月开始上市，七月至八月是最当造的时节。未经保存处理的荔枝有"一日色变，二日香变，三日味变，四日色香味尽去"的特点。传闻唐代唐明皇为搏杨贵妃一笑，从岭南（亦有人说是四川）把荔枝送到长安，为了保存荔枝的色香味，要把整棵荔枝树砍掉然后以快骑驿送，也有将大麻竹砍为数段，凿孔将荔枝放进去，再密封，也可做到远运又可保其鲜艳。

训练任务

把广州的荔枝运到北京去卖

　　小李今年七月高职毕业，经家长同意并出资，决定毕业后自主创业，初步意向是到广州的荔枝盛产地收购荔枝运到北京批发。

　　如果你就是小李，你认为怎样才能保证荔枝高质量地从广州运到北京？

任务要求

　　1. 围绕技能目标，就上述问题学生分组讨论，找出任务实施的难点、要点，并选择代表进行总结发言。

　　2. 教师根据各小组讨论的氛围和发言代表的表现进行评价。

　　3. 教师最后归纳出实施本任务的难点和重点。

任务讨论、分析

　　提示：要高质量地把荔枝从广州运至北京，操作过程大概如下：

　　清楚荔枝的品种和货物特性→选择适合长途运卖的品种→了解在运输、保管、装卸搬运过程中会遇到什么问题→进行恰当的包装→储存→洽谈运输→签订运输合同→实施运输、货到北京。

　　同学们主要是围绕在这过程中有什么难点和要点，把讨论得出的结论写在下面的空白处。

任务展示

知识学习

提示：在这里由教师提出解决难点、要点的方法，注意做笔记，笔记可以写在下面的空白处。

知识、技能要点

完成任务

根据老师提出的解决难点、要点的方法，简略的写出本任务的实施方案。要求：由学生提出，老师修正。

相关知识阅读

知识一、冷藏货物的管理

一、冷藏货物的概念

冷藏货物是在常温以下的温度进行运输和保管的易腐货物。所谓易腐货物，是指在常温条件下运输和保管极易发生腐烂变质的货物。其中，食品占大多数，可分动物性食品和植物性食品，动物性食品有肉及肉制品、鱼及鱼制品、蛋及蛋制品、奶及奶制品等；植物性食品有水果、蔬菜等。

二、易腐货物的腐败原因

1. 微生物的生长繁殖作用

植物性食品本身含有较多的水分及蛋白质、糖类、脂肪等丰富的营养物质，这些营养物也是微生物生长繁殖的必需物质。在外界适合的温度、湿度条件下，微生物就会在食品上进行生长繁殖，使食品产生恶臭的气味。有些微生物还会产生色素，使食品上出现红色、蓝色、黄棕色以及棕黑色等色斑，致使食品完全丧失食用价值。

2. 呼吸氧化作用

植物性食品多是有生命活动的有机体货物。为了维持其生命活动，需要不停地进行呼吸作用，如水果、蔬菜等。植物性食品在氧气充足时，呼吸作用旺盛，可增强其耐贮性和抗病性，但其释放的大量热量，如不能及时地散发，会利于微生物的生长，使蔬菜、水果腐烂变质。植物性食物在缺氧呼吸作用时，会促使有机体细胞中毒死亡，使蔬菜、水果加快发生腐烂变质。蔬菜、水果碰伤或破碎后，也会加快腐烂变质。

3. 酶的作用

生鲜动植物性食品在自身的酶类作用下，促使体内的各种成分不断发生分解转化，由于这些生物化学变化的进行，使食品的质量逐渐变劣，导致食品的腐烂。蔬菜、水果的呼吸作用、后熟、衰老、肉类、鱼类的僵直、自溶等都是酶的作用所引起的，这些变化与微生物共同作用，便会加快食品腐烂变质的速度。

以上分析表明，动物性食品腐烂的主要原因是微生物作用；而植物性食品腐烂的主要原因则是呼吸作用。

三、影响微生物活动及呼吸作用的因素

(一)影响微生物活动的因素

细菌、霉菌、酵母菌等各种微生物广泛地存在于自然界的土、水和空气中，在条件适宜的情况下繁殖很迅速。影响微生物活动的主要因素是：温度、含水量、食品的酸碱度及光线作用等。

温度对微生物的生存和发育影响很大，最适宜细胞繁殖的温度为 25 ℃～35 ℃，低于 25 ℃繁殖速度就逐渐减慢，－5 ℃～0 ℃繁殖相当的慢，到－8 ℃～－12 ℃时繁殖基本停止，待温度降到－18 ℃以下时细菌繁殖完全停止。这时食品内部的绝大部分水分已冻结成冰，在细菌周围形成"铜墙铁壁"使它无法摄取营养物质。同时，低温条件使细菌内部液汁冻结，破坏了它的细胞壁和原生质之间的关系，使生理过程失常而逐渐死亡。但低温并不能完全杀死细菌，主要是停止其繁殖，一旦温度回升，还活着的细菌仍会急速地繁殖，所以，环境温度忽高忽低储藏食品是极有害的。

食品的含水量影响细菌摄取营养的条件，如细菌周围的液汁浓度大于细菌原生质的浓度，它就不能通过渗透得到营养，从而就无法繁殖。干制食品能持久保藏就是此原因。

一定的微生物都要求适宜的酸碱度；大部分微生物都怕阳光直射和紫外线照射，因此，不具备一定的酸碱度及经常阳光直射，微生物也就不能繁殖。

(二)影响呼吸作用的因素

呼吸作用的强弱是用呼吸强度来表示的。影响呼吸强度的内因有：水果、蔬菜的种类、品种、生长天数等。属于外因的有：外界温度的高低、空气成分、机械创伤、微生物侵染

等等。

在相同条件下，不同种类的水果或蔬菜的呼吸强度的差异很大。一般是绿叶类蔬菜呼吸强度最大；番茄、含水分多的水果次之；苹果、柑橘较小。同种类不同品种的水果、蔬菜的呼吸强度也不同，一般是早熟品种比晚熟品种大。

温度对呼吸强度的影响极为显著，一般情况下，外界环境温度增高，水果和蔬菜的呼吸强度随之增高。另外，温度高低波动，也能引起呼吸强度的增高。

此外，空气中的 O_2 和 CO_2 的浓度对呼吸强度也有一定的影响。CO_2 的浓度增高能抑制水果、蔬菜的呼吸强度；反之，O_2 的浓度增高，能增强呼吸强度。

水果、蔬菜遭受机械创伤后，因内部组织暴露于空气中，O_2 的浓度增大，从而也会促进呼吸强度的增高。

由上述可知，微生物活动和呼吸作用与温度有关，因此，通过调节温度既可控制微生物活动又能控制呼吸作用，这就是通常采用冷藏方法保藏易腐货物的主要原因。

对微生物活动来说，降低温度会使微生物细胞的原生质收缩发生质壁分离，使细胞壁的类脂质变硬、减弱渗透能力，从而减弱微生物的生活和繁殖能力，如温度进一步降低，则会使微生物停止繁殖以至死亡。

对呼吸作用来说，降低温度会使酶的活动减弱、呼吸减弱，食品成份的分解减慢，从而会延缓水果、蔬菜的继续生长成熟，使之长时间保持新鲜。

此外，采用冷藏方法保藏食品还较之其他保藏方法（如腌制、晒干、加防腐剂等）具有一系列的优点。如能很好地保持食品的色、味、香、营养物质和维生素，而且冷源价廉、又适宜于贮运批量较大的易腐货物。

知识二、冷藏货物的保藏条件和运输

一、冷藏货物的保藏条件

采用冷藏方法保藏易腐货物时，温度是主要条件，但绝不等于只要控制好温度就行了。事实上，除温度外，湿度的高低、通风情况和卫生条件的好坏，也都对食品的质量直接有关。而且，它们之间又相互矛盾、相互统一，因此，应在了解其内部规律的基础上，妥善处理好其间的相互关系，才能保证易腐货物的质量。以下分别讨论各项保藏条件对易腐货物质量的影响程度。

（一）温度

就限制微生物繁殖角度考虑，冷藏温度越低越好，但是，对有些食品来说，因冷冻后会使其细胞膜遭到破坏，且不能再恢复至原状，故又不能说温度越低越好。例如水果、蔬菜的保藏温度过低时，会因冻结破坏其呼吸机能，失去抗病性；会因冻结使其组织结构遭到破坏，降低其耐藏性；使色香味起变化，当解冻时就会迅速腐烂。又如，鲜蛋的保藏温度过低会导致蛋壳破裂而造成货损，也易使微生物侵入。因此，一定的食品均有不同的适宜低温，故对不同的食品应分别采取"冷却"、"冷冻"和"速冻"等不同的冷处理方法。

所谓冷却，就是把食品的温度降低到尚不致使细胞膜结冰的程度，通常是在 0 ℃～5 ℃ 之间。鲜蛋、乳品、水果、蔬菜等常采用"冷却"运输。"冷却"处理不影响食品组织，微生物仍有一定的繁殖能力，故"冷却"的食品不能久藏。

所谓冷冻，就是把食品的温度降到 0 ℃ 以下使之冻结。冻肉、冻鸡、冻鱼、冰蛋等均常采用"冷冻"运输。由于冷冻时积累大量冷量，故当外界温度波动时或在半年过程中，也不会使食品的温度很快升高，但是，如冻结速度较慢，细胞膜的内层会形成较大的冰晶，使细胞膜破裂、细胞汁遭受损失，这会使食品损失或减少原有的营养价值。为了消除这个缺点，可采用"速冻"。

所谓速冻，就是在很短的时间内使食品冻结。速冻过程中所形成的冰晶颗粒比较均匀、细小，不至于造成细胞膜的破裂，因而能保持食品原有的鲜味和营养价值。

由于在食品内部含有各种盐类的水溶液，故随着冷冻温度的降低，溶液中的水分将会不断析出，浓度不断增大，食品的冰点也就不断降低，因此，若要使食品内的液体全部冻结，就需将温度降到约 -60 ℃，但当降到 -20 ℃时，大约仅有 10% 左右的未冻结水，所以，一般情况下，食品的冷冻温度大多不低于 -20 ℃。

除要求一定的保藏环境温度外，还要求保持温度的稳定，因为温度忽高忽低，不但使微生物有隙可乘，还会引起冻结食品内部重新结晶、冰晶进一步扩大，导致食品失去原有的鲜味和营养价值。

(二)湿度

舱内空气湿度对食品质量影响甚大，湿度过小会增加食品的干耗，破坏水果、蔬菜的正常呼吸；破坏维生素和其他营养物质；削弱食品的抗病能力。湿度过大，有利于微生物的迅速繁殖。因此湿度过大或过小都不利于保持食品的质量。

在冷藏技术上常指的是相对湿度。空气的相对湿度是指湿空气的绝对湿度与同温同压时湿空气在饱和状态下的绝对湿度之比，可利用仪器测定。最普通的办法是利用干湿度计，根据所示的干球温度和湿球温度，查阅图或表，即可得相对湿度。

(三)通风

有些"冷却"的食品如水果和蔬菜，在储运过程中会不断挥发出水分和 CO_2 等气体。为了保持舱内适宜的相对湿度和 CO_2 含量(果、菜的 CO_2 最高含量为 2%，这个限度也可保证工作人员进舱操作安全)。在储运"冷却"的食品时还需要用通风机对舱室进行循环通风和换气通风。但是，通风对温、湿度及货物质量产生不利的影响。通风换气量常以 24 h 内通风换气次数 n 来表示。

当储运已经"冷冻"的食品时，因温度很低，微生物活动已受到很大的抑制，因此也可不必换气。部分冷藏食品的适宜冷藏温度、相对湿度及换气次数，如表 3-3 所示。

(四)环境卫生

易腐货物大多数是食品，在装运保管过程中，保持环境的清洁卫生十分重要。如环境卫

表 3-3　部分冷藏食品的适宜冷藏温度、相对湿度及通风换气次数表

食品名称	冷藏温度（℃）	相对湿度（%）	昼夜换气次数（n）	储藏时间	含水量（%）	冰冻点（℃）
苹果	-1.0~0	85~90	2~4	2~7 月	85.0	-2.0
杏子	-0.5~0.6	78~85	2~4	1~2 月	85.4	-2.0
樱桃	0.5~1.0	80		1~3 周	82.0	-4.5
香蕉	11.7	85	2~4	2 周	75.0	-1.7
橘子	0~1.2	85~90	2~4	8~10 周	90.0	-2.2
桃子	-0.5~1.0	80~85	2~4	2~4 周	86.9	-1.5
梨子	-0.5~1.5	85~90	2~4	1~6 月	83.0	-2.0
青菠萝	4.0~12.7	85~90	2~4	2~4 周	85.3	-1.2
熟菠萝	4.4~7.2	85~90	2~4	2~4 周	85.3	-1.2
草莓	-0.5~1.5	75~85		7~10 天	90.0	-1.3
西瓜	2.0~4.0	80~90	2~4	2~3 周	92.1	-1.6
熟番茄	1.0~5.0	85~90	2~4	1~3 周	94.0	-0.9
无花果	-2.2~0	65~75		1 周	78.0	-2.7
柚子	0~10.0	85~90		3~12 月	89.0	-2.0
土豆	3.0~6.0	85~90		6 月	77.8	-1.8
葡萄	1.0~3.0	85~90	2~4	1~4 月	82.0	-4.0
花菜	0~2.0	85~90		2~3 周	92.0	-1.1
青椒	7.0~10.0	85~90		1~3 周	92.0	-1.0
黄瓜	2.0~7.0	75~85	2~4	10~14 天	96.8	-1.0
鲜鸡蛋	-1.0~0.5	80~85	2~4	8 月	70.0	-0.8
冷却牛肉	-1.0~0	86~90	2~4	3 周	72.0	-2.2
鲜鱼	-0.5~4.0	90~95	2~4	1~2 周	73.0	-2.2~-1.7
牛乳	0~2.0	80~85		1 周	87.0	-1.0~-2.0
冻猪肉	-24.0~-18.0	85~95	1~2	2~8 月		
冻牛肉	-23.0~-18.0	90~95	1~2	6~12 月		
冻羊肉	-12.0~-18.0	80~85	1~2	3~8 月		

生条件差，即使其他保藏条件都很好，食品也易腐烂变质。食品受到尘土、杂质、有害有毒等物质污染也直接影响外观和质量，甚至完全失去食用价值。因此，易腐货物在整个运输环节中必须十分注意清洁卫生。

二、冷藏货物的运输和保管

(一)冷藏货物拼箱混装

对低温深冷货物拼箱运输,除了制成食品与食品原料由于卫生情况及不同种类货物串味而受影响外,一般不存在其他重大影响。

一般应避免多种保鲜水果和蔬菜拼箱混装。由于承运货量、品种和成本等因素需要拼箱装运时应注意下述问题。

1. 温度

拼箱混装的水果和蔬菜,冷藏温度越接近越好,低温可降低呼吸强度,但温度过低会造成冻害,高温不仅增加呼吸强度,加快成熟,而且还发生斑点和变色等。

2. 相对湿度

相对湿度过高造成易腐败,相对湿度低又会脱水、变色,失去鲜度。大部分水果和蔬菜一般相对湿度要求为 $85\%\sim90\%$ 。

3. 呼吸作用

水果和蔬菜的呼吸可产生少量乙烯(一种催熟剂),可使某些水果和蔬菜早熟、腐烂。不能将产生较多乙烯气体的水果和蔬菜与对乙烯敏感的水果和蔬菜拼箱混装在一起。

4. 气味

有些水果和蔬菜能发出强烈的气味,而有些水果和蔬菜又能吸收异味,这两类水果和蔬菜不能混装。

(二)包装

应能承受冷冻和运输全过程。包装应能够:

防止货物积压损坏;承受运输途中发生的冲击;标准的外型尺寸适于货盘或直接装入冷箱;防止货物脱水或减低水汽散失速度;防止氧化的氧气障碍作用;在低温和潮湿情况下保持强度;防止串味;经得住 $-30\ ℃$ 或更低的温度;能支持堆放高度 2.3 m(7 ft10 in)的货物。

由于上述原因,不同货物要有不同质量要求的包装材料。易腐烂水果和蔬菜应使用能使空气在货物中间循环并带走因货物呼吸产生的气体、水汽和热量的包装。

(三)积载

冷冻货物、一般冷藏货物及危险品等,由于货物自身不会发出热量,而且在装箱前已预冷到设定的运输温度,其堆装方法非常简单,仅需将货物紧密堆装成一个整体即可。在货物外包装之间、货物与箱壁之间不应留有空隙。但所装货物应低于红色装载线,只有这样,冷空气才能均匀地流过货物,保证货物达到要求的温度。

保鲜货物因有呼吸作用而产生二氧化碳、水汽、少量乙烯及其他微量气体和热量。堆装方式应当使冷空气能在包装材料和整个货物之间循环流动,带走因呼吸产生的气体和热量,补充新鲜空气。有以下两种标准装箱方式。

（1）无间隙积木式堆装。货物应像堆积木那样堆装成一个整体，货物与箱壁之间不留任何空隙。

（2）货盘堆装法。除应遵守积木堆装方式要求外，还应做到货盘上堆装箱子的四个角要上下对齐，以便重量均匀分布，箱子顶部和底部的通气孔应上下对齐，使冷空气循环畅通。

（四）装箱须知

冷藏货物装载到冷藏车或冷藏集装箱时，要注意如下五点：

1. 货物预冷

对货物应进行预冷处理，并预冷到运输要求的温度。

2. 冷箱预冷

一般情况冷箱不应预冷，因为预冷过的冷箱一打开门，外界热空气进入冷箱遇冷将产生水汽凝结，水滴会损坏货物外包装和标签。但在冷库的温度与冷箱内温度一致，并采用"冷风通道"装货时，可以预冷冷箱。

3. 预检测试（PTI）

每个冷箱在交付使用前应对箱体、制冷系统等进行全面检查，保证冷箱清洁、无损坏、制冷系统处于最佳状态。经检查合格的冷箱应贴有检查合格标签。

4. 装箱前准备工作

根据不同易腐货物应确认下述事项：最佳温度设定；新鲜空气换气量设定；相对湿度设定；运输总时间；货物体积；采用的包装材料和包装尺寸；所需的文件和单证等。

5. 脱离制冷时间

各种运输方式之间的交接可能出现短途运输或制冷系统故障，造成停止制冷。对冷冻和冷藏保鲜货物短时间地停止制冷状态是允许的。对任何冷藏货物均不允许出现长时间地停止制冷。

冷藏货物运输的技术要求高，风险大，对任何冷藏货物的运输均应做好详细的计划，并认真做好每一环节的工作，才能保质保量地将冷藏货物安全运抵目的地，为货主提供优质服务。

三、主要易腐货物的运输、装载要求

承运易腐货物时应对其质量、包装、温度、卫生等方面进行认真检查。接收质量不合格的易腐货物运输会引起腐烂变质，造成更大的损失。

（一）肉、鱼类

肉类长距离运输均采用完全冻结状态，温度为－18 ℃～－20 ℃。在这样的温度下，微生物的生长基本停止，肉类表面水分蒸发较小，其营养价值和滋味等基本保持不变。如保管期在一、二个月内，温度可保持在－12 ℃左右，这样能节省冷藏费用。冻肉在出冷库装运时，温度应低于上述承运的温度。在运输保管中必须保持舱内温度的稳定，温度忽高忽低波动，不但能使微生物从休眠状态中复苏，还会引起肉类内部重新结晶，导致肉类失去原有的鲜艳，割开部位应呈玫瑰色，用手指或温热物体接触时由玫瑰色转为红色。牛肉则呈暗红色，油脂应呈白色或淡黄色。

冻肉的装载要求是头尾交错、腹背相连、长短对弯、码平码紧。这种堆码法可防冷气损失，提高装载量。装舱时底层应将肉皮向下，然后一层层往上装，最上一层应使肉皮朝上，以免舱顶上的凝结水落在肉上积留。不同长度、不同厚度的肉片应分开堆码。结束后可在上面加盖一层单席，起隔热和防汗水作用。

承运的鱼类鱼体应坚硬，鱼鳞要明亮或稍微暗淡，眼睛凸出或稍微凹陷，鳃应鲜红。因鱼含水分多，鱼死以后在常温条件下细菌很快侵入肌体引起腐烂变质。冷却在冰中的鱼不能长时间储运，长距离运输必须冻结，一般$-12\,℃\sim-18\,℃$为宜。

冻鱼按一定大小规格和重量冻成盘状在舱内紧密堆装。其适宜的温湿度，如表3-4所示。

表 3-4　水产类适宜的温湿度表

水产品名	适宜温度(℃)	适宜湿度(%)
冻鱼	$-12\sim-18$	
冷却鱼	$-0.5\sim-0.5$	$85\sim90$
咸鱼	$4.4\sim10$	$90\sim95$
哈蜊	$-0.5\sim0.5$	

(二)水果、蔬菜

承运的水果、蔬菜应鲜艳，凡是干瘪、腐烂、压坏、过熟、泥污、有虫害等的水果、蔬菜均不能承运。水果、蔬菜的运输包装应适合其本身的特点，常用的有果箱、板条箱、条筐、竹篓、竹筐、麻袋和草网袋等，其中水果箱的防护力最强，其他容器防护力较差，易使水果、蔬菜受到损伤。因此，应特别注意衬垫、堆装方法。水果、蔬菜因有呼吸作用，包装应有隙缝或通气孔，以利通风散热和换气。

水果、蔬菜为冷却货物，储运的温度、湿度和通风，对其货运质量有很大的影响。水果、蔬菜冷却的温度应当是既能维持水果、蔬菜的正常生理活动，而又不至遭受冷害或冻害的温度。冷害是水果、蔬菜在接近冰冻点以上的低温条件下出现的一种生理病害，其症状是，表面出现凹陷的斑块，局部表皮组织坏死，变色且为水浸状；果肉或果心褐变，绿熟的果实丧失后熟能力等。冻害是环境温度降到水果、蔬菜冰冻点以下时因水分冻结而造成的一种伤害，冻结的水果、蔬菜不仅食用质量降低，外形和颜色也会发生变化，而且生理活动被破坏并失去储藏性能。

短途运输或在秋冬季长途运输水果、蔬菜常装在通风条件良好的普通货舱内或甲板上。装运时应注意防晒、防冻、防热、防汗湿等，在舱内堆装水果、蔬菜应有利于通风。水果、蔬菜不能与怕湿、怕尘、吸味、有毒品、腐蚀品、散热货、酒类等同舱装运。堆码水果、蔬菜要轻拿轻放，防止遭受摔、挤、碰、压等机械损伤。堆码不宜过高，以免压损。

（三）蛋类

　　承运的鲜蛋应新鲜、清洁、完好、无腐臭味和无沾污现象。鲜蛋的运输包装主要有木箱、纸箱和竹筐。包装不宜太大，应有通风孔，以防发热腐坏。运输包装应坚固，以防在运送途中发生歪斜、压扁而致破损。包装内应加衬质软有弹性的材料，填充物必须清洁、干燥、无异味。

　　长距离运输鲜蛋必须低温冷藏，温度为−2 ℃～2 ℃为宜，最低不得低于−3.5℃。温度过低会使蛋内容物冻结膨胀，导致蛋壳破裂，温度过高则鲜蛋易腐败变质，故应严格控制温度，避免大幅度的波动。相对湿度以 80%～90%为宜。鲜蛋装舱应留有空隙，以利通风换气。箱装鲜蛋必须船首尾方向平放，不能立放或横放。堆装要稳固，防止倒塌。鲜蛋壳上有微孔，极易吸收气味和被微生物侵入而腐败，装舱前必须做好清洁和除味工作，绝不可与水果等有异味的货物同舱装运，应注意从装有异味货物的舱内循环过来的冷气也能使鲜蛋变质。鲜蛋在装卸时稍有轻微的震动都能造成损伤，应特别注意轻拿轻放，在卸下的地方及吊货板上要覆以草席以利于缓冲防震。短途运输或在秋、冬和春季气候凉爽时，可采用普通船舱或甲板运输，应选择防晒、防雨、防震、阴凉、通风易卸的舱位装载，上不压货，以确保质量完好。

任务三　木材的管理

技能目标

- 能识别木材的不同特性
- 能够判断木材在物流过程中的质量变化
- 对木材在不同的自然环境采取不同的保护措施
- 能选择适合木材的储运条件和方式

知识点

- 木材的分类
- 木材的特性
- 木材的运输方式
- 木材的保管
- 木材的防虫

任务情境

害虫张大嘴，"吃"得进口原木千疮百孔

　　2005 年某日，深圳蛇口检验检疫局工作人员在妈湾港从一批来自马来西亚的进口原木中截获了双钩异翅长蠹、大家白蚁等九种、上万条足可吃掉大片森林的害虫。

在这批进口木材中，很多木材的树皮表面有大量肥肥胖胖的天牛幼虫悠然自得地爬来爬去。清掉树皮和虫粪，原木表面即呈现出干涸的丘壑状，一些木头上的虫眼更是密密麻麻，用工具一戳就能插入 10 cm 左右。

最后，深圳检验检疫局对该批含有大量害虫的原木进行了熏蒸处理。

训练任务

制定木材保管规章制度

小李在大学期间所学专业是企业管理，毕业后回到家乡，经过多方求职，被一家新开办的木材加工厂录用。

老总认真看阅了小李的求职简历后，向小李布置了一个任务：三个月后，向厂办提交木材堆场的操作规程和木材保管制度。

如果你就是小李，你怎么办？你认为小李应该如何着手工作？在他将提交的材料里将涉及哪些知识和内容？具体是什么？

任务要求

1. 围绕技能目标，就上述问题学生分组讨论，找出任务实施的难点、要点，并选择代表进行总结发言。

2. 教师根据各小组讨论的氛围和发言代表的表现进行评价。

3. 教师最后归纳出实施本任务的难点和重点。

任务讨论、分析

提示：小李的工作步骤应该大致如下：

了解木材厂的货物来源和运输装卸方式→清楚木材厂的货物种类和特性→了解在运输、保管、装卸搬运过程中会遇到什么问题→找到解决相关问题的措施和办法→按照运输、装卸、保管等线路起草相关文件。

同学们主要是围绕在这过程中有什么难点和要点，把讨论得出的结论写在下面的空白处。

任务展示

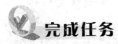

知识学习

提示：在这里由教师提出解决难点、要点的方法，注意做笔记，笔记可以写在下面的空白处。

> 知识、技能要点

完成任务

根据老师提出的知识、技能要点，简略的写出本任务的实施方案。要求：由学生提出，老师修正。

相关知识阅读

知识一、木材的种类和特性

木材是水运中的一种大宗货物。由于木材具有质轻、强度高、弹性好、能承受较大的震动和冲击、经久耐用、加工容易等许多可贵的性质，因而用途极为广泛。它不仅与工农业生产关系密切，也是人们生活中不可缺少的材料。

一、木材的种类

(一)按树种不同可分为针叶树和阔叶树

针叶树大部分为常绿树，叶子主要是针形，平行叶脉，树干一般挺直，易得大材。材质轻软且易于加工，有较高的强度，是建筑上的主要用材，也适合于造船、造纸及制作枕木、电杆、家具、包装等。常见的针叶树有红松、白松、落叶松、樟子松、马尾松、杉木、冷杉、铁杉、云南杉、柏木等。

阔叶树大部分为落叶树，叶子是大小不同的片状叶，网状叶脉，绝大部分属于硬木树。一般树干笔直部分较短，质重而坚硬、强度大，加工较难，胀缩开裂现象较显著。一些阔叶树加工刨光后有美观的纹理，适用于内部装修和制作精细木件、胶合板、家具等。常见的阔叶树有水盐柳、榆木、桦木、柞木、椴木、黄菠萝、杨木、栎木、樟木、核桃楸等。

(二)按木材形状和加工程度不同可分为原木、成材和木材制品

原木是采伐以后经过修整的不同长度和不同直径的圆材，它可以作为再次加工的木料或其他工作原料和建筑材料。

成材又称锯材，是将原木经过加工，锯成各种用途不同的板条、方木、圆木以及其他形状的木料。

木材制品又称制材，是经过特别加工而成为有特种用途的木材。如胶合板、纤维板、复合板、软木砖等。

(三)按木材含水率不同可分为湿材、生材、半干材、气干材、窑炉干材和全干材

木材的含水率是指木材中水分重量占干物质重量的百分比数。湿材是指长期浸于水中，含水量特别大的木材；生材是指新伐的木材，含水率约 $70\% \sim 140\%$ 左右；半干材是指采伐后经过一段时间，已蒸发部分水分的木材，含水率约为 $25\% \sim 50\%$ 左右；气干材又称内干材，是指长期放在空气中，水分大量蒸发的木材，含水率保持在 $12\% \sim 18\%$ 左右；窑炉干材是指木材放入干燥窑炉内，干燥到木材含水率约 $4\% \sim 12\%$ 左右；全干材是指使木材中的水分完全干燥，含水率接近于零。

(四)按木材容重不同可分为浮水木和沉水木

木材容重是指木材的重量与其在自然状态下的体积之比数。浮水木是指木材浸于水中，能浮于水面的木材，属于容重较小的木材。沉水木是指木材浸于水中，能沉于水下的木材，属于容重较大的木材。

二、木材的特性

(一)木材体积长大，积载因数大

水运木材大多数为原木，形体长大，一般长度为 6 m～8 m。形体长大，不论在船舱内或甲板上积载，均影响货位选择。大多数木材的容重较轻，能长时间地浮于水面而不下沉，因此，多数木材的积载因数较大，对船舶的稳定性及舱容利用率都有不利的影响。

(二)吸湿性

木材为吸湿性材料，在空气或水中有吸收水分的性能。它的含水率常常是不固定的，随

外界空气湿度条件的改变而改变。木材干燥时，它的尺寸和体积会缩小，称干缩；相反在吸收水分后会引起尺寸和体积的膨胀，称湿胀。木材常因体积变化而引起变形，急剧干燥的木材由于收缩不均匀会产生翘曲、扭曲或开裂，胶合板等制材在受潮受热后会产生脱胶以致不能使用。湿材、生材因含水量较高，易于散湿。

（三）可燃性

木材主要由有机物构成，含有 C、H、O、N 四种元素，木质中约有 50％为纤维素。所以，它是一种可燃性材料。其中，干燥的木材和树脂较多的木材则更易引起燃烧。

（四）散发异味性

湿材、新伐材及一些树种木种（如樟、柏、楠、花梨木等）有气味，各种木材的气味也不完全相同。如松木含有松脂气味，樟木有樟脑气味，柏木有柏木香气，杉木有杉木香气，椴木有腻子气味。特别是刚刚锯开的木材，有一股清香或辛辣刺鼻味。其气味是由细胞里挥发油类散发的。

（五）会腐朽变色

木材受真菌侵害会生青斑变色，甚至会腐朽。包括外部变色、内部变色；外部腐朽、内部腐朽。木材在适当的温度、湿度和足够空气的条件下，菌类就可以生存和发育。一般菌类发育最适宜的条件是为 25 ℃～30 ℃，木材含水率在 25％～70％。木材腐朽变色会影响质量甚至报废。

害虫的侵蚀使木材表面被蛀成小沟状或由表及里的小孔，影响木材的质量，严重时也会造成腐朽。

（六）易翘裂性

原木或成材在干燥过程中，会因各部位收缩不均匀而发生翘曲和开裂现象，其中，板材在干燥过程或受外力影响时最易发生翘曲。开裂又可分为纵裂和环裂两种情况，前者沿木材的结构开裂，后者沿树木年轮成圈或弧状开裂。木材作为一种重要原料，无论出现翘曲或裂痕都直接影响它的加工利用，造成较大的浪费。因此，运输中应尽可能避免木材发生翘曲。

（七）呼吸特性

木材，尤其是刚砍伐的原木，其表面生长着许多的植物及微生物，它们在运输过程中，与其他生物有机体一样具有呼吸作用，在酶的影响下能吸收氧气同时呼出 CO_2，致使船舶内缺氧，人如这时进入舱内会窒息而死。运输原木的船舶在港口卸货中已发生多起此类事件，如 2004 年 11 月 6 日，在上海港南浦港务公司停泊的巴拿马籍货轮 PEONY 号，在卸载木材时发生两名工人窒息身亡的事故，经权威部门检测，舱内空气中氧气的含量几乎为零，且含有一定的有毒气体。

知识二、木材的运输、装卸和保管

一、木材的运输

1. 水上木材运输有木排拖运和船舶装运

木排拖运是运输原木最经济的方法。因为木排运输编排组合与拆散费用低，运量大，同时不占用船舶吨位，节省运力，所以木排拖运在江、海、河中普遍采用。但是木排拖运也受条件限制，如海上拖带常受气候和季节的限制，遇有暴风天气易发生危险，造成重大损失；内河虽风浪小，可木排尺度也常受航道、水闸、桥孔等条件限制。因此，木排运输属特种货物运输。

装运木材的船舶有专用船舶和普通船舶。专用船舶的特点是舱口尺度和货舱容积都较大，单甲板，舱内无支柱，吊杆起重量大，以利装卸和多载木材。舱内能装载木材总重的60%～70%，甲板能装载木材总重为30%～40%。坚固的舷墙和三岛式的上层建筑，有利于固定甲板上的木材。船舷绘有木材载重线标志，干舷比一般货船要小。普通杂货船装运木材时，装载利用率因受条件限制就差许多，如甲板装载量受船舶稳性、甲板的强度和驾驶台视线等要求的限制，装载能力大幅度降低。

2. 木材的积载

木材的积载一般原则先装原木，次装特大方、中方、厚板、薄板，重质木材应装载底舱，然后装轻质木材和细小优质木材；贵重木材、胶合板等制材应装在舱内；胶合制材要远离热源，防止受湿、污损，这样既有利改善船舶稳性，又确保轻材、优质材的质量。木材与其他货物混装时，应注意不使其他货物污损、湿损或串味，也不能腐蚀木材。干木材与易燃货物应分舱装载，同时应注意采取防火措施。

3. 杂货船甲板装载木材的注意事项

杂货船甲板装载木材时，应留出人行道、排水通道和消防道，不得妨碍甲板机械设备的正常操作。木材堆装高度应不大于1/3船宽，保证驾驶台视线的便利。载重量小于舱内载重量的1/10，以适应船舶稳性、甲板强度的要求。舷墙应设置牢固的立柱，间距小于3m，木材要妥加绑扎，确保不松散。

4. 在装卸过程中注意安全操作，不超过吊杆负荷量

原木种类很多，重量不一。同品种原木在不同季节，重量也有差别。可根据相关的原木容重表和原木体积速查表计算出每关（吊）原木的重量，即注意一关（吊）内吊几根原木较为适宜。

5. 对不同收货单位的木材做好分隔

对不同收货单位的各批木材应按票用各种颜色的油漆画出记号或用钢丝绳分隔，或采取以货隔货，防止混票，以利提高装卸效率。

二、原木、原条的搬运

（1）原木、原条在装卸时不得随意抛掷。注意吊卸机具的安全可靠。可搭数根斜立楞木将原木和原条从车上沿楞木缓缓滑下。

(2)卸车时注意操作规范的安全性。

(3)卸车或拆垛时，应使用搬钩，要站在原木两端操作，不得立在正面。

(4)码垛时，跳板必须牢固，防止滚垛事故的发生。

(5)严禁烟火，不得携带易燃物品进场。

三、木材的材积计算

木材中高档硬木按重量计算，一般的硬木和软木按体积计算。国内原木的尺码检验计量包括原木的长级和径级的检验计量。在检验计量原木长级时，如果原木截面下锯偏、斜时，应按最小长度为准。原木的实际长度如大于标准规定的长度而又不足较大一级的规定尺寸时，其多余部分不计。国家规定直接使用原木的长级进位：长不超过 5 m 的，按 0.2 m 进位，公差为±5 cm；长超过 5 m 的，按 0.5 m 进位，公差为±10 cm。原木的径级以小头通过断面中心的最小直径为检尺径(带皮者去其皮厚部分)，以 2 cm 为一个增进单位，不足 2 cm 时，满 1 cm 者进位，不足 1 cm 者舍去。也可按表 3-5、表 3-6 查算。原木运输按实际材积每 m^3 作为 1.27 计费吨确定。对于进口木材，各个国家对木材的计量方法、使用单位不完全一样，如北欧、前苏联用 m^3：美国、加拿大用板尺；非洲国家用霍普斯尺，东南亚国家和澳大利亚、新西兰有用霍普斯尺，也有用板尺或立方米的。

四、木材的保管

木材从立木伐倒、贮存、流通，到最终使用的全部过程，都存在着损害的问题。如果保管、处理不善，木材会产生开裂、变形、遭受真菌腐朽、昆虫蛀蚀、火灾危害，导致木材败坏变质，降低以至丧失原有的利用价值。为了使木材始终保持原有的质量，合理地利用木材资源，对木材防护保管是十分必要的。

表 3-5　原木容重表

品　　名	夏季(kg/m^3)	冬季(kg/m^3)
红　　松	784	917
白　　松	892	989
落 叶 松	977	986
楸　　木	977	986
黄 波 萝	864	906
桦　　木	1 038	1 129
椴木(桓木)	920	1 117
杨　　木	855	1 080
柞　　木	1 092	1 189
榆　　木	1 049	1 154
水 曲 柳	115	1 209
艳　　木	1 062	1 146

表 3-6　原木体积速查表(单位：m³)

原木长度(cm) 小头直径(cm)	2	3	4	5	6	7	8
6	0.0068	0.0112	0.0161	0.0217	0.0279	0.0347	0.0421
8	0.0117	0.0188	0.0266	0.0353	0.0447	0.0549	0.0659
10	0.0181	0.0286	0.0401	0.0526	0.0660	0.0804	0.0967
12	0.0260	0.0410	0.0561	0.0730	0.0920	0.1110	0.1310
14	0.0350	0.0550	0.0760	0.0980	0.1220	0.1470	0.1730
16	0.0460	0.0710	0.0980	0.1260	0.1560	0.1860	0.2210
18	0.0580	0.0900	0.1230	0.1580	0.1950	0.2340	0.2740
20	0.0720	0.1100	0.1510	0.1900	0.2390	0.2850	0.3370
22	0.0870	0.1330	0.1820	0.2330	0.2860	0.3420	0.3990
24	0.1030	0.1580	0.1260	0.2760	0.3390	0.4040	0.4710
26	0.1210	0.1860	0.2530	0.3230	0.3950	0.4700	0.5480
28	0.1400	0.2150	0.2930	0.3730	0.4560	0.5430	0.6320

　　造成木材败坏的因素多种多样，主要有三个方面：生物败坏、物理破坏和化学降解。其中最主要的是生物败坏，即真菌变色、腐朽和虫害，它们不但侵害立木、贮存和运输过程中的原木和锯材，还能破坏气干木材的制品。对于木材保管来说，这是需要考虑的首要因素。

　　目前木材保管中必须遵守的主要原则为：使木材保持高的含水率或使木材含水率尽快降低到20%以下，并保持木材的干燥程度。

(一)原木的保管

1. 原木的物理保管

　　控制原木的含水率，使原木不适合败坏木材的微生物和害虫生长繁殖，以达到原木不受败坏的目的，称为原木的物理保管。原木的物理保管可分为干存法、湿存法和水存法三种。对于锯材则采用干燥方法。

　　(1)原木干存法：是以最快的速度将原木的含水率降低到25%~20%以下的一种方法。

　　原木干存时，剥皮是一种重要措施。剥皮既能促使原木干燥，又能杜绝害虫在树皮缝隙中产卵、滋生繁殖，继之蛀食木材。但对于有些特耐腐抗蛀树种，有些需保留树皮有利于树种识别的，有些需要保留树皮减少开裂的情况时，可以允许不剥皮。

　　干存法场地应选地势高亢、干燥，不积水和通风良好的开阔地。整个场地应合理规划出若干垛区，以运材道为主车道，场内要设有消防水管网和照明动力电缆。楞垛安置在主风向下，风向与材长垂直，以减轻木材端裂。

　　需干存的原木堆放成垛，材垛底部应设有垛基和垫木。垛基一般是高为45 cm的石墩或水泥砌成的墩，安置在坚实的地面上。在垛基上铺垫木，垫木应经防腐防虫药剂处理。然后原木按树种、规格和等级堆垛。须注意的是已遭虫蛀或腐烂的木材应挑出另行堆放。垛间距离保持1 m~2 m左右，垛大的可以增加间距，以便搬运和堆垛作业。垛高一般可达3.5 m，材身长的垛可以适当增高。

楞垛型式可有多种，但主要的有通风垛（如图 3-2 所示）和密堆垛，密堆垛又可分为顺式垛（如图 3-3 所示）和交叉垛（如图 3-4 所示）。通风垛在层与层之间有与之垂直的隔条，有利于空气的流通，加速干燥。密堆垛无隔条，各层可按同样的方向排列，或交叉排列。秆材可堆成翘头垛，或竖立堆放或靠堆等。

新采伐的原木，在暖季来临之前应用防霉、防腐或杀虫剂喷淋，为了防止端头开裂，可涂刷保护涂料或用防裂钉或防裂组合钉板进行机械防裂。

（2）原木湿存法：湿原木边材保持 100％～200％以上的高含水率，使木材中氧气的含量减少到生物生长繁殖所需的量以下，以阻止木腐菌的生长繁殖，也抑制害虫在树皮上产卵和孵化，达到保管的目的。

保管场地应靠近水源，地势平坦。新采伐或新出河的原木，挑选尚未发现腐朽或虫蛀的原木，自由密集堆积，楞堆高度应在 5 m 以上，楞基高度 20 cm～30 cm。楞垛的顶部可用草帘、塑料膜或树皮覆盖，楞垛四周应有喷水管，第一次喷水时，要喷足水量，使材垛每一根原木都能湿透，全垛的平均边材含水率保持在 100％～120％以上（针叶材）。

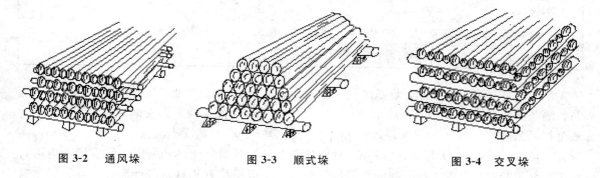

图 3-2　通风垛　　　　　图 3-3　顺式垛　　　　　图 3-4　交叉垛

此后在规定喷水期内每日分三次（早、中、晚）按时喷水 10 min～20 min，喷水量为 5 L/m²～10 L/m²。喷水湿存法的保管期一般不超过一年。若在喷水期间发现材身有菌丝体出现，或发现有害虫出没，应停止喷水，拆垛，将原木锯解成板材，经干燥后贮存。

（3）原木水存法：水存法的原理和湿存法一样。该法多适用于水运材，充分利用江河湖泊或人工水池，原木在江河水湾处或水池中扎排固定，也可采用多层木排和鱼鳞式木排水浸法在水里贮存。但上层木材往往会露出水面容易引起腐烂，因此在温暖季节应定期喷水。

2. 原木的化学保管

在温暖潮湿的季节里，要将原木气干到 20％～25％的含水率需要很长的时间，可能在这段时间内原木已经发生腐烂和虫蛀，这时就需要用防腐防虫剂来进行化学保护。常用的方法有涂刷法和喷雾法。主要的化学药剂和用量如表 3-7 所示，还有一些其他防腐防虫剂可以使用。

熏蒸灭虫：对于已经遭虫害，且蛀孔较深的，且数量较多时，用一般的喷雾或涂刷法很难奏效，则可用熏蒸法处理。熏蒸法多在贮木场内露天堆垛进行，先用塑料薄膜或防水布覆盖，四周密闭严实，下边用土压实，薄膜开缝处用胶粘实，然后将盛有熏蒸剂的钢瓶用软管通入材垛内部,按使用量缓慢放入药剂。熏蒸期间要注意密封,划出隔离范围,严禁人畜进入。熏蒸结束后揭开覆盖物,通风排毒。

(二)锯材保管

锯材的保管主要是气干贮存。原木经过锯解成不同规格的板方材后,根据需要或直接运至板院贮存,或先经浸渍法、喷雾法防护处理后,再运至板院堆垛气干,防护药剂可参考表3-7。

表3-7 原木防腐防虫剂

名 称	主要成分	性 能	使用浓度(%)	使用量(mL/m²)
硼硼合剂	硼砂,硼酸	防腐,防虫	5	200~400
铜铝合剂	硫酸铜,明矾	防腐,防虫	2~8	200~400
TBQ	硼砂,硼酸,烷基铵化合物,唑类化合物	防腐,防虫	3~5	200~250
Cutrol 375	8-羟基喹啉铜	防腐,防霉	1	170~200
硼氟合剂	硼砂,氟化钠	防菌,防虫	5~6	400~500
拟除虫菊酯	二氯苯醚菊酯或其他菊酯	防虫,防虫	0.5%乳液	300~400
Hylite Extra	8-羟基喹啉铜,多菌灵	防腐,防虫	0.4%乳液	200~500

堆垛时,材堆应有堆基,堆基高度一般为0.4 m~0.7 m。材堆堆置时层与层之间应有隔条,隔条断面尺寸为35 mm×50 mm或25 mm×40 mm,隔条间距离视锯材的厚度而定,一般可按隔条间距=0.5(m)×板厚度(mm)/25来计算。材堆的宽度不应大于4 m~4.5 m,高度:小堆2 m~3 m,大堆3 m~5 m。材堆的顶部设置顶盖,硬阔叶材最好堆在棚舍内进行气干,并进行端封处理。材堆间的距离依气候条件、板院位置和材料特性而异。堆积时木料间须留上下对应的垂直气道。堆积的方法有平堆法、斜堆法、叉型堆法、埋头法、深埋头法、端面遮盖法、三角形堆法、井字型堆法、纵横交替堆法、交搭堆积法等,酌情选用。不同树种、规格的锯材分类堆垛。每个材堆应挂牌,标明树种、厚度、堆垛日期等,以便定期检查翻堆。

知识三、木材的虫害及其预防和控制

一、木材害虫及其种类

昆虫可分为食材性、食叶性、食根性、食菌性、食壳性、食粪性、食血性等,木材害虫主要为食材性昆虫(或称食木性昆虫)和食菌性昆虫。

树木采伐后到制材加工过程中,木材中的水分逐渐减少,干燥后的木材含水率一般须达到使用所要求的8%~12%。木材含水率不同,蛀入木材中产卵的害虫也不一样。通常以木材的纤维饱和点(含水率为30%)为界限,蛀入含水率高于木材纤维饱和点的原木或锯材中产卵的害虫称为湿材害虫,蛀入含水率低于木材纤维饱和点的干木材或半干木材中产卵的害虫称为干材害虫。但有些害虫既危害湿材,也危害干材,如危害橡胶木的害虫主要为蠹虫类(甲虫），如粉蠹虫、小蠹虫、长小蠹虫、长蠹虫等，既有湿材害虫，也有干材害虫。

（一）湿材害虫

树木砍伐后，即有害虫逐步蛀入或在其中产卵，侵害木材的湿材害虫主要为小蠹和长小蠹，即针孔蛀虫或食菌小蠹，它们是小蠹科和长小蠹科的两个主要亚科。通常小于 2 mm 的小通道，就可使这种针孔蛀虫钻到木材的边材和心材。小蠹和长小蠹的成虫蛀入木材后，即在木材内钻孔、筑巢，并在其中繁殖，但不在木材上取食，而是以生长在通道壁上的真菌为营养来源。

湿材害虫会危害新砍伐的原木和锯材。干燥木材不易生长这种囊虫，因为湿度（水分）是真菌发育所必须的条件，没有真菌，也就失去了针孔蛀虫生存的条件。

用硼化合物防腐剂处理的木材，如果不能及时干燥，则含水率较高，仍然有受到针孔蛀虫侵害的危险性。因此，需在防腐剂中加入对针孔蛀虫具有毒杀/预防作用的杀虫剂，如 Antiborer l0EC，也可用杀虫剂单独处理。用铬化砷酸铜（CCA）、铜唑（copper azole）、氨溶季铵铜类（ACQ）防腐剂处理的木材，则无须再用杀虫剂单独处理。

（二）干材害虫

干材害虫也叫用材害虫，是指寄生在成材（加工用材、建筑用材、家具用材等木材）中的害虫。这类害虫有的是直接以木材为营养，即从木材中摄取食物，如木材的淀粉成分。依据生存条件和提供淀粉的差异，生活周期可以是几周或几个月。有的是仅仅在木材中作巢以木材为栖生之地。甲虫在木材中蛀食，形成通道，留下 2 mm 大小的出口，但这并不是危害的全部内容，边材的破坏会使结构强度受到影响。

危害木材（特别是橡胶木）的干材害虫主要为窃蠹科、粉蠹科、长蠹科，最主要的是粉蠹虫。粉蠹可以引起实木的严重破坏，危害的结果是木材被成虫和幼虫变成细小的粉末，特别是木材在储存过程中，甚至对不与地面接触的建筑木材危害更大，同时它还会危害高品质胶合板。

二、木材发生虫害的原因

木材是由各种各样的高分子聚合而成的有机物质，发生虫害的主要原因，除了木材的特殊结构及木材产生裂隙等缺陷有利于害虫产卵外，更重要的是木材含有害虫需要的营养物质。这些营养物质主要为：

（1）可溶性糖分。可溶性糖分是蛀木昆虫十分敏感的物质，因为这种物质能直接被昆虫吸收，转化为能量（热能）。所以，木材中的可溶性糖分越多，越容易发生虫害。

可溶性糖分大多存在于边材的细胞腔中，因而边材更容易遭受虫害。

（2）淀粉。淀粉是蛀木害虫重要的营养物质，淀粉经虫体内的淀粉酶的催化作用后，分解为葡萄糖而被昆虫吸收。淀粉大多存在于边材中，因而边材更易受到虫害。

（3）纤维素、半纤维素。两者皆为多种类物质，是木材的主要成分，经虫体内的酶作用后，可水解为葡萄糖，被虫体吸收。

(4)微量元素。木材中的蛋白质、脂肪、无机矿物质也是木材害虫的营养物质。

(5)氮素。氮素是幼虫不可缺少的营养物质，但木材的含氮量很低，木材害虫必须摄取大量的木材才能维持它们的生活。

(6)真菌。有些木材害虫，依靠它们的巢穴中繁殖的真菌(霉菌)作为食物，如：食蜂蠹虫(针孔蛀虫、食菌小蠹)。

三、木材发生虫害的影响因素

(1)营养物质。包括碳水化合物(可溶性糖和淀粉)、纤维素、半纤维素、微量元素等等。

(2)木材材性。木材的树皮、边材、心材、早晚材、密度、含水率、抽提物等对虫害程度的大小都有关系。木材硬度越大，抗虫性就越强；密度越小，越易遭受虫害。

(3)温度。温度对昆虫的发育及分布起着决定性作用，一般来说，昆虫最适宜的生长温度为 26 ℃左右。在此温度上下，有一个能够生长的温度范围，一般在 15 ℃以上，木材害虫开始活动。温度为 38 ℃～45 ℃开始呈夏眠状态，害虫的致死温度一般高于 48 ℃，昆虫耐寒性较强，致死温度在 0 ℃以下。

(4)湿度(含水率)。湿度不会对木材害虫的生命产生直接的影响，但木材害虫对木材的含水率很敏感，有些害虫只有在含水率低的木材(即干材)上才能发育，而有些木材害虫只能在含水率高的湿木材上发育。

四、木材虫害的防治

1. 湿材害虫的防治

防治湿材害虫的最有效办法就是将砍伐后的原木尽快制材、尽快干燥，只要木材的含水率达到 20％以下，即可防止湿材害虫对木材的侵害。

如果不能及时干燥，或采用气干(自然干燥)以节约能源，则需进行防虫处理，可采用喷淋和浸沾等简便方法进行处理，达到暂时保护的目的，但需使用触杀型杀虫剂，如 Antiborer lOEC 杀虫剂。

2. 干材害虫的防治

防治干材害虫，仅靠快速加工不能达到完全防治的目的，必须采用杀虫剂进行彻底处理。

可用于木材的防虫剂的种类很多，但综合评价杀虫效力、对人畜的毒害、成本、使用的方便程度等诸多因素，最佳的木材防虫剂为硼化合物。包括硼酸、硼砂、八硼酸钠。为了达到足够的杀虫力，木材中的杀虫剂要达到一定的数量(即干盐保持量)和一定的渗透深度。通常杀虫剂的处理量要达到 0.2％以上的硼酸当量(BAE)，对于橡胶木来说，最好达到 0.4％，渗透深度要达到 12 mm 以上或整个边材。

硼在自然界中是普遍存在的东西。例如在人体、植物、土壤、水等当中，硼都是不可缺少的元素。硼之所以有广泛的用途，主要是因为它有良好的特性，如毒性特别低，无色无味，价格又便宜。硼作为木材防虫剂，数十年前已在使用了。由各种试验查明，硼化合物对于危害的一些菌、虫有相当的毒性。现在使用硼化物的主要国家有新西兰、澳大利亚、美国、加拿大、菲律宾、芬兰、法国、荷兰、比利时、英国、日本、马来西亚、印度尼西亚、泰国等。

模块四 危险货物管理

模块介绍

本模块主要介绍危险货物。危险货物是指具有燃烧、爆炸、腐蚀、毒害、放射射线、污染等性质，在运输、装卸和储存过程中，容易造成人身伤亡和财产毁损而需要特别防护的货物。据统计，目前通过海上运输的货物中有50％以上的货物是危险货物（其中包装危险货物约占10％～15％）。常运的危险货物达3 000多种。

海上危险品运输包括传统的包装形式运输和逐渐发展起来的散装形式运输。近三十年来，两种形式都有较大发展。包装形式从单一的包件形式发展成包括货物集装箱、可移动罐柜、公路和铁路的槽罐车、中型散装容器等多种形式。散装形式从最初的原油运输发展成包括成品油运输、散装液体化学品运输以及液化气运输。随着运输形式的发展和变化必然伴随着各种专用运输工具的发展，因而对技术和管理上的要求也日益增长。危险品的分类，如图4-1所示。

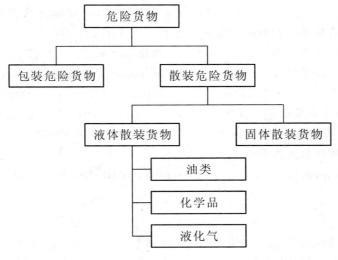

图 4-1 危险货物的分类

任务一 包装危险货物的管理

技能目标

- 了解包装危险货物运输规则
- 能识别危险货物标志
- 了解危险货物的特性
- 识看危险货物的包装标志

知识目标

- 国际危险货物运输规则
- 国内危险货物运输规则
- 危险货物的分类和特性
- 危险货物的包装

任务情境

海运包装危险货物操作人员资格培训成为强制性要求

1965 年 9 月 27 日，国际海事组织以决议形式通过了《国际海运危险货物规则》，将其作为全球海洋运输包装危险货物的指导规则。它依据并为实施《1974 年国际海上人命安全公约》和《经 1978 年议定书修正的 1973 年国际防止船舶造成污染公约》而制定。其指导思想是，除非符合规则的要求，否则禁止装运危险货物。《国际海运危险货物规则》自实施以来，由国际海事组织进行定期修正，并自 2004 年 1 月 1 日起成为强制性规则（部分章节除外）。

该规则第 34 套修正案已于 2008 年年底出版，并将于 2010 年 1 月 1 日起生效（英语国家已于 2009 年 1 月 1 日实施）。值得注意的是，第 34—08 版《国际海运危险货物规则》首次将危险货物从业人员的培训作为强制性要求。

（资料来源：http://www.lnmsa.gov.cn/portlets/hsj/newsshow/msa0611d/GG2009072300004.html）

训练任务

1. 小李听说从事危险品物流工作待遇高，收入较丰厚，想了解从事危险货物运输有哪些岗位？需要具备什么条件？你作为专业人士，给他作一个较详细的回答。

2. 从事危险货物运输相关工作，需要哪些知识？举例说明。

3. 假设你是某物流公司的文员，现公司计划开展危险货物运输业务，经理安排你做有关申请运输经营资格工作。现在要你完成填写道路危险货物运输经营申请表（见本任务最后表格表 4-11）。

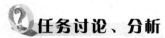 **任务要求**

1. 围绕技能目标，就上述问题学生分组讨论，形成初步意见，并选择代表进行总结发言。

2. 教师根据各小组讨论的氛围和发言代表的表现进行评价。

3. 教师最后总结发言。

 **任务讨论、分析**

提示：危险品运输的特点是：货物品类繁多，性质各异；危险性大；运输管理方面的相关规章、规定多；专业性强。主要围绕这些特点来开展讨论，把讨论得出的结论写在下面的空白处。

任务展示

知识学习

提示：在这里由教师根据危险货物的特点，指出危险货物运输要注意的问题，注意做笔记，笔记可以写在下面的空白处。

知识、技能要点

货物管理实务

完成任务

根据老师提出的重点，简略的写出本任务的最终答案。要求：由学生提出，老师修正。

相关知识阅读

知识一、危险货物运输规则

有关危险货物的国际规则很多，有联合国制定的规则，有政府间国际组织和非政府间国际组织制定的规则，还有各个国家制定的规则。我国采用和接受的主要是联合国和有关国际组织制定的具有权威性、被世界各国普遍采用的一些规则。

国际有关危险货物运输的规则，主要内容是针对危险货物进行系统的分类，并对危险货物的包装、标志等做出规定。这些规定是在各国和国际组织危险货物管理成功经验基础上产生的，加之国际贸易不断发展，因此已被国际社会广泛接受。

我国对危险货物的管理一直有严格的管理体系，颁布实施了一系列有关危险货物的法律法规和标准，这些法律法规成为规范、监督、管理我国危险货物运输和储存的准则和依据。

一、国际危险货物运输规则

在国际范围内，涉及危险货物运输的相关法规主要有：

1. 联合国危险货物运输专家委员会编写的《关于危险货物运输的建议书·规章范本》（橙皮书）

2. 国际海事组织（IMO）制定的《1974年国际海上人命安全公约》（SOLAS公约）第七章

3. 国际海事组织（IMO）制定的《经1978年议定书修订的1973年防止船舶造成污染公约》（MARPOL 73/78）附则Ⅲ

4. 国际海事组织（IMO）制定的《国际海运危险货物规则》（IMDG Code）

5. 国际海事组织（IMO）制定的《固体散装货物安全操作规则》（BC Code）

6.《国际散装运输危险化学品船舶构造和设备规则》（IBC Code）/《散装运输危险化学品船舶构造和设备规则》（BCH Code）

7.《国际散装运输液化气体船舶构造和设备规则》（IGC Code）/《散装运输液化气体船舶构造和设备规则》（GC Code）

8. 国际航空协会（IATA）制定的《危险品规则》（DGR）

9. 联合国欧洲经济委员会（ECE）制定《国际公路运输危险货物协定》（ADR）

10. 欧洲铁路运输中心局（OCTI）制定的《国际铁路运输危险货物规则》（RID）

11. 国际航空组织（ICAO）《空运危险货物安全运输技术规则》（简称《国际空运危规》）

二、国内危险货物运输规则

我国涉及危险货物运输的相关法规有：

1.《中华人民共和国海上交通安全法》

2.《中华人民共和国海洋环境保护法》

3. 中华人民共和国国务院制定的《危险化学品安全管理条例》

4. 中华人民共和国国务院制定的《中华人民共和国内河交通安全管理条例》

5. 中华人民共和国交通部制定的《水路危险货物运输规则》

6. 交通部制定的《船舶装载危险货物监督管理规则》

7. 交通部制定的《港口危险货物管理规定》

8. 铁道部制定的《铁道危险货物运输管理规则》

9. 交通部制定的《公路危险货物运输规则》

——《道路危险货物运输管理规定》

——《汽车危险货物运输规则》

10. 中国民用航空总局制定的《中国民用航空化学物品运输规定》

知识二、包装危险货物基础

一、危险货物的分类和特性

国际运输中，危险货物的分类以联合国《关于危险货物运输的建议书——规章范本》(橙皮书)为依据。

包装危险货物根据《国际海上危险货物运输规则》(IMDG Code)，按照它们所呈现的危险性或主要的危险性分为如下九大类：即爆炸品、气体、易燃液体、易燃固体、易自燃物质和遇水放出易燃气体的物质、氧化物质(剂)和有机过氧化物、有毒的(毒性的)物质和感染性物质、放射性物质、腐蚀品、杂类危险物质。

(一)第一类　爆炸品

1. 定义

第一类包括爆炸性物质、烟火物质和爆炸性物品。该类的具体定义为：

爆炸性物质系指固体或液体物质(或几种物质的混合物)，能通过本身的化学反应产生气体，其温度、压力和速度会对周围环境造成破坏，甚至包括不放出气体的烟火物质。

烟火物质系指一种或几种物质的混合物，设计上通过产生热、光、声、气体或所有这一切的结合达到一种效果，这些效果是通过非爆燃性的、持续的放热等一些化学反应产生的。

爆炸性物品系指含有一种或多种爆炸性物质的物品。

2. 分类

《IMDG Code》按爆炸品产生的危险性分为：

1.1 项：具有整体爆炸危险(即实际上同时影响全部货物的爆炸)的物质和物品；

1.2 项：具有迸射危险，但无整体爆炸危险的物质和物品；

1.3 项：具有燃烧危险和较小爆炸危险，或者兼有此两种危险，但无整体爆炸危险的物质和物品；

1.4 项：无重大危险的物质和物品；

1.5 项：具有整体操作危险但极不敏感的物质；

1.6 项：无整体爆炸危险的极不敏感的物品。

爆炸品的危险特性主要有爆炸性、燃烧性、毒性或窒息性。

3. 爆炸品配装组分类和组合

爆炸品如在一起能安全积载或运输而不会明显增加事故率或在一定量的情况下不会明显增大事故后果，可以认为是"相容的"或"可配装的"。根据这一标准，本类物质又可分成十二个配装类，用英文字母 A～L(不包括 I)，再加 N 和 S 表示，其相应的配装类类别符号表 4-1 和表 4-2 表明了划分配装组的方法、与各配装组有关的可能危险项别以及类别符号。

表 4-1 和表 4-2 中的配装类定义是拟适用于彼此不相容的物质或物品，属于配装类 S 的物质或物品除外。

(二)第二类　气体

1. 定义

本项包括在 20 ℃和 101.3 kPa 条件下：与空气的混合物按体积分类占 13%或更少时可点燃的气体；或不论易燃下限如何，与空气混合，燃烧范围的体积分数至少为 12%的气体。

本类包括永久性气体(指在环境温度下不能液化的气体)、液化气体(指在环境温度下经加压能成为液体的气体)、可溶气休(包括经加压后溶解在溶剂中的气体)及深度冷却的永久性气体(指在低温下加低压液化的气体)。

2. 气体按其危险性可分为

2.1 项：易燃气体。这类气体自容器中逸出与空气混合，当其浓度达到极限爆炸时，如被点燃，能引起爆炸及火灾。

2.2 项：非易燃气体。这类气体中有的本身不能燃烧，但能助燃，一旦和易燃物品接触，极易引起火灾；有的非易燃气体有窒息性，若处理不当，会引起人畜窒息。

2.3 项：有毒气体。这些气体毒性很强，若吸入人体内，能引起中毒。有些有毒气体还有易燃、腐蚀、氧化等特性。

3. 第二类危险货物的危险特性主要有以下表现

(1)易燃性和爆炸性，一些易燃气体容易燃烧，也易于和空气混合形成爆炸性馄合气体。

(2)窒息性、麻醉性和毒性类气体中除 O_2 和空气外，若大量逸出，都会因冲淡空气中氧气的含量而影响人畜正常的呼吸，严重时会因缺氧而窒息。

(3)污染性一些气体对海洋环境有害，被认为是"海洋污染物"。

注：具有两个项别以上危险性的气体和气体混合物，其危险性先后顺序为 2.3 项优先于其他项，2.1 项优先于 2.2 项。

表 4-1 爆炸品配装类和类别符号

待分类物质和物品的说明	配装组	类别符号
一级爆炸性物质	A	1.1A
含有一级爆炸性物质、而不含有两种或两种以上有效保护装置的物品。某些物品，例如爆破用雷管、爆破用雷管组件和帽形起爆器包括在内，尽管这些物品不含有一级炸药	B	1.1B 1.2B 1.4B
推进爆炸性物质或其他爆燃爆炸性物质或含有这类爆炸性物质的物品	C	1.1C 1.2C 1.3C 1.4C
二级起爆物质或黑火药或含有二级起爆物质的物品，无引发装置和发射药；或含有一级爆炸性物质和两种或两种以上有效保护装置的物品	D	1.1D 1.2D 1.4D 1.5D
含有二级起爆物质的物品，无引发装置，带有发射药（含有易燃体或胶体或自燃液体的除外）	E	1.1E 1.2E 1.4E
含有二级起爆物质的物品，带有引发装置，带有发射药（含有易燃液体或胶体或自燃液体的除外）或不带有发射药	F	1.1F 1.2F 1.3F 1.4F
烟火物质或含有烟火物质的物品或既含有爆炸性物质又含有照明、燃烧、催泪或发烟物质的物品（水激活的物品或含有白磷、磷化物、发火物质、易燃液体或胶体、或自燃液体的物品除外）	G	1.1G 1.2G 1.3G 1.4G
含有爆炸性物质和白磷的物品	H	1.2H 1.3H
含有爆炸性物质和易燃液体或胶体的物品	J	1.1J 1.2J 1.3J
含有爆炸性物质和毒性化学剂的物品	K	1.2K 1.3K
爆炸性物质或含有爆炸性物质并且具有特殊危险（例如由于水激活或含有自燃液体、磷化物或发火物质）需要彼此隔离的物品	L	1.1L 1.2L 1.3L
只含有极端不敏感起爆物质的物品	N	1.6N
如下包装或设计的物质或物品：除了包件被火烧损的情况外，能使意外起爆引起的任何危险效应不波及到包件之外，在包件被火烧损的情况下，所有爆炸和迸射效应也有限，不致于妨碍或阻止在包件紧邻处救火或采取其他应急措施	S	1.4S

表 4-2　爆炸品危险项别与配装类的组合

配装组 危险项别	A	B	C	D	E	F	G	H	J	K	L	N	S	A～S Σ
1.1	1.1A	1.1B	1.1C	1.1D	1.1E	1.1F	1.1G		1.1J		1.1L			9
1.2		1.2B	1.2C	1.2D	1.2E	1.2F	1.2G	1.2H	1.2J	1.2K	1.2L			10
1.3			1.3C			1.3F	1.3G	1.3H	1.3J	1.3K	1.3L			7
1.4		1.4B	1.4C	1.4D	1.4E	1.4F	1.4G						1.4S	7
1.5				1.5D										1
1.6												1.6N		1
1.1～1.6 Σ	1	3	4	4	3	4	4	2	3	2	3	1	1	35

（三）第三类　易燃液体

此类易燃液体包括在闭杯试验 61 ℃（相当于开杯试验 65.6 ℃）以下时放出易燃蒸气的液体或液体混合物，或含有处于溶液中呈悬浮状态固体的液体（如油漆、清漆等）。

易燃液体挥发出的蒸气和空气形成的混合物，与明火接触时，产生瞬间闪光的最低温度称为闪点（Flash Point）。它分为闭杯闪点（C.C）和开杯闪点（O.C）。闪点是衡量易燃液体危险性的重要参数。各种易燃液体的闪点各不相同，如表 4-3 所示，闪点越低，易燃性越大，也越危险。

1. 在我国《水路危规》中，易燃液体按其闪点的大小分为三小项：

3.1 项：闭杯闪点低于－18 ℃的低闪点类液体；

3.2 项：闭杯闪点为－18 ℃～23 ℃（不包括 23 ℃）的中闪点类液体；

3.3 项：闭杯闪点为 23 ℃～61 ℃（包括 61 ℃）的高闪点类液体。

表 4-3　常见易燃液体的闪点

品名	闪点 ℃（c.c）	品名	闪点 ℃（c.c）
乙醚	－40	甲酸戊酯	27
甲酸乙酯	－34	丁醇	29
二硫化碳	－30	吗啡啉	38
乙醛	－27	硝基甲烷	44
丙酮	－20	乙基己醛	52
羰基铁	－15	二氯乙醚	55
苯	－11	松香油	61
甲基三氯硅烷	8	乙醇	13

2. 易燃液体的危险特性主要有以下表现：

（1）挥发性和易燃性：易燃液体都是含有碳、氢等元素的有机化合物，具有较强的挥发性，在常温下就易挥发，形成较高的蒸汽压。易燃液体及其挥发出来的蒸气，如遇明火，极易燃烧。易燃液体与强酸或氧化剂接触，反应剧烈，能引起燃烧和爆炸。

（2）爆炸性：当易燃液体挥发出的蒸汽与空气混合，达到爆炸极限时，遇明火会引起爆炸。

（3）麻醉性和毒害性：易燃液体的蒸汽，大都有麻醉作用，如长时间吸入乙醚蒸气会引起麻醉，失去知觉。深度麻醉或长时间麻醉可能死亡。

（4）易积聚静电性：大部分易燃液体的绝缘性能都很高，而电阻率大的液体一定能呈现带电现象。

（5）污染性：一些易燃液体被认为是对海洋环境有害的海洋污染物。

（四）第四类　易燃固体、易自燃物质和遇水放出易燃气体的物质

1. 定义

《IMDG Code》指出：本类别涉及除划分为爆炸品以外在运输条件下易燃或可能引起或导致起火的物质。本类可分为以下三小项：

4.1项：易燃固体

具有易被外部火源（如火星和火焰）点燃的固体和易于燃烧、助燃或通过摩擦引起燃烧的固体以及能自发反应的物质。本类物质包括浸湿的爆炸品。

易燃固体的危险特性：易燃固体燃点低，对热、摩擦、撞击及强氧化剂作用较为敏感，易于被外部火源所点燃，燃烧迅速。

易燃固体中有许多物质都是粉末状的，飞散到空气中，当它达到一定的浓度范围时，遇明火引起燃烧而爆炸。这种现象称为粉尘爆炸。

4.2项：易自燃物质

具有易于自行发热和燃烧的固体或液体。本类物质包括引火物质（与空气接触在 5 min 内即可着火）和自燃发热物质。

易自燃物质的危险特性：本类物质无论是固体还是液体都具有自燃点低、发热以及着火的共同特征。这类物质自燃点低，受外界热源的影响或本身发生生。化学变化热量积聚而使其温度升高引起燃烧。

4.3项：遇湿危险物质

即遇水放出易燃气体的固体或液体，在某些情况下，这些气体易自燃。

遇湿危险物质的特性：本类物质遇水发生剧烈的反应，放出易燃气体并产生一定热量。当热量使该气体的温度达到燃点时或遇到明火时会立即燃烧甚至爆炸。

（五）第五类　氧化物质（氧化剂）及有机过氧化物

1. 定义

本类所涉及的物质因在运输过程中会放出氧气并产生大量的热，从而引起其他物质燃烧。

5.1项：氧化物质

氧化物质是一种化学性质比较活泼的、在无机化合物中含有高价态原子结构的物质，其本身未必燃烧，但通常因放出氧气能引起或促使其他物质燃烧。

5.2项：有机过氧化物

有机过氧化物是指其物质分子结构极不稳定、易于分解的物质。

2. 氧化物质具有以下的危险特性：

(1)在一定的情况下，直接或间接放出氧气，增加了与其接触的可燃物发生火灾的危险性和剧烈性。

(2)氧化剂与可燃物质，诸如糖、面粉、食油、矿物油等混合易于点燃，有时甚至因摩擦或碰撞而着火。混合物能剧烈燃烧并导致爆炸。

(3)大多数氧化剂和液体酸类会发生剧烈反应，散发有毒气体。

(4)有些氧化剂具有毒性或腐蚀性，或被确定为海洋污染物。

3. 有机过氧化物的危险特性，可能具有以下一种或数种性质：

(1)可能发生爆炸性分解；(2)迅速燃烧；(3)对碰撞或摩擦敏感；(4)与其他物质起危险反应；(5)损害眼睛。

(六)第六类　有毒(毒性)的物质和感染性物质

1. 定义

有毒物质是指如吞咽、吸入或皮肤接触易于造成死亡、严重伤害或损害人体健康的物质。

感染性物质是指已知或一般有理由相信含有病原体的物质。所谓病原体是指已知或有理由相信会使人或动物引起感染性疾病的微生物(包括细菌、病毒、立克次氏体、寄生生物、真菌)或微生物重组体(杂交体或突变体)。

2. 分类

6.1项：有毒(毒性)的物质。有毒物质的危险特性：几乎所有的有毒的物质遇火或受热分解时会散发出毒性气体；有些有毒的物质还具有易燃性；很多本类物质被认为是海洋污染物。

有毒物质毒性大小的衡量指标：

(1)致死剂量，用符号 LD_{100} 或 LD_{50} 表示；

(2)致死浓度，用符号 LC_{100} 或 LC_{50} 表示。

根据毒性的危险程度，有毒的物质的包装可分为三个类别。

包装类Ⅰ：呈现剧毒危险的物质和制剂；

包装类Ⅱ：呈现严重性危险的物质和制剂；

包装类Ⅲ：呈现较低毒性危险的物质和制剂。

有毒物质的物理形态：固体和液体，或他们挥发出来的气体、蒸汽、雾、烟雾和粉尘。

6.2项：感染性物质。感染性物质划分为 A 类和 B 类。A 类指以某种形式运输的感染性物质，当接触该物质时，可造成人或动物的永久性致残、生命危险或致命疾病。B 类指不符合 A 类标准的感染性物质。

3. 有毒物质进入人体的主要途径

（1）呼吸道：整个呼吸道都能吸收毒物，其中以肺泡的吸收能力最大；其吸收毒物的速度取决于空气中毒物的浓度、毒物的理化性质、毒物在水中的溶解度和肺活量等；

（2）皮肤：许多毒物能通过皮肤吸收（通过表皮屏障、通过毛囊，极少数通过汗腺）进入皮下血管中，吸收的数量与毒物的溶解性、浓度、皮肤的温度、出汗等有关；

（3）消化道：经消化道吸收的毒物先经过肝脏，转化后从进入血液中。

（七）第七类　放射性物质

1. 定义

放射性物质是指所托运的货物中放射性活性浓度和总活度都超过《IMDG Code》所规定的活度水平数值的任何含有放射性核素的物质。

2. 特性

（1）放射性。本类物质的主要危险性是放射性。

所谓放射性是指一些物质能自发地、不断的放出穿透力很强、而人的感觉器官察觉不到的射线，这种射线对人体组织造成伤害，使人体产生急性或慢性放射性疾病的性质。

放射性物质放出的射线有 α 射线、β 射线、γ 射线及中子流等四种。所有的放射性物质都因其放射出对人体造成伤害的看不见的射线而具有或大或小的危险性。

（2）其他特性。有些放射性物质还具有爆炸性、易燃性、毒性等。

（八）第八类　腐蚀性物质

腐蚀性物质是指通过化学反应能严重地伤害与之接触的生物组织，或从其包件中撒漏亦能导致对运输工具或其他货物损坏的物质。

腐蚀性物质的化学性质比较活泼，能与很多金属、有机物及动植物等发生化学反应，并使其遭到破坏。

腐蚀性物质的危险特性：具有很强的腐蚀性及刺激性，对人体有特别严重的伤害；对货物、金属、玻璃、陶器、容器、运输工具及其设备造成不同程度的腐蚀。腐蚀性物质中很多具有不同程度的毒性，有些能产生或挥发有毒气体而引起中毒。

（九）第九类　杂类危险物质

具有其他类别未包括的危险的物质和物品，如：（1）危害环境物质；（2）高温物质；（3）经过基因修改的微生物或组织。

二、危险货物危险性的先后顺序

当一种物质、混合物或溶液有一种以上危险性，而其名称又未列入 GB12268《危险货物品名表》内时，其危险性的先后顺序按表 4-4 确定。

表 4-4　危险性优先顺序表

类或项和包装类别	包装类别	4.2	4.3	5.1 Ⅰ	5.1 Ⅱ	5.1 Ⅲ	6.1 Ⅰ 皮肤	6.1 Ⅰ 口服	6.1 Ⅱ	6.1 Ⅲ	8 Ⅰ 液体	8 Ⅰ 固体	8 Ⅱ 液体	8 Ⅱ 固体	8 Ⅲ 液体	8 Ⅲ 固体
3	Ⅰ[a] ……		4.3				3	3	3	3	3	—	3	—	3	—
	Ⅱ[a] ……		4.3				3	3	3	3	8	—	3	—	3	—
	Ⅲ[a] ……		4.3				6.1	6.1	6.1	3[b]	8	—	8	—	3	—
4.1	Ⅱ[a] ……		4.3	5.1	4.1	4.1	6.1	6.1	4.1	4.1	—	8	—	4.1	—	4.1
	Ⅲ[a] ……		4.3	5.1	4.1	4.1	6.1	6.1	6.1	4.1	—	8	—	8	—	4.1
4.2	Ⅱ ……		4.3	5.1	4.2	4.2	6.1	6.1	4.2	4.2	8	8	4.2	4.2	4.2	4.2
	Ⅲ ……		4.3	5.1	5.1	4.2	6.1	6.1	6.1	4.2	8	8	4.2	4.2	4.2	4.2
4.3	Ⅰ ……			5.1	4.3	4.3	6.1	4.3	4.3	4.3	4.3	4.3	4.3	4.3	4.3	4.3
	Ⅱ ……			5.1	4.3	4.3	6.1	4.3	4.3	4.3	4.3	4.3	4.3	4.3	4.3	4.3
	Ⅲ ……			5.1	5.1	4.3	6.1	6.1	6.1	4.3	8	8	8	8	4.3	4.3
5.1	Ⅰ ……	4.2					5.1	5.1	5.1	5.1	5.1	5.1	5.1	5.1	5.1	5.1
	Ⅱ ……	4.2					5.1	5.1	5.1	5.1	5.1	5.1	5.1	5.1	5.1	5.1
	Ⅲ ……						6.1	6.1	6.1	5.1	8	8	8	8	5.1	5.1
6.1	Ⅰ 皮肤										8	6.1	6.1	6.1	6.1	6.1
	Ⅰ 口服											6.1	6.1	6.1	6.1	6.1
	Ⅱ 吸入											6.1	6.1	6.1	6.1	6.1
	Ⅱ 皮肤										8	6.1	6.1	6.1	6.1	6.1
	Ⅱ 口服										8	8	6.1	6.1	6.1	6.1
	Ⅲ ……										8	8	8	8	8	8

a：自反应物质和固态退敏爆炸品以外的 4.1 项物质以及液态退敏爆炸品以外的第 3 类物质。农药为 6.1。
—表示不可能组合。

下列危险性的先后顺序没有列入危险性的先后顺序表，因为这些主要危险性总是占优先地位：

(1)第一类物质和物品；(2)第二类气体；(3)第三类液态退敏爆炸品；(4)4.1 项自反应物质和固态退敏爆炸品；(5)4.2 项发火物质；(6)5.2 项物质；(7)具有Ⅰ类包装吸入毒性的 6.1 项物质；(8)6.2 项物质；(9)第七类物质。

知识三、危险货物运输包装和运输组件

一、危险货物运输包装作用和要求

1. 危险货物运输包装的作用

危险货物运输包装是防止货物在正常运输过程中发生燃烧、爆炸、腐蚀、毒害、放射射线、污染等事故的重要条件之一，是保障安全运输的基础。它除了具有一般运输包装的作用以外，还具有一些特殊作用，具体如下：

(1)抑制或钝化货物的危险性，使危险性限制在最小的范围内，提供良好的运输作业环境。

(2)防止因接触雨雪、阳光、潮湿空气和杂质而使货物变质，或发生剧烈的化学反应而造成事故。

(3)减少货物在运输中所受的碰撞、震动、摩擦和挤压，使其在包装的保护下处于完整和相对稳定的状态，从而保证安全运输。

(4)防止因货物散漏、挥发而使性质相抵触的货物直接接触，而发生事故或污染运输设备及其他货物。

(5)便于运输过程中的装卸、搬运和保管，做到及时运输和保管安全。

2. 危险货物运输包装的基本要求

(1)危险货物运输包装应结构合理，具有一定强度，防护性能好。包装的材质、型式、规格、方法和单件质量(重量)，应与所装危险货物的性质和用途相适应，并便于装卸、运输和储存。

(2)包装应质量良好，其构造和封闭形式应能承受正常运输条件下的各种作业风险，不应因温度、湿度或压力的变化而发生任何渗(散)漏，包装表面应清洁，不允许粘附有害的危险物质。

(3)包装与内装物直接接触部分，必要时应有内涂层或进行防护处理，包装材质不得与内装物发生化学反应而形成危险产物或导致削弱包装强度。

(4)内容器应予固定。如属易碎性的应使用与内装物性质相适应的衬垫材料或吸附材料衬垫妥实。

(5)盛装液体的容器，应能经受在正常运输条件下产生的内部压力。灌装时必须留有足够的膨胀余量(预留容积)，除另有规定外，并应保证在温度 55 ℃时，内装液体不致完全充满容器。

(6)包装封口应根据内装物性质采用严密封口、液密封口或气密封口。

(7)盛装需浸湿或加有稳定剂的物质时，其容器封闭形式应能有效地保证内装液体(水、溶剂和稳定剂)的百分比，在储运期间保持在规定的范围以内。

(8)有降压装置的包装，其排气孔设计和安装应能防止内装物泄漏和外界杂质进入，排出的气体量不得造成危险和污染环境。

(9)复合包装的内容器和外包装应紧密贴合，外包装不得有擦伤内容器的凸出物。

(10)无论是新型包装、重复使用的包装、还是修理过的包装均应符合本标准。

二、包装分级和基本要求

为了包装目的，除了第一类、第二类、第七类、5.2 项和 6.2 项物质，以及 4.1 项自反应物质以外的物质，根据其危险程度，划分为三个包装类别：

Ⅰ类包装：具有高度危险性的物质；

Ⅱ类包装：具有中等危险性的物质；

Ⅲ类包装：具有轻度危险性的物质。

三、与运输包装有关的术语

1. 危险货物运输包装（Transport Packages of Dangerous Goods）

根据危险货物的特性，按照有关标准和法规，专门设计制造的运输包装。

2. 气密封口（Hermetic Seal）

容器经过封口后，封口处不外泄气体的封闭形式。

3. 液密封口（Liquid Seal）

容器经过封口后，封口处不渗漏液体的封闭形式。

4. 严密封口（Tight Seal）

容器经过封口后，封口处不外漏液体的封闭形式。

5. 小开口桶（Small Open Drum）

桶顶开口直径不大于 70 mm 的桶，称为小开口桶。

6. 中开口桶（Middling Open Drum）

桶顶开口直径大于小开口桶，小于全开口桶，称为中开口桶。

7. 全开口桶（Complete Open Drum）

桶顶可以全开的桶，称为全开口桶。

8. 复合包装（Composite Packaging）

由一个外包装和一个内容器（或复合层）组成一个整体的包装，称为复合包装。

四、包装标志及标记代号

(一)包装级别的标记代号用下列小写英文字母表示：

x—符合Ⅰ、Ⅱ、Ⅲ级包装要求；

y—符合Ⅱ、Ⅲ级包装要求；

z—符合Ⅲ级包装要求。

(二)包装容器的标记代号用下列阿拉伯数字表示：具体如表 4-5 所示。

表 4-5　不同种类包装的代号

标记代号	包装种类	标记代号	包装种类
1	桶	6	复合包装
2	木琵琶桶	7	压力容器
3	罐	8	筐、篓
4	箱、盒	9	瓶、坛
5	袋、软管		

（三）包装容器的材质标记代号用下列大写英文字母表示：

A—钢；　　　　　　　　　　　B—铝；

C—天然木；　　　　　　　　　D—胶合板；

F—再生木板（锯末板）；　　　　G—硬质纤维板、硬纸板、瓦楞纸板、钙塑板；

H—塑料材料；　　　　　　　　L—编织材料；

M—多层纸；　　　　　　　　　N—金属（钢、铝除外）；

P—玻璃、陶瓷；　　　　　　　K—柳条、荆条、藤条及竹篾。

（四）包装件组合类型标记代号的表示方法：

（1）单一包装。单一包装型号由一个阿拉伯数字和一个英文字母组成，英文字母表示包装容器的材质，其左边平行的阿拉伯数字代表包装容器的类型。英文字母右下方的阿拉伯数字，代表同一类型包装容器不同开口的型号。

例：1A—表示钢桶；

1A1—表示小开口钢桶；

1A2—表示中开口钢桶；

1A3—表示全开口的钢桶。

（2）复合包装。复合包装型号由一个表示复合包装的阿拉伯数字"6"和一组表示包装材质和包装形式的字符组成。这组字符为两个大写英文字母和一个阿拉伯数字。第一个英文字母表示内包装的材质，第二个英文字母表示外包装的材质，右边的阿拉伯数字表示包装形式。

例：6HA1 表示内包装为塑料容器，外包装为钢桶的复合包装。

（五）其他标记代号：

S—表示拟装固体的包装标记；

L—表示拟装液体的包装标记；

R—表示修复后的包装标记；

GB—表示符合国家标准要求；

H—表示符合联合国规定的要求。

例：钢桶标记代号及修复后标记代号

例1：新桶

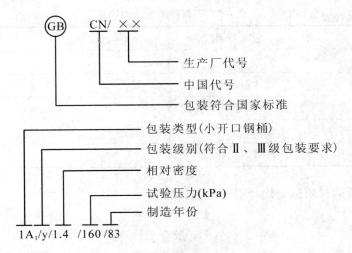

例2：修复后的桶

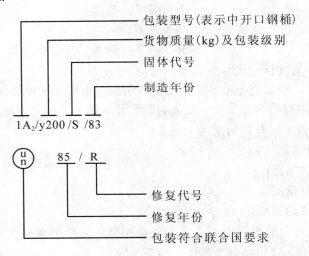

（六）标记的制作及使用方法：

标记采用白底（或采用包装容器底色）黑字，字体要清楚、醒目。标记的制作方法可以印刷、粘贴、涂打和钉附。钢制品容器可以打钢印。

五、危险货物运输组件

《IMDG Code》中的货物运输组件（Cargo Transport Units，简称CTUs）系指公路货车、铁路货车、集装箱、公路罐车或可移动罐柜。

其他包装容器开口型号的表示方法，如表4-6所示。

表 4-6 常用的危险货物运输包装

包装号	包装组合型式		包装组合代号	适用货类	包装件限制重量	备注
	外包装	内包装				
1 甲 乙 丙 丁	小开口钢桶： 钢板厚 1.50 mm 钢板厚 1.25 mm 钢板厚 1.00 mm 钢板厚＞0.50 mm ～0.75 mm		1A1	液体货物	每桶净重不超过： 250 kg 200 kg 100 kg 200 kg（一次性使用）	灌装腐蚀性物品钢桶内壁应涂镀防腐层
2 甲 乙 丙 丁 戊	中开口钢桶： 钢板厚 1.25 mm 钢板厚 1.00 mm 钢板厚 0.75 mm 钢板厚 0.50 mm 钢桶或镀锡薄钢板桶（罐）	塑料袋或多层牛皮纸袋	1A25H4 1A25M1 1A25M2 1A2 1N2 3N2	固体、粉状及晶体状货物 稠黏状、胶状货物	每桶净重不超过： 250 kg 150 kg 100 kg 50 kg 或 20 kg 50 kg 或 20 kg	
3 甲 乙 丙 丁	全开口钢瓶： 钢板厚 1.25 mm 钢板厚 1.00 mm 钢板厚 0.75 mm 钢板厚 0.50 mm	塑料袋或多层牛皮纸袋	1A35H4 1A35M1 1A35M3 1A3	固体、粉状及晶体状货物	每桶净重不超过： 250 kg 150 kg 100 kg 50 kg	
4 甲 乙	钢塑复合桶： 钢板厚 1.25 mm 钢板厚 1.00 mm		6HA1	腐蚀性液体货物	每桶净重不超过： 200 kg 50 kg 或 100 kg	
5	小开品铝桶： 铝板厚＞2 mm		1B1	液体货物	每桶净重不超过： 200 kg	
6	纤维板桶 胶合板桶 硬纸板桶	塑料袋或多层牛皮纸袋	1F5H4 1F5M1 1D5M4 1D5M1 1G5H4 1G5M1	固体、粉状及晶体状货物	每桶净重不超过： 30 kg	
7	小开口塑料桶		1H1	腐蚀性液体货物	每桶净重不超过： 35 kg	
8	全开口塑料桶	塑料袋或多层牛皮纸袋	1H35H4 1H35M1	固体、粉状及晶体状货物	每桶净重不超过： 50 kg	

包装号	包装组合型式		包装组合代号	适用货类	包装件限制重量	备注
	外包装	内包装				
9	满板木箱	塑料袋 多层牛皮袋	4C15H4 4C15M1	固体、粉状及晶体状货物	每桶净重不超过： 50 kg	
10	满板木箱	1. 中层金属桶内装： 螺纹口玻璃瓶 塑料瓶 塑料袋 2. 中层金属罐内装： 螺纹口玻璃瓶 塑料瓶 塑料袋 3. 中层塑料桶内装： 螺纹口玻璃瓶 塑料瓶 塑料袋 4. 中层塑料罐内装： 螺纹口玻璃瓶 塑料瓶 塑料袋	4C11N39P1 4C11N39H 4C11N35H4 4C13N39P1 4C13N39H 4C13N35H4 4C11H39P1 4C11H39H 1C11H35H4 4C13H39P1 4C13H39H 4C13H35H4	强氧化剂过氧化物氯化钠，氯化钾货物	每箱净重不超过： 20 kg 箱内：每瓶净重不超过1 kg，每袋净重不超过2 kg	
11	满板木箱	螺纹口或磨砂口玻璃瓶	4C19P1	液体强酸货物	每箱净重不超过： 20 kg 箱内：每瓶净重不超过0.5 kg~5 kg	
12	满板木箱	1. 螺纹口玻璃瓶 2. 金属盖压口玻璃瓶 3. 塑料瓶 4. 金属桶（罐）	4C19P1 4C19P1 4C19H 4C11N 4C13N	液体、固体粉状及晶体状货物	每箱净重不超过： 20 kg 箱内：每瓶、桶（罐）净重不超过1 kg	
13	满板木箱	安瓿瓶外加瓦楞纸套或塑料气泡垫，再装入纸盒	4C1G9P3 4C1H9P3	气体、液体货物	每箱净重不超过： 10 kg 箱内：每瓶净重不超过0.25 kg	
14	满板木箱或半花格木箱	耐酸坛或陶瓷瓶	4C19P2 4C39P2	液体强酸货物	1. 坛装每箱净重不超过50 kg 2. 瓶装每箱净重不超过30 kg	

续表

包装号	包装组合型式		包装组合代号	适用货类	包装件限制重量	备注
	外包装	内包装				
15	满板木箱或半花格木箱	玻璃瓶或塑料桶	4C11H2 4C19P1 4C31H1 4C39P1	液体酸性货物	1. 瓶装每箱净重不超过 30 kg，每瓶不超过 25 kg 2. 桶装每箱净重不超过 40 kg，每桶不超过 20 kg	
16	花格木箱	薄钢板桶或镀锡薄钢板桶（罐）	4C41A2 4C41N 4C43N	稠黏状、胶状货物如：油漆	1. 每箱净重不超过 50 kg 2. 每桶（罐）净重不超过 20 kg	
17	花格木箱	金属桶（罐）或塑料桶，桶内衬塑料袋	4C41N5H4 4C43N5H4 4C41H25H4	固体、粉状及晶体状货物	每箱净重不超过：20 kg	
18	满底板花格木箱	螺纹口玻璃瓶、塑料瓶或镀锡薄钢板桶（罐）	4C29P1 4C29H 4C21N 4C23N	稠黏状、胶状及粉状货物	每箱净重不超过：20 kg 箱内：每瓶、桶（罐）净重不超过 1 kg	
19	纤维板箱 锯末板箱 刨花板箱	螺纹口玻璃瓶塑料瓶或镀锡薄钢板桶（罐）	4F9P1 4F9H 4F1N 4F3N	固体、粉状及晶体状货物稠黏状、胶状货物	每箱净重不超过20 kg 箱内：每瓶净重不超过：1 kg 每桶（罐）净重不超过：4 kg	
20	钙塑板箱	螺纹口玻璃瓶塑料瓶 复合塑料瓶 金属桶（罐）、镀锡薄钢板桶或金属软管再装入纸盒	4G39P1 4G39H 4G33N 4G35N4M	液体农药、稠黏状、胶状货物	每箱净重不超过：20 kg 箱内：每桶（罐）、瓶、管不超过 1 kg	
21	钙塑板箱	双层塑料袋或多层牛皮纸袋	4G35H4 4G35M1	固体、粉状农药	每箱净重不超过：20 kg 箱内：每袋净重不超过 5 kg	
22	瓦楞纸箱	金属桶（罐） 镀锡薄钢板桶 金属软管	4G11N 4G13N 4G15N	稠黏状、胶状货物	每箱净重不超过20 kg 箱内：每桶（罐）、管不超过 1 kg	

续表

包装号	包装组合型式		包装组合代号	适用货类	包装件限制重量	备注
	外包装	内包装				
23	瓦楞纸箱	塑料瓶 复合塑料瓶 双层塑料袋 多层牛皮纸袋	4G19H 4G16H9 4G15H4 4G15M1	粉状农药	每箱净重不超过： 20 kg 箱内：每瓶不超过： 1 kg；每袋不超过： 5 kg	
24	以柳、藤、竹等材料编制的笼、篓、筐	螺纹口玻璃瓶 塑料瓶 镀锡薄钢板桶（罐）	8K9P1 8K9H 8K3N 8K1N	低毒液体或粉状农药，稠黏状、胶状货物，油纸制品和油麻丝	每笼、篓、筐净重不超过 20 kg；油漆类每桶（罐）净重不超过 5 kg；每瓶不超过 1 kg	
25	塑料编织袋	塑料袋	5H15H4	粉状、块状货物	每袋净重不超过： 50 kg	
26	复合塑料编织袋		6HL5	块状、粉状及晶体状货物	每袋净重 25 kg～50 kg	
27	麻袋	塑料袋	5L15H4	固体货物	每袋净重不超过： 100 kg	

注：包装组合代号的补充说明：

1A1—小开口钢桶 4G1—瓦楞纸箱	1H1—小开口塑料桶 5H3—防水型塑料编织袋
1A2—中开口钢桶 4G2—硬纸板箱	1H3—全开口塑料桶 5H4—塑料袋
1A3—全开口钢桶 4G3—钙塑板箱	3H1—小开口塑料罐 5M1—普通型纸袋
1N1—小开口金属桶 5L1—普通型编织袋	3H3—全开口塑料罐 5M3—防水型纸袋
3N3—全开口金属罐 6HL5—复合型塑料编织袋	4C1—满板木箱 9P1—玻璃瓶
1B1—小开口铝桶 5H1—普通型塑料编织袋	4C2—满底板花格木箱 9P2—陶瓷坛
3B2—中开口铝罐 5H2—防撒漏型塑料编织袋	4C3—半花格型木箱 9P3—安瓿瓶
	4C4—花格型木箱

（一）集装箱

集装箱系指一种永久性的并有相应的强度足以反复使用的运输设备。这种设备是为了便于以一种或几种方式运输，中间无需转装二专门设计的，在适用时应根据《经修正的 1972 年国际集装箱安全公约》(CSC)予以批准。"集装箱"一词不包括车辆、包装，但装在底盘车上的集装箱包括在内。

（二）可移动罐柜

可移动罐柜是指其主体是金属质的，容量在 450 L 以上，配备有安全、减压、隔热、测量、通风、装卸等装置，可整体装卸的容器。这种容器也称为"罐柜集装箱"或"液体集装箱"。罐柜主体的外部大多数为一金属框架，金属框架的规格与集装箱一样，起到加强、紧固、保护和稳定的作用。

可移动罐柜像集装箱一样可整体从船上吊上吊下地进行装卸，在船上时，货物不能装入或卸出；也可装在车辆上成为罐车，直接开到船上。

(三)公路罐车

公路罐车是指装有容积超过 450 L 的罐柜并配有减压装置的车辆。在正常装卸和运输条件下，罐柜都应固定在车辆上且不能在船上装卸货物。公路罐车靠自己的轮子在船上转运，为了将其固定在船上，还应有永久性的系固附件。

公路罐车的罐柜要求与可移动罐柜的相同，车辆应按车辆作业所在国公路的主管机关的要求进行试验和检验。在《IMDG Code》第 6 章中提出了具体要求。

(四)车辆

车辆系指各种公路货车、铁路货车或货运列车。每一个拖车应视为一个单独的车辆。

危险货物可像装入集装箱那样装入公路货车，然后作为一个运输整体被吊到或直接开到船上，固定于船舱内、车辆甲板上或露天甲板上，公路货车一般都具备货箱或围遮及紧固装置，因此，危险货物装车，车内积载、垫隔、紧固等要求与集装箱装箱要求相同。装有危险货物的车辆应具有车辆装载危险货物声明书，其内容和作用相当于集装箱装箱证明书。

六、危险货物的标记、标志和标牌

为了保障危险货物的运输安全，以及万一发生紧急情况能够迅速正确地采取适当的行动，必须让涉及危险货物运输的每一个人员能够正确地识别他们所面临的危险货物和明确它们的危险性。

有了正确的标志、标记和标牌，使得从事危险货物运输的各类人员在任何时候、任何情况下都能对所接触的货物迅速地加以识别，正确地认识其危害性，并采取相应的安全措施，万一发生事故，也能采取正确的应急行动。

具体见相关标准要求。

七、危险货物的积载与隔离

危险货物积载与隔离除了应按普通货物积载与隔离要求以外，还有其特殊的积载与隔离要求。正确合理地积载与隔离是保证危险货物运输安全的重要措施。

(一)危险货物的积载

1. 为积载而设的船舶类型

第一类爆炸品积载的船舶类型：

(1)货船：专门从事货物运输的船舶，但包括载客限额不超过 12 人的客船。

（2）客船：载客超过限制数额的其他客船。

除爆炸品外危险货物积载的船舶类型：

（1）货船：专门从事货物运输的船舶，但包括载客限额不超过 25 人或船舶总长每 3 米不超过 1 人的客船。

（2）客船：载客超过限制数额的其他客船。

2. 积载类

为了确定适当的积载方式，除第一类爆炸品外，其他类别危险货物依据安全装运所需的积载位置不同分为不同的积载类。爆炸品积载类范围从积载类 01～15；除爆炸品外，危险货物的积载类范围是从积载类 A～E。具体如表 4-7 和表 4-8 所示。

表 4-7　危险货物积载方式

积载方式 船舶类型	积载类 A	积载类 B	积载类 C	积载类 D	积载类 E
货船	舱面或 舱内	舱面或 舱内	只限舱面	只限舱面	舱面或 舱内
客船	舱面或 舱内	只限舱面	只限舱面	禁止装运	禁止装运

3. 危险货物积载的一般要求

（1）根据积载类别如允许舱面或舱内积载的危险货物，应尽量在舱内积载，在下列情况下选择在舱面：

a. 要求经常查看的货物

b. 因特殊要求需接近检查的货物

c. 有形成爆炸性混合气体的、产生剧毒蒸汽的或对船舶有严重腐蚀作用的物质。

（2）遇水易损坏的包件应在舱内积载。如在舱面积载，应严加防护，任何时侯不能使其受天气和海水的侵袭。

表 4-8　第一类危险货物积载方式

积载类	货船（不超过 12 名旅客）	客　船
01	舱面或舱内	舱面或舱内
02	舱面或舱内	在舱面封闭式货物运输组件内 或在舱内封闭式货物运输组件内
03	舱面或舱内	只限在舱面封闭式货物运输组件内
04	舱面或舱内	禁止装运
05	在舱面封闭式货物运输组件内或舱内	在舱面封闭式货物运输组件内或舱内
06	在舱面封闭式货物运输组件内或舱内	在舱面封闭式货物运输组件内 或在舱内封闭式货物运输组件内

积载类	货船(不超过12名旅客)	客　船
07	在舱面封闭式货物运输组件内或舱内	只限在舱面封闭式货物运输组件内
08	在舱面封闭式货物运输组件内或舱内	禁止装运
09	在舱面封闭式货物运输组件内 或在舱内封闭式货物运输组件内	在舱面封闭式货物运输组件内 或在舱内封闭式货物运输组件内
10	在舱面封闭式货物运输组件内 或在舱内封闭式货物运输组件内	只限在舱面封闭式货物运输组件内
11	在舱面封闭式货物运输组件内 或在舱内"C"形弹药舱内	只限在舱面封闭式货物运输组件内
12	在舱面封闭式货物运输组件内 或在舱内"C"形弹药舱内	禁止装运
13	在舱面封闭式货物运输组件内 或在舱内"A"形弹药舱内	只限在舱面封闭式货物运输组件内
14	只限在舱面封闭式货物运输组件内	禁止装运
15	在舱面封闭式货物运输组件内 或在舱内封闭式货物运输组件内	禁止装运

（3）由于危险货物意外事故的突发可能影响到全船，因此那些需要在短时间内撤离大量人员的"其他客船"不得载运某些具有特殊危险的货物。

（4）如果危险货物有可能在货舱内发生溢漏，应采取预防措施，防止通过机器处所的污水管路和泵系将溢物不当地排放。

（5）危险货物包件堆积试验的最低高度是 3 m，在考虑到积载支撑程度和加固等情况下，允许船长自行选择较高的积载。

（6）危险货物在舱面积载时，要保证消防栓、测量管及其他类似设备和通道不受影响，并与之远离。

（7）对具有特殊危险的货物应按特殊积载要求进行。

（8）对于某些危险货物要求隔热保护，这些热源包括火花、火焰、蒸汽管道，热线圈、加热的燃油舱和液货舱侧壁顶，以及机器处所的舱壁（机舱舱壁达到 A-60 的隔热等级或与此等效的标准），对于爆炸品在机舱舱壁达到 A-60 外，还需与之"远离"积载。

（9）对于有毒的气体或蒸汽或有腐蚀性的气体或蒸汽应避开生活居住处所积载。标有毒品的货物或其他有感染性物质或放射性物质也都应避开生活区或食品而积载。

（10）有海洋污染物标记的货物，如果允许在"舱面或舱内"积载，除非在露天甲板能提供等效的防护。否则应选择舱内积载。如果要求"只限舱面"积载，应选择在有良好防护的甲板或露天甲板遮蔽处所中积载。

(二)危险货物的隔离

隔离是根据危险货物之间的相容性或不相容性所规定的配装要求。在安排积载计划时应特别注意，严格按照《IMDG Code》中规定的隔离要求进行配装，防止因不相容的危险货物混装造成危险后果。

如果两种物质或物品在一起积载时，会因溢漏或其他事故而发生危险，那么这两种物质或物品即被认为是不相容的。

1. 隔离原则

(1)性质不相容的物品应进行有效的隔离；

(2)某种特殊货物与助长其危险性的货物不能配装；

(3)易燃物品与遇火可能爆炸的物品不能配装；

(4)性质相似，但消防方法不同的货物不能配装；

(5)性质相似，但危险性大，发生事故不易扑救的货物不能配装。

2. 隔离表

如表4-9和表4-10所示。

表4-9 集装箱船上集装箱隔离表

隔离要求	垂直向			水平向							
	封闭式与封闭式	封闭式与开敞式	开敞式与开敞式		封闭式与封闭式		封闭式与开敞式		开敞式与开敞式		
					舱面	舱内	舱面	舱内	舱面	舱内	
"远离"1	允许一个装在另一个的上面	允许开敞式的装在封闭式的上面，否则按开敞式与开敞式要求处理	除非以一层甲板隔离，否则禁止装在同一垂直线上	首尾向	无限制	无限制	无限制	无限制	一个箱位	一个箱位或一个舱壁	
				横向	无限制	无限制	无限制	无限制	一个箱位	一个箱位	
"隔离"2	除非以一层甲板隔离否则不允许装在同一垂线上	按开敞式与开敞式的要求办理		首尾向	一个箱位	一个箱位或一个舱壁	一个箱位	一个箱位或一个舱壁	一个箱位	一个舱壁	
				横向	一个箱位	一个箱位	一个箱位	两个箱位	两个箱位	一个舱壁	
"用一整个舱室或货舱隔离"3				首尾向	一个箱位	两个舱壁	一个箱位	两个舱壁	两个箱位	两个舱壁	
				横向	两个箱位	一个舱壁	两个箱位	一个舱壁	三个箱位	两个舱壁	

续表

隔离要求	垂直向			水平向					
	封闭式与封闭式	封闭式与开敞式	开敞式与开敞式	封闭式与封闭式		封闭式与开敞式		开敞式与开敞式	
				舱面	舱内	舱面	舱内	舱面	舱内
"用一介于中间的整个舱室或货舱作纵向隔离"4	禁止			首尾向 最小水平距离24 m	一个舱壁且最小水平距离不小于24 mᵃ	最小水平距离24 m	两个舱壁	最小水平距离24 m	两个舱壁
				横向 禁止	禁止	禁止	禁止	禁止	禁止

注1：所有舱壁和甲板均应是防火和防液的。
　　2：上表同样适用于港口库（场）堆存。

a：集装箱距中间舱壁不小于 6 m。

表 4-10　危险货物隔离表

类　项		1.1、1.2、1.3	1.3	1.4	2.1	2.2	2.3	3	4.1	4.2	4.3	5.1	5.2	6.1	6.2	7	8	9
爆炸品	1.5	*	*	*	4	2	2	4	4	4	4	4	4	2	4	2	4	×
爆炸品	1.3	*	*	*	4	2	2	4	3	3	4	4	4	2	4	2	2	×
爆炸品	1.4	*	*	*	2	1	1	2	2	2	2	2	2	2	4	2	2	×
易燃气体	2.1	4	2	2	×	×	×	2	1	2	×	2	2	×	4	2	1	×
无毒不燃气体	2.2	2	2	1	×	×	×	1	×	1	×	×	1	×	2	1	×	×
有毒气体	2.3	2	2	1	×	×	×	2	×	2	×	×	2	×	2	1	×	×
易燃液体	3	4	4	2	2	1	2	×	×	1	×	2	2	×	3	2	×	×
易燃固体	4.1	4	3	2	1	×	×	×	×	1	×	1	1	×	3	2	1	×
易自燃物质	2	4	3	2	2	1	2	1	×	1	×	2	2	1	3	2	1	×
遇湿易燃物品	4.3	4	2	2	×	×	×	1	×	×	×	2	2	×	2	2	×	×
氧化剂	5.1	4	4	2	2	×	×	2	1	2	2	×	2	1	3	1	2	×
有机过氧化物	5.2	4	4	2	2	1	2	2	1	2	2	2	×	1	3	2	2	×
毒害品	6.1	2	2	×	×	×	×	×	×	1	×	1	1	×	1	×	×	×
感染性物质	6.2	4	4	4	4	2	2	3	3	3	2	3	3	1	×	3	3	×
放射性物质	7	2	2	2	2	1	1	2	2	2	2	1	2	×	3	×	2	×
腐蚀品	8	4	2	2	1	×	×	1	1	1	×	2	2	×	3	2	×	×
杂类危险物质和物品	9	×	×	×	×	×	×	×	×	×	×	×	×	×	×	×	×	×

注1:表中的数码系指"水路危规"中 2.2.2～2.2.1.1.4 小节中定义的下列术语:

1——"远离"

2——"隔离"

3——"用一整个舱室或货舱隔离"

4——"用一介于中间的整个舱室或货舱作纵向隔离"

×——无一般隔离要求,需查阅"水路危规"中各类货物引言和明细表

＊——见"水路危规"第一类引言隔离一节

注2:港口储存危险货物,其隔离数码分别表示:

库内:	场地:
1——相距 3 m	1——相距 3 m
2——分库房	2——相距 10 m
3——中间隔一个库房	3——相距 30 m

表 4-10 表示的是危险货物不同类别间一般的隔离规定,包括爆炸品与其他危险货物之间的隔离。但不适用于第一类爆炸品各危险性分类之间的隔离。

(三)危险货物作业安全要求

1. 危险货物集装箱作业管理

(1)国内运输、装卸、储存等作业,执行国家《水路危险货物运输规则》(以下简称"水路危规");在国际航线运输、装卸等作业,执行《国际海运危险货物规则》(以下简称"国际危规")的规定;同时兼有国内、国际航线运输时,执行"水路危规"第十七条规定。

(2)从事危险货物集装箱港口作业的企业,应取得所在地港口行政管理部门作业资质认定。

(3)从事危险货物港口作业的管理、作业人员,应接受有关法律、法规、规章和安全知识、专业技术、职业卫生防护和应急救援知识的培训,并经国务院交通主管部门或其授权的机构组织考核。考核合格,取得上岗资格证后,方可上岗作业。

特种作业人员应按照国家有关规定经专门的安全作业培训,取得特种作业操作资格证书,方可上岗作业。

(4)从事危险货物集装箱港口作业的企业,应制定本单位事故应急预案,配备应急救援人员和必要的应急救援器材、设备。事故应急预案应定期组织演练,做好演练记录,根据实际情况进行修订。

(5)装有危险货物的集装箱,箱体两侧及两端应粘贴或印刷符合 GB190 或"国际危规"规定,且与箱内所装危险货物性质相一致的危险货物标志。

(6)从事危险货物集装箱港口作业的企业,应根据所装卸危险货物的特性,按规定配备相应的人员防护用品和清洗、消毒、急救等用品。

2. 港口作业基本要求

(1)危险货物集装箱的港口装卸作业安全技术要求执行 GB11602 的有关规定。

(2)装卸易燃易爆危险货物集装箱时,距装卸地点 50 m 范围内为禁止明火作业区域。

(3)从事危险货物集装箱港口作业的企业,在危险货物集装箱港口装卸、过驳、堆存、拆

装箱和危险货物包装等作业开始 24 h 前，应当将作业委托人，以及危险货物品名、数量、理化性质、作业地点和时间、安全防范措施等事项向所在地港口行政管理部门申报。未经港口行政管理部门同意，不得进行危险货物港口作业。

（4）作业前，应召开工前会，相关作业人员应确认危险货物申报单与所装卸的危险货物集装箱标志、标牌一致，详细了解其性质、危险程度、安全应急措施和医疗急救措施。

（5）作业中，应严格按照相关操作规程进行作业。

（6）作业结束，应按规定妥善处置残留物和人员所着装的护具用品。

3. 水平运输作业

（1）港内运输危险货物集装箱的车辆，应配备灭火器材和在车顶悬挂危险三角顶灯。

（2）港内运输危险货物集装箱的车辆应遵守所在地港口关于危险货物运行路线、速度等方面的规定。如不能立即作业，应在指定位置等候。

（3）港内运输危险货物集装箱车辆的驾驶员严禁超车、急转弯、急刹车，前后车辆应保持安全距离。

（4）危险货物集装箱作业、堆存区域不得进行车辆维修、保养等工作。

4. 堆场作业

（1）堆场符合第七章规定的安全技术条件的，可以存放"水路危规"中规定的除第七类外的危险货物集装箱；不具备第七章规定的安全技术条件的，应实行直取，不准在港内存放。

（2）堆场存放"水路危规"中规定的第一、二类危险货物集装箱应限期限量，具体时间和数量由所在地港口行政管理部门核定。

（3）对装有"水路危规"中规定的第七类危险货物集装箱，应实行直取，不准在港内存放。

（4）危险货物集装箱堆场作业，应在装卸管理人员的现场指挥下进行。

（5）危险货物集装箱堆场，应严格划分各类危险货物的堆存区域，按危险货物的性质和类别要求堆码。

（6）危险货物集装箱，最高只许堆码两层，并根据不同性质的危险货物，做好有效的隔离，隔离要求见附录 A；但未清洗的空箱可以堆码三层。

（7）装有遇潮湿易产生易燃气体的 4.3 类货物的集装箱和需敞门运输的易产生易燃气体的集装箱，宜在第二层堆码。

5. 仓库作业

（1）仓库内作业的危险货物，应制定危险货物的入库制度，核对、检验进库的货物的规格、数量、包装标记，单证、资料不符的不得出入库。

（2）装卸、搬运危险货物时应按其各自要求进行。危险货物堆码要整齐、稳固，货物堆码高度距照明灯具不少于 1.5 m；货物距仓库墙距不少于 0.5 m，两堆货物间距不少于 1 m；性质不相容的危险货物，消防方法不同的危险货物不得同库存放；同库存放的其他危险货物应符合隔离要求，隔离要求见附录 B；对撒漏货物要清扫干净，交货主处理。

（3）各类危险货物分类、改装、开箱（桶）检查应在库外安全地点进行。

（4）装卸作业结束后，应当对库区、库房进行检查，确认安全后方可离人。

（5）机动车辆装卸完危险货物后，不准在库房内停放或修理。

知识四、危险货物托运使用的单证

(1)托运时应随托运单提供中英文对照的"危险货物说明书"或"危险货物技术证明书"一式数份,内应有品名、别名、分子式、性能、运输注意事项、急救措施、消防方法等内容,供港口、船舶装卸、运输危险货物时参考。

(2)托运时必须同时提交经港务监督审核批准的"包装危险货物安全适运申报单"(简称货申报),船舶代理在配船以后凭此申报单(货申报)再向港务监督办理"船舶载运危险货物申报单"(简称货申报),港务部门必须收到港务监督审核批准的货申报后才允许船舶装载危险货物。

(3)托运时应提交"进出口商品检验局"出具的按《国际海运危规》要求进行过各项试验结果合格的"危险货物包装容器使用证书"。该证书需经港务管理局审核盖章后方才有效,港口装卸作业区凭港务局审核盖章后的证书同意危险货物进港并核对货物后方可验放装船。港务监督也凭该包装证书办理两项中的货申报。

(4)集装箱装载危险货物后,还需填制中英文的"集装箱装运危险货物装箱证明书"一式数份,分送港区、船方、船代理和港务监督。

(5)危险货物外包装表面必须张贴《国际海运危规》规定的危险品标志和标记,具体标志或标记图案需参阅危规的明细表;成组包装或集装箱装运危险货物时,除箱内货物张贴危险品标志和标记外,在成组包装或集装箱外部四周还需帖上与箱内货物内容相同的危险品标志和标记。

(6)对美国出口或需在美国转运的危险货物,托运时应提供英文的"危险货物安全资料卡(简称 MSDS)一式两份,由船代理转交承运人提供美国港口备案。危险货物安全资料卡需填写:概况、危害成分、物理特性、起火和爆炸资料、健康危害资料、反应性情况、渗溢过程、特殊保护措施、特殊预防方法九项内容。

(7)罐式集装箱装运散装危险货物时,还须提供罐式集装箱的检验合格证书。

(8)对美国出运危险货物或在香港转运危险货物,还需要增加一份《国际海运危规》推荐使用的"危险货物申报单"。

附：表 4-11　道路危险货物运输经营申请表

说明：

　　1. 本表根据《道路货物运输及站场管理规定》制作，申请从事道路货物运输经营应当向县级道路运输管理机构提出申请，填写本表，并同时提交其他相关材料（材料要求见第 169 页）。

　　2. 本表可向各级道路运输管理机构免费索取。

　　3. 有关常见问题可查询交通部网站。

　　4. 本表必须用钢笔填写或计算机打印，要求用正楷，字迹工整。　　经营许可证号：

申请人基本信息：

　　申请人名称：＿＿＿＿＿＿＿＿＿＿＿＿＿＿＿＿＿＿＿＿＿＿＿

　　要求填写企业（公司）全称或企业预先核准全称

　　负责人姓名：＿＿＿＿＿＿＿＿＿　　　经办人姓名：＿＿＿＿＿＿＿＿＿

　　通信地址：＿＿＿＿＿＿＿＿＿＿＿＿＿＿＿＿＿＿＿＿＿

　　邮编：＿＿＿＿＿＿＿＿＿＿　　　电　　话：＿＿＿＿＿＿＿＿＿

　　手机：＿＿＿＿＿＿＿＿＿＿＿　　电子邮箱：＿＿＿＿＿＿＿＿＿

申请许可内容　　　　　　　　请在□内画√注明项别（不填注的视为无）

　　拟申请的道路货物运输经营范围或拟申请扩大的道路货物运输经营范围：

爆炸品	□	易燃固体、自燃物品和遇湿易燃物品	□	压缩气体和液化气体	□
易燃液体	□	氧化剂和有机过氧化物	□	毒害品和感染性物品	□
放射性物品	□	腐蚀性物品	□	杂类	□

　　如拟申请扩大道路货物运输经营范围，请选择现有的经营范围：

爆炸品	□	易燃固体、自燃物品和遇湿易燃物品	□	压缩气体和液化气体	□
易燃液体	□	氧化剂和有机过氧化物	□	毒害品和感染性物品	□
放射性物品	□	腐蚀性物品	□	杂类	□

货物运输车辆信息

拟购置货物运输车辆情况（表格不够，可另附表填写）

序号	厂牌型号	数量	车辆类型	车辆技术等级	总质量（吨）/载重质量（吨）	车轴数	外廓尺寸（毫米）	罐体容积	有效通讯工具	行驶记录仪或定位系统
1					/					
2					/					
3					/					
4					/					
5					/					
6					/					
7					/					
8					/					
9					/					
10					/					

续表

如申请扩大经营范围，请填写"现有运输车辆情况"表

现有运输车辆情况（表格不够，可另附表填写）

序号	厂牌型号	数量	车辆类型	车辆技术等级	总质量（吨）/载重质量（吨）	车轴数	外廓尺寸（毫米）	罐体容积	有效通讯工具	行驶记录仪或定位系统
1					/					
2					/					
3					/					
4					/					
5					/					
6					/					
7					/					
8					/					
9					/					
10					/					

设备设施情况

项目		面积或配备情况	所有权	现场核查情况（运管部门填写）
停车场地				
剧毒、爆炸和Ⅰ类包装危险货物运输车辆专用停车区域				
环境保护设备	1			
	2			
消防设备				
安全防护设备	1			
	2			
	3			
	4			

续表

序号	姓名	性别	年龄	工种	取得驾驶证时间	从业资源证号	从业人员资格类型
1							
2							
3							
4							
5							
6							
7							
8							
9							
10							
11							
12							
13							
14							
15							
16							

拟聘用营运货车驾驶员情况（表格不够，可另附表填写）

以下由运管部门核对：

申请材料核对表　　　　　　　　请在□内画√

1. 道路危险货物运输经营申请表（本表）；□

2. 拟运输的危险货物类别、项别及运营方案；□

3. 企业章程文本；□

4. 投资人、负责人、办理人身份证及复印件和委托书；□

5. 现有机动车车辆行驶证、车辆技术等级证书或车辆技术检测合格证复印件，罐式专用车辆的罐体检测合格证或者检测报告及其复印件；拟购置运输车辆（内容包括专用车辆数量、类型、技术等级、通信工具配备、总质量、核定载质量、车轴数以及车辆外廓长、宽、高等情况，罐式专用车辆的罐体容积，罐体容积与车辆载质量匹配情况，运输剧毒、爆炸、易燃、放射性危险货物的专用车辆配备行使记录仪或定位系统情况）的承诺书；□

6. 已聘用或拟聘用驾驶员、装卸管理人员、押运人员的从业资格证和驾驶人员的驾驶证及其复印件（驾驶员的驾驶证要与所驾驶的车辆相适应，年龄不超过60周岁）；□

7. 安全生产管理制度文本（包括安全生产责任制度、安全生产业务操作规程、安全生产监督检察制度、以及从业人员、车辆、设备安全管理制度等）；□

8. 工商名称预先核准通知书；☐

9. 合法有效的企业住所和经营场所产权证明或房屋租赁协议和产权证明复印件，专用停车区域和安全防护、环境保护、消防设施设备的证明材料；☐

10. 道路运输应急预案（包括报告程序、应急指挥、应急车辆和设备的储备以及处置措施等内容）和承运危品的处理措施。☐

备注

①自有专用车辆五辆以上；

②车辆技术等级达到一级车况等级；

③具有运输剧毒、爆炸和 I 类包装危险货物专用车辆的，还应当配备与其他设备、车辆、人员隔离的专用停车区域，并设立明显的警示标志；

④运输剧毒、爆炸、易燃、放射性危险货物的，应当具备罐式车辆或厢式车辆、专用容器；

⑤运输爆炸、强腐蚀性危险货物的罐式专用车辆的罐体容积不得超过 20 m^3，运输剧毒危险货物的罐式专用车辆的罐体容积不得超过 10 m^3，但罐式集装箱除外；运输剧毒、爆炸、强腐蚀性危险货物的非罐式专用车辆，核定载质量不得超过 10 t；

⑥专用车辆应当根据所运危险货物的性质配备必需的应急处理器材和安全防护设施设备。

只有上述十份材料齐全有效后，您的申请才能受理。

声明：

我声明本表及其他相关材料中提供的信息均真实可靠。

我知悉如此表中有故意填写的虚假信息，我取得的道路运输经营许可将被吊销。

我承诺我将遵守《中华人民共和国道路运输条例》及其他有关道路运输法规的规定。

负责人签名：_____   单位盖章：

负责人职位：_____

年　月　日

任务二　散装危险货物的管理

技能目标

- 能识别散装液体货物的类别
- 熟悉各类固体散货运输中不同环节的具体要求

知识目标

- 散装液体货物的类别和特性
- 散装液体货物的安全运输
- 固体散货的概念和种类

- 固体散货运输危险性
- 固体散货安全运输

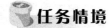

任务情境

情境1：朔州加油站玩险招：给塑料桶加油

本报讯(记者姜林田)有关制度明确规定，严禁向汽车的汽化器及塑料桶内加注汽油。但朔州市辖区内一些加油站竟无视安全隐患，直接用塑料桶违规加油。

今天，记者在大运高速怀仁县高速路口处一加油站看到，在没有加油员监督的情况下，一男子直接用加油枪为3个塑料大桶加油。不久，记者又在朔城区马邑路紧挨居民区的一加油站旁看到，一男子从自己的轿车上拿出一个大塑料瓶，在加油员的帮助下直接为瓶子加油。随后，记者在对十几家加油站进行的采访中，只有一家的员工告诉记者，这种加油方式是违规的。

(资料来源：http：//www.sina.com.cn 2006年2月8日 山西晚报)

情境2："永安"轮运输散装固体货物沉没事件

"永安"轮满载载重量5 519 t，夏季吃水6.31m，总吨位3 548、净吨位1 876，两个货舱、3个舱口，无起吊设备。该轮于1998年7月9日抵黄埔港，11日04：30时装货完毕，共装载硫铁矿4 498公吨。7月11日11：00时，"永安"轮装载4 498公吨散装硫铁矿驶离黄埔港、驶往韩国蔚山港。12日，该轮航行至汕头港外附近海域发生沉没。

经调查，"永安"轮航行过程中未发生碰撞或触碰事故，也未遭遇天灾或其他不可抗力，上海救捞局的清航完工报告书也没有提及船壳破裂或破洞。船员弃船时船舶右倾达25°，上海救捞局清航时，船舶沉于海底右倾达61°。故此认定，"永安"轮因大幅度倾斜而倾覆、沉没。

(资料来源：编者按有关案例资料编写)

训练任务

1. 说明什么是液体散装货物，有哪些种类？为什么不能用塑料桶加油？
2. 分析"永安"轮沉没的原因，与所装载的货物有关吗？

任务要求

1. 围绕技能目标，就上述问题学生分组讨论，形成初步意见，并选择代表进行总结发言。
2. 教师根据各小组讨论的氛围和发言代表的表现进行评价。
3. 教师最后总结发言。

任务讨论、分析

提示：危险品运输的特点是：货物品类繁多，性质各异；危险性大；运输管理方面的相关规章、规定多；专业性强。主要围绕这些特点来开展讨论，把讨论得出的结论写在下面的空白处。

任务展示

知识学习

提示：在这里由教师根据危险货物的特点，指出危险货物运输要注意的问题，注意做笔记，笔记可以写在下面的空白处。

知识、技能要点

完成任务

根据老师提出的重点，简略的写出本任务的最终答案。

相关知识阅读

知识一、散装液体货物

所谓液体货物是指以液体状运输和储存的货物。散装液体货物是指不使用包装，利用管道、泵进行装卸，直接装入货舱进行运输的各种液体状的货物。

散装液体货物按其物理状态不同主要有液体物质、液化气体、溶解物质和熔化物质等；按照专用船舶运输又可分为原油及其成品油、散装液体化学品、散装液化气。

一、石油

传统的石油运输是以桶装的件货运输为主要运输方式的，20世纪上叶出现的散装石油运输。石油可分为原油和石油制品两大类。

（一）原油（Crude Oil）

原油是从地下开采出来未经炼制加工的油状黏稠液体。它是成分复杂的碳氢化合物的混合物，其平均含碳量为 84%～87%，氢含量为 11%～14%，此外还含有硫、氧、氮等十几种元素。产地不同，原油的化学组成不相同。

（二）石油制品（Petroleum Products）

石油制品是原油经分馏、裂解、重整等方法获得的各种产品，又称为成品油（Product Oils）。成品油按用途可分四类。

（1）燃料油类：如汽油、煤油、柴油、重油等。

（2）润滑油类：如汽缸油、润滑油、润滑脂等。

（3）化工用料类：如溶剂苯、甲苯等。

（4）建筑材料类：如沥青等。

（三）石油的特性

1. 易燃性

石油和石油制品的易燃性可以用闪点、燃点和自燃点来衡量。

（1）闪点：即在常压下和一定温度时，油品蒸发出来的油蒸气和空气混合后，与火焰接触闪出蓝色火花并立即熄灭时的最低温度。

（2）燃点：即在常压下和一定温度时，油品蒸发出来的油蒸气与空气混合后，与火焰接触而着火并继续燃烧不少于 5 s 时的最低温度。

(3)自燃点：即在常压下，将油品加热到某温度，不用引火也能自行燃烧时的最低温度。

目前我国对石油的分类，主要从其火灾危险性分为三级：

一级——闪点这 28 ℃以下的石油，如汽油、石脑油和某些原油；

二级——闪点在 28 ℃及以上，60 ℃以下的石油，如煤油；

三级——闪点在 60 ℃及以上的石油，如重柴油。

2. 爆炸性

原油及其产品所蒸发的油气与空气混合，在一定的浓度范围，遇有火花即能发生爆炸。爆炸分为：

(1)化学性爆炸，这是油气混合气因遇火而爆炸，也是在油库中最易发生且破坏性较大的爆炸。

(2)物理性爆炸，这是密闭容器内的介质，在外界因素作用下，由于物理作用，发生剧烈膨胀超压而爆炸，如空油桶或空油轮等因高温或剧烈的碰撞使腔内气体剧烈膨胀而造成爆炸等。

油蒸气与空气的混合气达到适当浓度时，遇到足够能量的火源就能发生爆炸。某种油蒸气在空气中能发生爆炸的最低浓度和最高浓度，称为某种油蒸气的爆炸浓度下限和爆炸浓度上限，其所对应的饱和蒸气压对应的油料温度称为这种油料的爆炸温度极限。如汽油的爆炸极限在 1.2%～7.2%，煤油的爆炸极限在 1.4%～7.5%。

当空气中含油蒸气的量处于爆炸上限和爆炸下限之间，才有爆炸的危险，而且爆炸极限的幅度越大，危险性就越大。如果低于爆炸下限，遇明火，既不会爆炸，也不会燃烧；当空气中含油蒸气的量超过上限时，遇火只会燃烧而不会立刻爆炸，并在燃烧过程中可能突然转为爆炸。这是因为油品蒸气在空气中所占的体积百分比在燃烧中逐渐降低而达到爆炸上限的缘故。

3. 挥发性

不同的油料的挥发性是不同的，一般轻质成分越多，挥发性越大，汽油大于煤油，煤油大于柴油，润滑油挥发较慢，同时油料在不同温度和压力下，挥发性也不同，温度越高，挥发越快，压力越低，挥发越快。从油料中挥发出来的油蒸气迅速与空气混合，形成可燃混合气，一旦遇到足够大的点火能量，就会引起燃烧和爆炸。挥发性越大的油料的火灾危险性越大。因此时有的挥发性对安全运输、装卸和储存具有重大的意义。

另外，石油的挥发会引起油量的减少和油质的降低，因为挥发成气体的大部分是石油及其产品中的轻质有效成分，而且这些挥发的气体还有伤害人体健康，一般情况下，当空气中油蒸气的含量达 8.3 g/L 时，还会危及人的生命。

4. 扩散性

油料的扩散性及其对火灾危险的影响主要表现在以下三个方面：

(1)流动性油料，特别是轻质油料，具有很强的流动性。油料的这种流动性使得油料的扩散能力大大增强。所以，易发生溢油和漏油事故，同时也易沿着地面或设备流淌扩散，增大了火灾危险性，也易使火势范围扩大，增加了灭火难度和火灾损失。

(2)油料比水轻且不溶于水这一特性决定了油料会沿水面漂浮扩散。一旦管道、储油设备或油轮把油料漏入江、河、湖、海等水域，油料就会浮于水面，随波漂流，造成严重的污染，甚至造成火灾。这一特性还使得不能用水直接覆盖扑救油料火灾，因为这样做反而可能扩大火势和范围。

（3）油蒸气的扩散性是由于油蒸气的密度比空气略大，且很接近，有风时受风影响会随风飘散，即使无风时，它也能沿地面扩散出 50 m 以外，并易积聚在坑洼地。

5. 易产生静电性

石油沿管线以一定的速度流动时，与管道壁产生摩擦，石油在金属容器中晃动与容器壁摩擦均会产生静电荷，产生的静电荷就聚集在管道的容器壁上，当静电荷积聚到一定电位时，会产生静电放电，这种放电的火花对有大量的石油蒸气的作业场所来说，很容易引起燃烧和爆炸。1969 年 12 月 12 日，航行在非洲东海岸海面上的载重量 20 万吨的"玛佩沙"号油轮正在用洗舱机循环冲洗中 5 号中央货油舱时，突然发生爆炸，并引起大火，自备消防设备无法扑灭大火，结果造成油船沉没，2 人死亡，2 人重伤，根据事后的调查和分析，爆炸是由于大规模洗舱导致了大容量货油舱中静电放电引起的。

静电危害的产生，必须同时具备三个条件：

（1）电荷分离，两种互相接触的物质分离后，才会带上相反的电荷。

（2）电荷积聚，重质油杂质成分多，导电好，电荷容易流散，不能使电荷积聚；轻质油的杂质少，绝缘性好，容易积聚电荷。

（3）使静电放电，电荷积聚会产生电压，当电压达到一定程度时，就会放电产生火花，引起可燃气体着火燃烧。

6. 黏性和凝结性

油品的流动性能叫做黏性。各种石油产品及原油的黏性是不同的，有的黏性小，容易流动如汽油；有的不仅在低温下有很大的黏性，甚至在夏季气温较高的情况下，仍是凝结的，如某些原油及不透明的石油产品。一般轻质油的粘度小，流动也快；重质油的粘度大，流动也慢。

7. 膨胀性

膨胀性是指物质具有热胀冷缩的特性。石油及其产品受热时，体积会膨胀而增大，这就是石油的膨胀性。油品的膨胀性与体积、温度有关、一般说来，油品越轻，膨胀系数越大。

石油及其产品的膨胀性要求我们在输油和储油的油罐容器中留出一定的剩余空间，以适应这种特性的要求。

8. 毒害性

石油蒸气对人体健康很有害。因石油中毒或以吸入蒸气而引起中毒的情况时有发生。有的油品，如四乙基铅的汽油蒸气毒害性更大，它可以通过皮肤接触使人中毒。

石油的毒性与其蒸发性有密切关系，易蒸发的石油制品比难蒸发的石油制品毒性大。

（四）石油的储存与运输

1. 石油的储存

在油库中，油罐是储存散装油料的主要容器，也是油库的主要储油手段。油桶是储存整装油料的主要容器。油罐的类型有：

（1）从建筑形式分，储油灌可分为，地上、地下和半地下等各种不同形式，我国常用的是地上油罐形式。

（2）按油罐使用的不同材料分：按材料分可分为金属油罐和非金属油罐。钢制油罐有立式、卧式、球形和扁球形等多种形式。非金属油罐主要有土油罐、砖油罐、石砌油罐和钢筋混凝土油罐等。

散装油料除了采用各种油罐储存外，还可采用水封和盐岩油库储存。

2. 石油的运输

世界石油运输方式主要有海运、铁路运输和管道运输；就国际石油贸易而言，主要有轮船、管道运输两种，铁路运输作为补充。在内陆运输时，常采用汽车运输。海运采用油轮运输石油，运量大、成本低；铁路运输、汽车运输时采用金属油罐作为运输工具，盛装石油。

二、散装液体化学品

（一）散装液体化学品的定义

所谓散装液体化学品，是指除石油和类似易燃品以外的液态的、散装的危险化学品。

IMO《国际散装运输危险化学品船舶结构和设备规则》（以下简称《IBC 规则》）给出的散装液体化学品定义是：温度在 37.8 ℃时，其蒸汽绝对压力不超过 0.28 Mpa 的液体危险化学品。它主要包括石油化工产品、煤焦油产品、碳水化合物的衍生物、强化学剂等。其具体货名列在《IBC 规则》第十七章的液体物质和按有毒液体物质的分类准则进行污染危害评估列入《MARPOL73/78 公约》附则Ⅱ中的物质。

散装液体化学品中有的具有重大的火灾危险性，其危险程度超过石油及制品；还有的除具有易燃性以外，还具有其他重大危险性，如：毒性、腐蚀性、反应性和污染性；还有的虽没有易燃的危险性，但具有上述所说的其他重大危险性。因此，散装液体化学品一般是由专门设计建造的船舶，即"散化船"来承运的。

（二）散装液体化学品的分类

由于散装液态危险化学品品种繁多，性质复杂，分类问题一直没有得到圆满的解决。仅就目前在散化运输中应执行的《IBC 规则》和 MARPOL73/78 公约附则Ⅱ中就有着两种不同的分类：

1. MARPOL73/78 公约附则Ⅱ中的分类

附则Ⅱ：控制散装有毒液体物质污染规则，根据散装液体化学品的毒性和操作排放对环境污染造成的影响，将有毒液体物质分为四类。

A 类：这类有毒液体物质，如从洗舱或卸载作业中排放入海，将对海洋资源或人类健康产生重大危害。或对海上的休憩环境或其他合法利用造成严重损害，因而有必要对其采取严格的防污措施。

B 类：这类有毒液体物质，如从洗舱或卸载作业中排放入海，将对海洋资源或人类健康产生危害，或对海上的休憩环境或其他合法利用造成损害，因而有必要对其采取特殊的防污措施。

C类：这类有毒液体物质，如从洗舱或卸载作业中排放入海，将对海洋资源或人类健康产生较小危害，或对海上的休憩环境或其他合法利用造成较小损害，因而要求特殊操作条件。

D类：这类有毒液体物质，如从洗舱或卸载作业中排放入海，将对海洋资源或人类健康产生可察觉的危害，或对海上的休憩环境或其他合法利用造成轻微的损害，因而要求对其操作条件给予适当的注意。

2.《IBC规则》中的分类

《IBC规则》对散装液态危险化学品经过火灾危险性、健康危险性、水污染危险性、空气污染危险性和反应危险性的综合调价确定其对环境或安全的危险程度分三种情况：

（1）对环境或安全有非常严重危险的化学品，运输时，需采用最有效的措施消除漏遗。

（2）对环境或安全有相当严重危险的化学品，运输时，需用最有效的预防措施来消除漏遗。

（3）对环境或安全有足够危险的化学品，运输时，需用中等预防措施。

根据散装危险化学品所属的上述情况，选择相应的Ⅰ型或Ⅱ型或Ⅲ型的散化船进行运输。上述两种分类所依据的危险性评价标准不同，所以每一种分类对危险性特征的反映也不同。《IBC规则》的分类，综合考虑散化危险品的性质，为选择保证货物运输安全的散化提供依据；而附则Ⅱ的分类，主要考虑对海洋环境的危害，因此，这种分类对船舶控制排放减少或避免污染提供了更充分的依据。

（三）液体化学品的理化特性

（1）易燃性，多数化学品具有易燃性，其易燃性可用货品的闪点、燃点、自燃点及可燃范围衡量；二硫化碳、乙醚、丙酮是海上运输中火灾危险性最大的货物。

（2）毒害性，化学品液体和蒸汽一般都具有刺激性。液体接触皮肤会造成刺激和脱脂等作用，例如醋酸异丁酯会刺激皮肤，并具有强烈的脱脂作用；石脑油不仅会强烈脱脂，还会穿透皮层。蒸汽吸入情况更严重，如氨、二丁胺、邻二氯苯都有强烈的刺激作用；四氯化碳、二硫化碳、甲苯二异氰酸盐等都是剧毒物质，能致人于死地；氯乙烯、三氯甲烷有麻醉性；乙醚、氯乙烷等能使人丧失知觉。

（3）反应性，指货品本身的分解或聚合反应性、货物之间（强酸与强碱）反应性、货品与水（二苯甲烷、氯磺酸等）的反应性、货物与材料（烧碱能腐蚀钢板）反应性、货物与空气（乙醇、二硫化碳等）的反应性及货品与其他化学品的反应性。

（4）腐蚀性强，如：硫酸、烧碱、强氧化剂过氧化氢、强还原剂福尔马林，对货舱及船舶设备和对人体有伤害。

（5）蒸汽压力高，如：环氧乙烷、乙醚、二硫化碳、二乙醚等都是低沸点、挥发性强的高蒸汽压液货，在高温地区运输已处于"半气体"状态，因此海上运输必须采取冷却、降温等措施。

三、散装液化气

(一)散装液化气的定义

液化气是一类在常温下是气体，经降温或在临界温度以下被压缩成液体的物质。

IMO《国际散装液化气体船舶结构和设备规则》(以下简称《IGC 规则》)给出的液化气体定义是：船运液化气是指温度为 37.8 ℃时，其蒸汽绝对压力超过 0.28 Mpa 的液体及理化性质与这些液化气体相近的货品。其具体货名列在《IGC 规则》第十九章。

(二)液化气的分类

1. 按液化气的主要成分

(1)液化石油气(LPG)：石油炼制加工过程产生的气体副产品，主要成分为丙烷、丁烷、丙烯和丁烯，以及少量的氮和其他杂质气体。

(2)液化天然气(LNG)：自然界存在的可燃气体，主要成分为甲烷。液化天然气按来源不同又分为煤田气、气田气和油田气。

(3)液化化学气(LCG)：化工厂生产出的气体。主要成分除了碳氢化合物外，还有氧化丙烯和聚氯乙烯单体等。

2. 按液化气的沸点临界温度分

(1)高沸点液化气体：沸点不低于−10 ℃的物质，如丁二烯、丁烷、二氧化硫等。

(2)中沸点液化气体：沸点在−10 ℃～−55 ℃之间且临界温度在 45 ℃以上的物质，如氨、丙烷等。

(3)低沸点液化气体：沸点低于−55 ℃或临界温度低于 45 ℃的物质，如甲烷、乙烯、氮等。该类物质必须采用低温或低温加压方式储运。

(三)液化气的主要特性

(1)易燃易爆性。液化气体几乎都具有可燃性，由于其沸点低，挥发性大，当液化气货品泄漏时，由于外界压力低于它在容器内的饱和蒸汽压力，或者外界环境温度高于它原来的温度，泄漏出来的液化气马上蒸发汽化，遇火源便会燃烧甚至爆炸，危险比石油类物质更大。

(2)毒害性。液化气体蒸汽与人员皮肤、眼睛接触或口腔吸入都可能会引起中毒。对人体健康的危害涉及毒性、窒息、麻醉和冻伤。

(3)腐蚀性。某些液化气本身或其蒸汽具有的腐蚀性不仅对人体有害，而且会损坏船体材料。因此用于货物系统的材料必须具有防腐蚀作用。腐蚀性液体也能侵蚀人体组织，操作时应该穿好合适的防护服。

(4)化学反应性。该类货物存在自身分解、聚合反应，货物与水的反应，货物与空气的反应，货物与货物之间的反应，货物与冷却介质的反应，货物与材料之间的反应等，都具有危险性。

(5)低温危险性。低温运输液化气或加压的液化气泄漏时液体气化时吸收大量的热而产生的低温会对船体、设备造成脆性破坏等危害，对人员造成冻伤等。

知识二、散装固体货物

散装固体货物是指由颗粒状、粉状或较大块状物质组成的混合物，其组成成分基本均匀，并且不用任何包装容器又不按件计数就可装上运输工具运输的货物，如谷物、矿石、煤炭、水泥、饲料等。固体散货通常使用水运、铁路和公路运输方式。固体散货在世界海上运输中占有很大比重，一般批量大，货流稳定，相对集中，一般均为单一货种，采用专用船舶进行整船单向运输的特点。铁路和公路运输中的散装固体货物通常是整车批量运输。本文着重介绍除散装谷物外的其他散装固体货物的运输的主要特点。

为了促进的散装货物的海上运输安全，国际海事组织（IMO）制定了《固体散装货物安全操作规则》（简称《BC 规则》），并于 1986 年 7 月 1 日生效。《BC 规则》为固体散装货物运输提供了操作指南。目前，《BC 规则》已经被修订为《IMSBC 规则》，拟于 2011 年 1 月 1 日开始作为强制性规则自愿实施（一年延期后强制实施），并与《IMDG Code》修正案保持同步修正。

一、固体散货种类

在《BC 规则》中固体散货分为以下三类：

1. 易流态化货物（Cargoes which may liquefy），即 A 类散货

一般由较细颗粒状的混合物构成，包括精矿、煤粉或类似物理性质的货物。这类货物在海运时的潜在危险是：当它们的含水量超过其"适运水分限量"（TML—Transportable Moisture Limit）时，由于大量含水，在航行中因船舶的颠簸、振动，其水分逐渐渗出，表面形成可流动状态。表层流态化的货物在风浪中摇摆时会流向一舷，而船回摇时却不能完全流回，如此反复，将会使船舶逐渐倾斜乃至倾覆。

2. 具有化学危险的货物（Materials possessing chemical hazards），即 B 类散货

一般指由于本身的化学性质而在运输中产生危险的货物。这类货物又分为两小类：

（1）已列入《国际海运危规》的固体货物，如干椰子肉、蓖麻子、硝酸铝、鱼粉、种子饼等。它们在包装条件下的安全运输可查阅《国际海运危规》，而在散装运输时的安全要求则应查阅《BC 规则》。

（2）仅在散装运输时会产生危险的货物（MHB—Materials Hazardous only in Bulk），如焙烧黄铁矿、煤炭、氟石、生石灰等。这类货物的危险性往往被人们忽略，因而使一些本来可避免的危险酿成灾难，如散货本身的氧化，造成货舱缺氧或散发有毒气体，致使卸货时人员伤亡；易于自热的散货，由于通风不良而酿成火灾等。

3. 既不易流态化又无化学危险的散装物质，即 C 类散货

此类货物即为普通固体散货，如滑石、水泥、种子饼、带壳花生等。须注意这类货物中有些与 A 类货物同名，但其块状较大或含水量较小。有些与 B 类货物同名，但已经过抗氧处理或某些物质含量较小。运输 C 类货物时，应注意测定其静止角。静止角小的散货潜在移动性一般要超过同名的 A 类散货。

除上述三类外，还有既具有易流态化又具有化学危险的散货（A/B 类散货）。这类散货在

《BC 规则》中既可在附录 A 中，又可在附录 B 中查到。在《BC 规则》中列有七种 A/B 类散货，如煤、硫化金属精矿、铜精矿等。运输这类货物时，必须兼顾其易流态化特性和化学危险性对运输安全的影响。

二、固体散货运输危险性

散装固体货物在运输中有以下三方面的危险：

（1）由于货物重量分配的不合理而造成船舶结构上的损坏。

（2）船舶在航行中由于稳性的减少或丧失而造成危险，其原因有：

①由于平舱不当或货物重量分配不合理而使货物在恶劣天气中发生位移。

②由于船舶在航行中的振动与摇摆，使货物流态化而滑向或流向一侧。

（3）由于固体散货的化学反应，如释放有毒或可燃、可爆气体，而造成中毒、腐蚀、窒息、起火或爆炸危险。如：巴拿马籍"协和 1 号"万吨级散装货轮，装有一万多吨鱼粉，长时间未发现鱼粉内部已发生自燃，1989 年 1 月 4 日行至我国长江口时，才发现 6 号货舱冒烟起火，为时已晚，历时 7 天才将大火扑灭，直接经济损失 52 万元。

三、常见的固体散货

（一）矿石

地矿资源丰富，种类繁多，分类方法很多，本文将矿石分为金属矿石和非金属矿石。金属矿石如铁矿石、锰矿石、铜矿石、铅矿石及锌矿石等，非金属矿石如磷矿石、石膏、石英等。

矿石与运输有关的主要特性有：

（1）密度大，积载因素小：无论哪一种矿石的密度都大于一，因而积载因素小。

（2）易蒸发水分：当矿石非整船运输时，不能与怕潮湿货物混装一舱。

（3）易扬尘污染：矿石中带有一定的泥土杂质，随着水分的蒸发，泥土和杂质脱落，在装卸过程中极易扬尘。所以运输中矿石被列为污染性粗劣货物，故矿石不应与怕尘货物同舱装载。

（4）易流态化：对易流态化矿石（粉），其含水量必须控制在其适运水分限量以下，否则，必须由特殊船舶或配备特殊设备的船舶装运。

（5）易冻结：矿石中由于含有水分，在低温时易冻结，给装卸带来困难。

（6）易散发有毒、易燃、易爆气体：这类气体在舱内积聚，会造成极大的危险。

（7）自热与自燃性：某些矿石中，含有相当数量的易氧化成分，开采后氧化条件更为充分，矿物被氧化后产生自热现象，如果积热不散，易引起自燃。

（二）煤炭

煤是由植物在地下经隔绝空气并在细菌的作用下而形成的。

煤炭是最重要的矿物固体燃料，也是重要的化工原料。在海运、陆路运输中占有相当的比重。在《BC 规则》中，煤炭被列为"仅在散装运输时会产生危险"的货物(MHB)。

煤炭与运输有关的特性：

(1)冻结性：含有内在水(吸附水)和外在水(受潮水)超过 5％的湿煤，在冬季远距离运输或储存时会冻结在一起。影响装卸作业。

(2)风化：在较长时间储存或运输时，要考虑风化的倾向。

(3)易燃易爆性：煤炭会产生甲烷气体，当在空气中含量达到 5％～15％时，遇明火即可爆炸。煤炭的粉尘在空气中含量达到 10 g/m³～30 g/m³ 时，遇明火也会爆炸。

(4)自热和自燃性：煤炭在空气中会氧化而释放热量，当热量散发不出去造成温度升高，热量聚集到自燃点时便会自燃。挥发物含量越高的煤炭越易自燃。

(5)污染性：煤碳装卸作业不可避免产生煤尘飞扬，污染环境。

四、固体散货安全运输的一般要求

鉴于固体散货在船舶运输中易产生的危险，《BC 规则》在船舶运输相应的各个环节都提出了安全运输要求，具体可归纳为：

(一)理化特性

在装货前，船方应要求货方提供所托运货物的详细资料，如货物的含水量、流动水分点(FMP)、自然倾斜角(又称静止角、休止角、摩擦角)(Angle of Repose)、积载因数、毒性、腐蚀性、易燃性等，船方根据其货名可以在《BC 规则》中查到其安全运输的要求和有关货运事故处理、应急措施(EMS)、医疗急救方法(MFAG)等资料。

(二)确定货物在各舱室的重量分配

对拟装载的散装货物，尤其是积载因数较小的散装，必须对货物重量在各舱室进行合理分配，以确保船舶具有适当的稳性，船舶强度不受损害。

(三)选择散装的舱位和货位

(1)据不同货类，合理确定其舱位。配装 A 类散货的舱室应能防止任何液体流入，除罐装或类似包装的液体货外，应避免将其他液体货配于 A 类散装的上面或附近；配装 B 类货物的舱室应阴凉、干燥，应与热源、火源隔离，舱盖和舱壁应水、火密，而且舱内电器设备应符合防爆要求；装运易散发危险气体的散货，应选择有机械通风并且能有效防止危险气体渗入船员住室、工作处所的舱室。

(2)货物的隔离。若无特殊规定，B 类散装与包装危险货物应按表 4-12 进行隔离，B 类散货之间应按表 4-13 进行隔离。

(四)货物的装货准备及装卸工作

(1)货物装卸前应检查和准备货舱，使其适货。检查和准备货舱包括检查并保证舱内污水沟管系、测深管以及其他舱内管线处于良好状态，污水井和黄蜂窝应畅通无阻并能防止散货流入污水排水系统。当装载 B 类散货时，要求在货舱及其附近设置醒目的警告标志。

（2）《BC 规则》规定，装货前，货方应向船长提交拟装货物特性的证书和证明文件，并在证书中申明：所提供的 A 类散货的含水量或 B 类散货的化学性质资料与装货当时的实际货物相一致。

表 4-12　散装危险货物与包装危险货物的隔离要求

散装货物（属危险货物类）	包装形式的危险货物																
	类别	1.1 1.2 1.5	1.3 1.6	1.4	2.1	2.2 2.3	3	4.1	4.2	4.3	5.1	5.2	6.1	6.2	7	8	9
易燃固体	4.1	4	3	2	2	2	2	×	1	×	1	2	×	3	2	1	×
易于自燃物质	4.2	4	3	2	2	2	2	1	×	1	2	2	1	3	2	1	×
遇水后易放出易燃气体的物质	4.3	4	4	2	1	×	2	1	×	2	2	2	1	×	2	1	×
氧化物（剂）	5.1	4	4	2	2	2	2	1	2	2	×	2	1	3	1	2	×
有毒性物质	6.1	2	2	×	×	×	×	1	1	1	1	1	×	1	×	×	×
放射性物质	7	2	2	2	2	2	2	2	2	2	2	2	×	2	×	2	×
腐蚀性物质	8	4	2	2	1	1	1	1	1	×	2	1	×	3	2	×	×
其他危险物质和物品	9	×	×	×	×	×	×	×	×	×	×	×	×	×	×	×	×
仅在散装时才具有危险性的物质（MHB）		×	×	×	×	×	×	×	×	×	×	×	×	×	×	×	×

数字所代表的隔离要求如下：

1—表示"远离"：互不相容的固体散货和包装危险货物在同一舱室或同一货舱内装载，在水平方向两者至少相距 3 m。

2—表示"隔离"：装于不同货舱内。若中间甲板水、火密，则垂直分隔即装于不同舱室中可认为与本隔离等效。

3—表示"用一整个舱室或货舱隔离"：即垂向的或水平的分隔。如中间甲板不是水、火密，则同一货舱的垂向分隔无效。

4—表示"用一个介于中间的整个舱室或货舱纵向隔离"：仅垂向隔离不符合要求。

×—无一般隔离要求，应查阅《BC 规则》和《国际危规》有关该危险货物的条款。

表 4-13　B 类散装危险货物之间的隔离

固体散装物质		固体散装物质								
		4.1	4.2	4.3	5.1	6.1	7	8	9	MHB
易燃固体	4.1	×								
易自燃物质	4.2	2	×							
遇水产生可燃气体的物质	4.3	3	3	×						
具有氧化性物质（氧化剂）	5.1	3	3	3	×					
有毒物质	6.1	×	×	×	2	×				
放射性物质	7	2	2	2	2	2	×			
腐蚀性物质	8	2	2	2	2	×	2	×		
杂类危险物	9	×	×	×	×	×	2	×	×	
仅在散装时产生危险的物质	MHB	×	×	×	×	×	2	×	×	×

数字所代表的隔离要求如下：

2—表示"隔离"：即装于不同货舱内。若中间甲板水、火密，则垂直分隔（上、下舱）可认为与本隔离等效。

3—表示"用一整个舱室或货舱隔离"：即垂向的或水平的隔舱分隔。如中间甲板不是水、火密，则同一货舱的垂向分隔无效。

×—无一般隔离要求，应查阅《BC 规则》和《国际危规》有关该危险货物的条款。

（3）不相容的货物不应同时装载，特别要防止造成对食品的污染。在装完某种货物后，应立即关闭装载该货的每一个货舱，并清除甲板上的残余货物后，才能装载与已装载货物不相容的其他货物。卸货时也同样如此。

（4）装货时应做好货物的取样和样品封存，掌握装货时货物的状况，以便在发生有关货运事故时，用此样品作为有效的法律凭证。

（5）根据货物自然倾斜角的大小进行平舱。

（6）特别是高密度散货装载后，应测定货舱的污水深度，以确定船体或舱内管路是否仍处于良好状态。

（7）装卸期间，尽可能关闭或遮盖通风系统，空调应调为内部循环，以减少粉尘进入生活区和其他舱室，并应尽可能减少粉尘与甲板机械活动部件及外部助航仪器接触。

（8）装运中应遵守有关安全注意事项，船上应备有《危险货物医疗急救指南》（MFAG）及有关的监测仪器。应注意货舱及其相邻舱室有缺氧或含有有毒气体的可能性。大多数蔬菜产品、谷物、原木、木材产品、黑色金属、硫化金属、精矿、煤等储运中常会造成舱室缺氧，应特别注意人员安全，进入这些处所必须执行并符合《BC 规则》附录 F 中所载的"安全检查表"的各项要求。

模块五　集装箱货物管理

模块介绍

　　集装箱运输是以集装箱作为运输单位进行货物运输的一种先进的现代化运输方式。它具有"安全、迅速、简便、价廉"的特点，有利于减少运输环节，可以通过综合利用铁路、公路、水路和航空等各种运输方式，进行多式联运，实现"门到门"运输。自 20 世纪 80 年代以来，中国集装箱运输的增长速度始终以远远超过世界平均增幅（6％～8％）的水平发展。现今中国已初步形成了布局合理、设施较完善、现代化程度较高的集装箱运输体系。

　　本模块主要介绍集装箱基础知识，集装箱适合装载的货物以及集装箱货物的装载。

任务一　集装箱与集装箱货物概述

技能目标

- 能读懂集装箱的标记
- 能计算核对数字
- 了解集装箱货物

知识目标

- 集装箱的定义、种类
- 集装箱的标记
- 集装箱货物的种类

 任务情境

　　集装箱航运已不再单纯是一种连接港口的运输方式。作为经济结构中不可或缺的重要环节，它维系着现代国家的发展。如今的对外贸易正推动着全球经济的发展，并将全球经济紧密相连。

　　在中国，这一特点尤为明显。过去的 30 年里，中国的集装箱航运业取得了长远的发展。特别是在最近 10 年间，中国在世界对外贸易中的份额翻了一番，如果按照美元计算，中国外贸实现增长达 7 倍之多。2007 年，全球出口集装箱中有 30％源自中国。随着中国作为全球领

先出口国的地位日益巩固，中国更加需要来自航运和物流业的鼎立支持。

中国航运和物流业正在历史发展的长河中不断变革和进取，以满足瞬息万变的市场和客户日益复杂的需求。

训练任务

物流公司新员工的困难

小王是某物流公司新来的员工，公司领导把小王安排在了运务部，负责公司客户货物的验收，并依据客户货物的类型选择合适的集装箱。由于小王是第一次接触实际工作，如何将工作做好成了小王上任后最头痛的问题。你作为小王的顶头上司，该如何帮助小王把工作做好？

任务要求

1. 围绕技能目标，就上述问题学生分组讨论，找出任务实施的难点、要点，并选择代表进行总结发言。

2. 教师根据各小组讨论的氛围和发言代表的表现进行评价。

任务讨论、分析

提示：同学们主要是围绕在这过程中有什么难点和要点，把讨论得出的结论写在下面的空白处。

任务展示

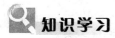 知识学习

提示：在这里由教师提出知识、技能要点，注意做笔记，笔记可以写在下面的空白处。

完成任务

根据老师提出的解决难点、要点的方法，简略的写出本任务的实施方案。

相关知识阅读

知识、集装箱基础

一、集装箱

（一）集装箱的概念

集装箱（又称货柜或货箱），是指具有一定强度、刚度和规格专供周转使用的大型装货容器。使用集装箱转运货物，可直接在发货人的仓库装货，运到收货人的仓库卸货，中途更换车、船时，无须将货物从箱内取出换装。

按国际标准化组织（International Organization for Standardization，简称 ISO）第 104 技术委员会的规定，集装箱应具备下列条件：

（1）能长期的反复使用，具有足够的强度。

（2）途中转运不用移动箱内货物，就可以直接换装。

（3）可以进行快速装卸，并可从一种运输工具直接方便地换装到另一种运输工具。

（4）便于货物的装满和卸空。

（5）具有 1m³（即 35.32 ft³）或以上的容积。

集装箱这一术语，不包括车辆和一般包装。满足上述 5 个条件的大型装货容器才能称为集装箱。

（二）集装箱的规格尺寸

目前使用的国际集装箱规格尺寸主要是 ISO/TC104 制定的第一系列的四种箱型，即 A 型、B 型、C 型、D 型。它们的外部尺寸和重量如表 5-1 所示。

其中，1A 型是业务中常见的 40 ft 集装箱（FEU），最多可载货 66～67 m³，最大载重 26 公吨左右；1C 型是业务中常见的 20 ft 集装箱（TEU），最多可载货 33 m³，最大可载重 21 公吨。1AAA 和 1BBB 是两种超高箱型。从载货容积与重量数可知，40 ft 箱型适用于轻泡货，20 ft 箱型适用于重货。

高度为 9'6"的集装箱称为 HQ（High Cube）柜。HQ 柜多见于 40'集装箱，而 20'集装箱几乎无 HQ。有些人用 HC（High Container）来表示超高集装箱（有人称之为"高箱"）。与 HQ 相对应的称为平柜（高度为 8'6"），英文简写为 GP 柜。

表 5-1 第一系列集装箱规格尺寸和总重量

规格（英尺）	箱型	长		宽		高		最大总重量	
		公制 mm	英制 ft in	公制 mm	英制 ft in	公制 mm	英制 ft in	Kg	LB
40	1AAA	12 192	40'			2 896	9'6"	30 480	67 200
	1AA					2 591	8'6"		
	1A					2 438	8'		
	1AX					< 2 438	<8'		
30	1BBB	9 125	29'11.25"	2 438	8'	2 896	9'6"	25 400	56 000
	1BB					2 591	8'6"		
	1B					2 438	8'		
	1BX					< 2 438	<8'		
20	1CC	6 058	19'10.5"			2 591	8'6"	24 000	52 900
	1C					2 438	8'		
	1CX					< 2 438	<8'		
10	1D	2 991	9'9.75"			2 438	8'	10 160	22 400
	1DX					< 2 438	<8'		

为了便于计算集装箱数量，以 20 ft 的集装箱作为换算标准箱，并以此作为集装箱船载箱量、港口集装箱吞吐量等的计量单位。故存在下列换算关系：

40 ft＝2 TEU，30 ft＝1.5 TEU，20 ft＝1 TEU，10 ft＝0.5 TEU

二、集装箱的种类

集装箱种类很多，分类方法多种多样，有以下分类方法：

(一)按所装货物种类分

(1)通用干货集装箱(Dry Cargo Container) 这种集装箱也称为杂货集装箱，用来运输无须控制温度的杂货件。其使用范围极广，据 1983 年的统计，世界上 300 万个集装箱中，杂货集装箱占 85%，约为 254 万个。这种集装箱通常为封闭式，在一端或侧面设有箱门。这种集装箱通常用来装运文化用品、化工用品、电子机械、工艺品、医药、日用品、纺织品及仪器零件等。这是平时最常用的集装箱。不受温度变化影响的各类固体散货、颗粒或粉末状的货物都可以由这种集装箱装运。

(1)保温集装箱(Keep Constant Temperature Container) 它们是为了运输需要冷藏或保温的货物。所有箱壁都采用导热率低的材料隔热而制成的集装箱可分为以下三种：

①冷藏集装箱(Reefer Container) 它是以运输冷冻食品为主，能保持所定温度的保温集装箱。它专为运输如鱼、肉、新鲜水果、蔬菜等食品而特殊设计的。目前国际上采用的冷藏集装箱基本上分两种：一种是集装箱内带有冷冻机的叫机械式冷藏集装箱；另一种箱内没有冷冻机而只有隔热结构，即在集装箱端壁上设有进气孔和出气孔，箱子装在舱中，由船舶的冷冻装置供应冷气，这种叫做离合式冷藏集装箱（又称外置式或夹箍式冷藏集装箱）。

②隔热集装箱 它是为载运水果、蔬菜等货物，防止温度上升过大，以保持货物鲜度而具有充分隔热结构的集装箱。通常用于冰作制冷剂，保温时间为 72 h 左右。

③通风集装箱(Ventilated Container) 它是为装运水果、蔬菜等不需要冷冻而具有呼吸作用的货物，在端壁和侧壁上设有通风孔的集装箱，如将通风口关闭，同样可以作为杂货集装箱使用。

(3)罐式集装箱(Tank Container) 它是专用以装运酒类、油类(如动植物油)、液体食品以及化学品等液体货物的集装箱。它还可以装运其他液体的危险货物。这种集装箱有单罐和多罐数种，罐体四角由支柱、撑杆构成整体框架。前者由于侧壁强度较大，故一般装载麦芽和化学品等相对密度较大的散货，后者则用于装载相对密度较小的谷物。散货集装箱顶部的装货口应设水密性良好的盖，以防雨水侵入箱内。

(4)台架式集装箱(Platform Based Container) 它是没有箱顶和侧壁，甚至连端壁也去掉而只有底板和四个角柱的集装箱。这种集装箱可以从前后、左右及上方进行装卸作业，适合装载长大件和重货件，如重型机械、钢材、钢管、木材、钢锭等。台架式的集装箱没有水密性，怕水湿的货物不能装运，或用帆布遮盖装运。

(5)平台集装箱(Platform Container) 这种集装箱是在台架式集装箱上再简化而只保留底板的一种特殊结构集装箱。平台的长度与宽度。与国际标准集装箱的箱底尺寸相同，可使用与其他集装箱相同的紧固件和起吊装置。这一集装箱的采用打破了过去一直认为集装箱必须具有一定容积的概念。

(6)敞顶集装箱(Open Top Container) 这是一种没有刚性箱顶的集装箱，但有由可折叠式或可折式顶梁支撑的帆布、塑料布或涂塑布制成的顶篷，其他构件与通用集装箱类似。这种集装箱适于装载大型货物和重货，如钢铁、木材，特别是像玻璃板等易碎的重货，利用吊车从顶部吊入箱内不易损坏，而且也便于在箱内固定。

(7)汽车集装箱(Car Container) 它是一种运输小型轿车用的专用集装箱，其特点是在简易箱底上装一个钢制框架，通常没有箱壁(包括端壁和侧壁)。这种集装箱分为单层的和双层的两种。因为小轿车的高度为 1.35 m～1.45 m，如装在 8 ft(2.438)的标准集装箱内，其容积要浪费 2/5 以上。因而出现了双层集装箱。这种双层集装箱的高度有两种：一种为 10.5 英尺(3.2)，一种为 8.5 英尺高的 2 倍。因此汽车集装箱一般不是国际标准集装箱。

(8)动物集装箱(Pen Container or Live Stock Container) 这是一种装运鸡、鸭、鹅等活家禽和牛、马、羊、猪等活家畜用的集装箱。为了遮蔽太阳，箱顶采用胶合板露盖，侧面和端面都有用铝丝网制成的窗，以求有良好的通风。侧壁下方设有清扫口和排水口，并配有上下移动的拉门，可把垃圾清扫出去。还装有喂食口。动物集装箱在船上一般应装在甲板上，因为甲板上空气流通，便于清扫和照顾。

(9)服装集装箱(Garment Container) 这种集装箱的特点是，在箱内上侧梁上装有许多根横杆，每根横杆上垂下若干条皮带扣、尼龙带扣或绳索，成衣利用衣架上的钩，直接挂在带扣或绳索上。这种服装装载法属于无包装运输，它不仅节约了包装材料和包装费用，而且减少了人工劳动，提高了服装的运输质量。

(二)按制造材料分

制造材料是指集装箱主体部件(侧壁、端壁、箱顶等)材料，可分成三种：有钢制装箱、铝合金集装箱、玻璃钢集装箱，此外还有木集装箱、不锈钢集装箱等。

(三)按结构分

可分为三类，有固定式集装箱、折叠式集装箱、薄壳式集装箱。

(1)在固定式集装箱中还可分密闭集装箱、开顶集装箱、板架集装箱等；

(2)折叠式集装箱，指集装箱的主要部件(侧壁、端壁和箱顶)能简单地折叠或分解，再次使用时可以方便的再组合起来；

(3)薄壳式集装箱，是把所有部件组成一个钢体，它的优点是重量轻，可以适应所发生的扭力而不会引起永久变形。

(四)按规格尺寸分

国际上通常使用的干货柜(DRYCONTAINER)有：

(1)外尺寸为 20 ft×8 ft×8 ft6 吋，简称 20 尺货柜；

(2)外尺寸为 40 ft×8 ft×8 ft6 吋，简称 40 尺货柜；

(3)外尺寸为 40 ft×8 ft×9 ft6 吋，简称 40 尺高柜。

集装箱的内尺寸及载货数量如表 5-2 所示。

表 5-2　集装箱标准尺寸统计

规格 / 柜型	内尺寸(m)	有效容积(m³)	配货毛重(T)
20 尺柜	5.69 ×2.13 ×2.18	24～26	17.5
40 尺柜	11.8 ×2.13 ×2.18	54	22
40 高柜	11.8 ×2.13 ×2.72	68	22
20 尺冻柜	5.42 ×2.26 ×2.24	26	17
40 尺冻柜	11.20 ×2.24 ×2.18	54	22
40 高冻柜	11.62 ×2.29 ×2.50	67	22
40 尺开顶柜	12.01 ×2.33 ×2.15	65	30.4
40 尺平底货柜	12.05 ×2.12 ×1.96	50	36
45 尺柜	13.58 ×2.34 ×2.71	86	29

另外，还有按总重分，有 30 t 集装箱、20 t 集装箱、10 t 集装箱、5 t 集装箱、2.5 t 集装箱等。随着国际贸易的发展，商品结构不断变化，今后还会出现各种不同类型的专用或多用集装箱。

三、集装箱的标识

（一）集装箱的方位性术语

这里的方位性术语主要是指区分集装箱的前、后、左、右以及纵、横的方向和位置的定义。集装箱的主要部件如图 5-1 所示。

占集装箱总数 85％以上的通用集装箱，均一端设门；另一端是盲端。这类集装箱的方位性术语如下：

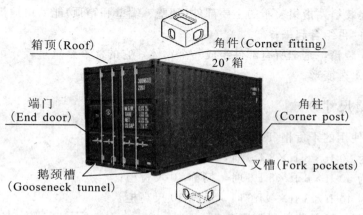

图 5-1 集装箱主要部件名称

前端（Front）：指没有箱门的一端。

后端（Rear）：指有箱门的一端。

如集装箱两端结构相同，则应避免使用前端和后端这两个术语，若必须使用时，应依据标记、铭牌等特征加以区别。

左侧（Left）：从集装箱后端向前看，左边的一侧。

右侧（Right）：从集装箱后端向前看，右边的一侧。

由于集装箱在公路上行驶时，有箱门的后端都必须装在拖车的后方，因此有的标准把左侧称为公路侧，右侧称为路缘侧。

路缘侧（Gurbside）：当集装箱底盘车在公路上沿右侧向前行驶时，靠近路缘的一侧。

公路侧（Roadside）：当集装箱底盘车在公路上沿右侧向前行驶时，靠近马路中央的一侧。

纵向（Longitudinal）：指集装箱的前后方向。

横向（transverse）：指集装箱的左右、与纵向垂直的方向。

（二）集装箱的标记

国际标准化组织规定的集装箱标记有"必备标记"和"自选标记"两类；每一类标记中，又分"识别标记"和"作业标记"两种。每类标记都必须按规定大小，标识在集装箱规定的位置上。

主要标记及其表示内容如下：

1. 箱门上的标记

(1)识别标记（集装箱箱号）。如：COSU800121　[5]

标准集装箱箱号由 11 位编码组成，包括三个部分：箱主代号，顺序号和核对数字。

A. 箱主代号：如：COSU。国际标准化组织规定，箱主代号由 4 位大写英文字母表示。前三位代码（Owner Code）是箱主代码，主要说明箱主、经营人，由箱主自定。集装箱主代码必须经国际集装箱局（BIC）注册。第四位代码说明设备的类型。

U——表示常规集装箱；

J——表示该集装箱配置可拆卸的设备；

Z——表示集装箱拖挂车和底盘挂车。

常见船公司（箱主）代号如表 5-3 所示。

B. 顺序号：又称箱号，由公司自定，由 6 位阿拉伯字母组成，如"800121"，不足 6 位则在邮箱数字前以 0 补之。箱号是箱体注册码（Registration Code），是一个集装箱箱体持有的唯一标识。

C. 核对数字：又叫校验码，是用来对箱主代号和顺序号记录是否准确的依据。它位于箱号后，以一位阿拉伯数字加一方框表示。

表 5-3　船公司代码

序号	船公司	代码	国家/地区	序号	船公司	代码	国家/地区
1	马士基	MSK	丹麦	10	日本邮船	NYK	日本
2	地中海航运	MSC	瑞士	11	川崎汽船	CKL	日本
3	铁行渣华	PON	美国/荷兰	12	加拿大太平洋	CML	加拿大
4	长荣海运	CEG	中国台湾	13	以星航运	ZIM	以色列
5	达飞轮船	CMA	法国	14	商船三井	MOL	日本
6	美国总统	APL	新加坡	15	东方海外	OCL	中国香港
7	韩进海运	HJS	韩国	16	赫伯罗特	HLC	德国
8	中海集团	CSL	中国	17	阳明海运	YML	中国台湾
9	中远集团	COS	中国	18	现代商船	HYL	韩国

【例 1】　请解释标记 COSU800121 的意义 [5]　。

答：COS 为箱主代码，U 为设备识别码，表示常规集装箱，800121 为箱号，5 为检验码（核对数字）。

核对数字仅包含一位数，不由箱主公司制定，而是按规定的计算方法算出，用来检验、核对箱主号、设备识别码与顺序号在数据传输或记录时的正确性与准确性，它与箱主代号、设备识别码和顺序号有直接的关系。实践中是通过箱主代号、设备识别码和顺序号计算出校验码的，若计算出的校验码与实际记录的校验码一致，则说明箱主代号、设备识别码和顺序号在数据传输或记录时未出错，否则应重新核对。核对号位于顺序号之后，在柜子上加方框以醒目（但在单证上无须加方框，箱号的 11 个字符中最后一个即为核对数字）。

核对号的计算方法如下：

首先，将表示箱主代码的 4 位字母转化成相应的等效数字，字母和等效数字的对应关系见表 5-4。从表中可以看出，去掉了 11 及其倍数（22、33）的数字，这是因为后面的计算将把 11 作为模数。然后，将前 4 位字母对应的等效数字和后面顺序号的数字采有加权系数法进行计算求和。

计算公式为：$S = \sum_{i=0}^{9} C_i \times 2^i$

表 5-4　核对号计算中箱主代码的等效数值

字母	A	B	C	D	E	F	G	H	I	J	K	L	M
等效数值	10	12	13	14	15	16	17	18	19	20	21	23	24
字母	N	O	P	Q	R	S	T	U	V	W	X	Y	Z
等效数值	25	26	27	28	29	30	31	32	34	35	36	37	38

最后，以 S 除以模数 11，取其余数，即得核对号。

【例2】 求美国总统轮船公司的集装箱 APLU 296847 的核对号。

解：首先，上面 10 个字符(该集装箱的箱主代号及顺序号)对应的等效数值分别是：

10－27－23－32－2－9－6－8－4－7；然后求和：

$$S = 10 \times 2^0 + 27 \times 2^1 + 23 \times 2^2 + 32 \times 2^3 + 2 \times 2^4 + 9 \times 2^5 + 6 \times 2^6 + 8 \times 2^7 + 4 \times 2^8 + 7 \times 2^9$$
$$= 10 + 54 + 92 + 256 + 32 + 288 + 384 + 1\,024 + 1\,024 + 3\,584$$
$$= 6\,748$$

最后，用 6 748 除以 11，取余数，余数为 5，即核对号为 5。

(2)尺寸类型标记：如 45G1

45 为尺寸代码，表示集装箱的外形尺寸，G1 为箱型代码，表示集装箱的箱型及其特征。45：第一位数 4 表示集装箱的长 40'，第二位数 5 表示集装箱的宽为 8'和高为 9'6"，G1 表示货物上部空间设有透气孔的通用集装箱。集装箱类型代码具体如表 5-5 所示，集装箱尺寸代码见表 5-6。

(3)额定重量和自重标记

如：MAX. GROSS、TARE、PAYLOAD、CUBE MAX. GROSS(MAX. G. W)为额定重量(总重)，是指自重与载重之和。TARE 为自重，是指集装箱本身的重量，即空箱重量。PAYLOAD(MAX. C. W)为载重量，是指载货量，它是集装箱最大容许承载的货物重量。CUBE(CU. CAP)为箱的容积。

表 5-5 集装箱类型代码表

代码	箱 型	箱型群组代码	主 要 特 征	箱型代码
G	通用集装箱（无通风装置）	GP	—一端或两端有箱门	G0
			—货物的上方有透气罩	G1
			—一端或两端设有箱门，并且在一侧或两侧亦设"全开式"箱门	G2
			—一端或两端设有箱门并且在一侧或两侧亦设"局部"箱门	G3
V	通风式通用集装箱	VH	—无机械排风装置，但在上、下两侧没有自然通风窗	V0
			—箱内设有机械式通风装置	V2
			—外置式机械通风装置	V4
B	干散货集装箱		—封闭式	B0
			—气密式	B1
	—无压干散货集装箱	BU	—备用号	B2
			—水平方向卸货，试验压力 150 Pa	B3
			—水平方向卸货，试验压力 265 Pa	B4
	—承压干散货集装箱	BK	—倾斜卸货，试验压力 150 Pa	B5
			—倾斜卸货，试验压力 150 Pa	B6

代码	箱　型	箱型群组代码	主　要　特　征	箱型代码
S	以货物种类命名的集装箱	SN	—牲畜集装箱 —汽车集装箱 —活鱼集装箱 —备用号 —备用号	S0 S1 S2 S3 S4
R	保温集装箱 —机械制冷 —制冷/加热集装箱 —自备电源的机械制冷/加热集装箱保温集装箱	RE RT RS	—机械制冷 —机械制冷/加热 —机械制冷 —机械制冷/加热	R0 R1 R2 R3
H	保温集装箱 —带挂装式机械制冷/加热装置	HR HI	—外置式挂装制冷/加热装置 $K=0.4W/(m^2 \cdot K)$ —内置式挂装，制冷/加热装置 —外置式挂装，制冷/加热装置 $K=0.7W(m^2 \cdot K)$	H0 H1 H2
U	敞顶式集装箱	UT	—一端或两端开口 —一端或两端开口并有活动的上端梁 —一端或两端以及一侧或两侧开口 —一端或两端以及一侧或两侧开口并有活动的上端梁 —一端或两端开口以及一侧部分开口和另一侧全部开口 —全部敞顶，带固定的侧壁（无开门）	U0 U1 U2 U3 U4 U5 U6
P	平台（和台架式）集装箱 —上部结构不完整 —固端结构 —折端结构		—平台集装箱 —双固端结构 —固定角柱，活动侧柱或活动顶结构 —可折的完整端结构 —可折角柱，活动侧柱或活动顶结构	P0 P1 P2 P3 P4

续表

代码	箱 型	箱型群组代码	主 要 特 征	箱型代码
T	罐式集装箱 —非危险性液体货	TN	—最低试验压力 45 kPa	T0
			—最低试验压力 150 kPa	T1
			—最低试验压力 265 kPa	T2
	—非危险性液体货	TD	—最低试验压力 150 kPa	T3
			—最低试验压力 265 kPa	T4
			—最低试验压力 400 kPa	T5
	—气体货物		—最低试验压力 600 kPa	T6
			—最低试验压力 910 kPa	T7
		TG	—最低试验压力 2 200 kPa	T8
A	空/陆/水 联 运 集装箱	AS		A0

A. 在集装箱两侧标打集装箱高度标记，该标记为黄色底上标出黑色数字和边框；

B. 在箱体每端和每侧角件间的顶梁及上侧梁上标打长度至少为 300 mm(12 in)的黄黑斜条的条形标记。

2. 侧壁上的标记

如图 5-2～图 5-5 所示。

集装箱侧面的标记主要有：

(1)超高标记。凡箱高超过 2.6 m(8 ft 6 in)的集装箱均应标打下列必备标记：

(2)通行标记。集装箱在运输过程中要能顺利地通过或进入他国国境，箱上必须贴有按规定要求的各种通行标记，主要有：安全合格牌照，集装箱批准牌照，检验合格徽，防虫处理板和国际铁路联盟标记。

另外，装有危险货物的集装箱，应有规格不小于 250 mm×250 mm 的至少 4 幅《海运危规》类别标志，并贴于外部明显的地方。

图 5-2 高箱标记

图 5-3 登箱顶触电标记

图 5-4 联运标记

图 5-5 铁路联盟

表 5-6　集装箱尺寸代码表

箱长		码字符
mm	ft	
2 991	10	1
6 058	20	2
9 125	30	3
12 192	40	4
13 716	45	L

箱高			代码字符		
			箱　　　宽		
mm	ft	in	2.348 mm(8 ft)	＞2.438 mm 和≤ 2.500 mm	＞2.500 mm
2 438	8		0		
2 591	8	6	2	C	L
2 895	9	6	5	E	N
＞2 895	9	6	6	F	P

四、适合集装箱装运的货物

从是否适合集装箱运输的角度，货物可分为：

(1)最佳装箱货。物理与化学属性适合于集装箱运输，且货物本身价值高，对运费的承受能力大的货物。属于这一类商品有：各种酒类、香烟及烟草、药品、塑料及其制品、纺织品、小型电器、光学仪器、打字机、各种家用电器等。如冷藏集装箱装运的果蔬及肉类、乳酪等也属于此类，这些货物一般也都易被盗窃和损坏。

(2)适于装箱货。物理与化学属性适合于集装箱运输，货物本身价值较高，对运费的承受能力较大的货物；属于这一类商品有：纸浆、罐装植物油、电线、电缆、金属制品、皮革、炭精棒、黑色颜料、煤焦油等支付赔偿费较大的商品。

(3)可装箱但不经济的装箱货。物理与化学属性上要以装箱，但货物本身价值较低，对运费的承受能力较差的货物；又称边际装箱货，这一类货物从技术上看是可以装箱的，但由于价格低廉，运费便宜，从经济角度看是不利的。这些货物在包装方面均难以进行集装箱化。属于这一类的商品有：钢锭、铅锭、生铁块、原木、砖瓦等。这些商品一般不会受损坏或被盗窃。

(4)不适于装箱货。这一类货物是指那些从技术上看装箱是有困难的，或货流量大时可以用专门运输工具(包括专用车、专用船)运输的货物。因为利用专用运输工具可以提高装卸效率，降低成本。例如原油、矿砂、砂糖等均有专门的油船、矿砂船及其他散货船装运，原油和矿砂等不宜装箱运输。又例如桥梁、铁路、大型发电机等设备，由于尺度大大超过国际标准集装箱中最大尺寸的集装箱，故装箱有困难，但可以装在组合式的平台箱上运载。

任务二　集装箱货物的装载

技能目标

- 能恰当装运集装箱货物
- 能解释集装箱货物汗湿的原因，掌握防止出汗措施

知识目标

- 集装箱的选择
- 集装箱的检验
- 各种杂货的装箱
- 集装箱货物汗湿防止措施

任务情境

小张大学毕业后到了中山市一家制鞋企业做外贸文员，上班的第二天就接到一个新加坡客户的询价："本公司需要按样生产 5 万双运动鞋。现随函附送我方所需货物的样品，以示其色调、规格及品质。若贵公司能在 3 个月内供货，请送供货样品，并提供新加坡港 FOB 最合理的报价。"

训练任务

1. 由于小张刚上班，对报价单的制作不熟悉、没经验，害怕出错。现在你帮助她制作一份报价单，格式如表 5-7 所示。
2. 选择合适的集装箱来装载货物。

任务要求

1. 围绕技能目标，就上述问题学生分组讨论，找出任务实施的难点、要点，并选择代表进行总结发言。
2. 教师根据各小组讨论的氛围和发言代表的表现进行评价。
3. 教师最后归纳出实施本任务的难点和重点。

任务讨论、分析

提示：同学们从分析报价单入手，分析报价单有哪些项目，重点分析货号、每箱个数，外箱尺寸，产品毛重，单个包装的方式，内包装的方式、材料及尺寸，内包装中的产品数量，

表 5-7 报价单 Price List

报价日期：	年 月 日						

Supplier 供应商		Address 公司地址	
Contact 联系人名		Approvals 产品认证	
Tel 电话号码		Fax 传真号码	
E-mail 邮箱地址		Website 公司网址	

Item No. 货号	Description：Materials，approvals，technical parameters and etc. 产品描述包括产品材料、技术参数等	Product's Photo 产品图片	Specification L×W×H，Dia. 长、宽、高、直径等	FOB Zhongshan USD 美元离岸价	QTY./CTN PCS 每箱个数	CTN's Measrure L×W×H(cm) 外箱尺寸	N.W (kg) 产品净重	G.W. (kg) 产品毛重

Remarks 备注：	
1. Payment terms：付款方式	
2. Single package's type，materias and size 单个包装的方式、材料及尺寸	
3. Inner package's type，materials and size 内包装的方式、材料及尺寸	
4. QTY./Inner Package 内包装中的产品数量	
5. CTNs/20'，QTY./20' 6. 每个 20' 柜中的箱数和产品个数	
7. CTNs/40'，QTY./40' 8. 每个 40' 柜中的箱数和产品个数	
9. Delivery time：交货期	
10. Others 其他条款	

（资料来源：http：//www.newcenturylaw.com/bbs/thread-246082-1-1.html）

每个 20′ 柜中的箱数和产品个数。分析在制作报价单过程中有什么难点和要点，把讨论得出的结论写在下面的空白处。

任务实施的难点、要点

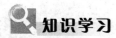 **知识学习**

提示：在这里由教师提出解决难点、要点的方法，注意做笔记，笔记可以写在下面的空白处。

知识、技能要点

 正式制作报价单

根据老师提出的解决难点、要点问题的方法，正式填写报价单。

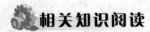

相关知识阅读

知识一、集装箱选择与检验

一、集装箱的选择

选用集装箱时，主要考虑的是根据货物的不同种类、性质、形状、包装、体积、重量以及运输要求，采用合适的箱子。首先要考虑货物是否装得下，其次再考虑在经济上是否合理，与货物所要求的运输条件是否符合。目前，国际集装箱标准有三个系列，共15种。这15种集装箱中，采用何种规格为宜，应根据航线上和所经运输路线的具体货源条件和港口条件来定，因为这对集装箱运输能否顺利完成有重大的关系。

选择集装箱考虑货物的数量时还需考虑货物的积载因素（或货物的密度），当货物的密度大于集装箱容重时，货物是重货，反之是轻货。

集装箱容重＝该集装箱的最大载货重/该集装箱的有效容积；

集装箱的有效容积＝该集装箱的容积×箱容利用率。

此外，在选择集装箱时应考虑以下条件：

（1）符合 ISO 标准；

（2）四柱、六面、八角完好无损；

（3）箱子各焊接部位牢固；

（4）箱子内部清洁、干燥、无味、无尘；

（5）不漏水、不漏光；

（6）具有合格检验证书。

集装箱的选用也可按货物的种类参考表 5-8 来选择。

表 5-8 集装箱的选用

货物分类	可选用的集装箱			
清洁货物	杂货集装箱	通风集装箱	敞顶集装箱	冷藏集装箱
污秽货物	杂货集装箱	通风集装箱	敞顶集装箱	冷藏集装箱
易碎货物	杂货集装箱			
易腐货物	冷藏集装箱	通风集装箱	隔热集装箱	
冷藏货物	冷藏集装箱	通风集装箱	隔热集装箱	
动物与植物	牲畜集装箱	通风集装箱		
笨重货物	敞顶集装箱	平台集装箱	框架集装箱	
危险货物	杂货集装箱	框架集装箱	冷藏集装箱	
散货	散货集装箱	罐装集装箱		
贵重货物	杂货集装箱			

二、集装箱的检验

（一）通用检验

集装箱在装载货物之前，必须经过严格检查。有缺陷的集装箱，轻则导致货损，重则在运输、装卸过程中造成箱毁人亡事故。所以，对集装箱的检查是货物安全运输的基本条件之一。发货人、承运人、收货人以及其他关系人在相互交接时，除对箱子进行检查外，应以设备交接单等书面形式确认箱子交接时的状态。通常，对集装箱的检查应做到：

1. 外部检查

外部检查指对箱子进行六面察看，外部是否有损伤、变形、破口等异样情况，如有，即作出修理部位标志。

2. 内部检查

内部检查是对箱子的内侧进行六面察看，是否漏水、漏光，有无污点、水迹等。

3. 箱门检查

检查箱门是否完好，门的四周是否水密，门锁是否完整，箱门能否重复开启。

4. 清洁检查

清洁检查是指箱子内有无残留物、污染物、锈蚀异味、水湿。如不符合要求，应予以清扫，甚至更换。

5. 附属件的检查

附属件的检查是指对集装箱的加固环接状态，如板架式集装箱的支柱，平板集装箱和敞篷集装箱上部延伸结构的检查。

（二）对于装运普通杂货的一般干货集装箱必须符合以下要求：

（1）集装箱各类标志清晰，无危、无毒、无害品标记；

（2）箱体完整，密封良好；

（3）箱内设施完备，使用正常；

（4）箱内清洁、干燥、无异味、无虫害、无毒害。

（三）对于装运冷藏货物的冷藏集装箱必须符合以下要求：

（1）上述干货集装箱适载检验所列条件；

（2）制冷设备运行正常，冷藏效果良好，温度符合拟装运货物的要求；

（3）集装箱隔热装置完好、有通风和排水孔装置的能正常使用。

知识二、集装箱货物的装载

一、集装箱货物装箱方式

（一）根据集装箱货物装箱数量分

1. 整箱（Full Container Load，简称 FCL）

是指货主自行将货物装满整箱以后，以箱为单位托运的集装箱。这种情况在货主有足够货源装载一个或数个整箱时通常采用，除有些大的货主自己置备有集装箱外，一般都是向承运人或集装箱租赁公司租用一定的集装箱。空箱运到工厂或仓库后，在海关人员的监管下，货主把货装入箱内、加锁、铝封后交承运人并取得站场收据，最后凭收据换取提单或运单。

2. 拼箱(Less Than Container Load，简称 LCL)

是指承运人(或代理人)接受货主托运的数量不足整箱的小票货运后，根据货类性质和目的地进行分类整理。把去同一目的地的货，集中到一定数量拼装入箱。由于一个箱内有不同货主的货拼装在一起，所以叫拼箱。这种情况在货主托运数量不足装满整箱时采用。拼箱货的分类、整理、集中、装箱(拆箱)、交货等工作均在承运人码头集装箱货运站或内陆集装箱转运站进行。

(二)按装箱的操作方式分

集装箱货物的现场装箱作业，通常有三种方法：

(1)全部用人力装箱；

(2)用叉式装卸车(铲车)搬进箱内再用人力堆装；

(3)全部用机械装箱，如货板(托盘)货用叉式装卸车在箱内堆装。

这三种方式中，第三种方法最理想，装卸率最高，发生货损事故最少。但是即使全部采用机械装箱，装载时如果忽视了货物特性和包装状态，或由于操作不当等原因，也往往会发生货损事故，特别是在内陆地区装载的集装箱，由于装箱人不了解海上运输时集装箱的状态，其装载方法通常都不符合海上运输的要求，从而引起货损事故的发生，这种实例很多。现把集装箱货装箱时应注意的事项归纳列举如下，供装箱人参考。

二、各类货物的装箱

(一)各类杂货装箱时应注意的基本事项

(1)在货物装箱时，任何情况下箱内所装货物的重量不能超过集装箱的最大装载量，集装箱的最大装货重量由集装箱的总重减去集装箱的自重求得；总重和自重一般都标在集装箱的箱门上。

(2)堆装必须整齐紧密，以充分利用箱容和防止货物移动，同时可以减少货损和节省加固材料。

(3)在无法紧密堆装而出现空隙时，要使用适当的衬垫材料加以填塞，以稳定货物，防止因货物移动造成货损及其他危险。

(4)每个集装箱的单位容重是一定的，因此如箱内装载一种货物时，只要知道货物密度，就能断定是重货还是轻货。货物密度大于箱的单位容重的是重货，装载的货物以重量计算，反之货物密度小于箱的单位容重的是轻货，装载的货物以容积计算。及时区分这两种不同的情况，对提高装箱效率是很重要的。

(5)装载时要使箱底上的负荷平衡，箱内负荷不得偏于一端或一侧，特别是要严格禁止负荷重心偏在一端的情况。

(6)要避免产生集中载荷,如装载机械设备等重货时,箱底应铺上木板等衬垫材料,尽量分散其负荷。标准集装箱底面平均单位面积的安全负荷大致如下:20 ft 集装箱为 1 330 kg/m²,40 ft 集装箱为 980 kg/m²。

(7)用人力装货时要注意包装上有无"不可倒置"、"平放"、"竖放"等装卸指示标志。要正确使用装货工具,捆包货禁止使用手钩。箱内所装的货物要装载整齐、紧密堆装。容易散捆和包装脆弱的货物,要使用衬垫或在货物间插入胶合板,防止货物在箱内移动。

(8)装载货板货时要确切掌握集装箱的内部尺寸和货物包装的外部尺寸,以便计算装载件数,达到尽量减少弃位、多装货物的目的。

(9)用叉式装卸车装箱时,将受到机械的自由提升高度和门架高度的限制;在条件允许的情况下,叉车装箱可一次装载两层,但上下应留有一定的间隙。

(10)拼箱货在混装时应注意如下几点:

①重货在下、轻货要放在重货上面;

②包装强度弱的货物要放在包装强度强的货物上面;

③不同形状、不同包装的货物分堆积载、尽可能不装在一起;

④液体货和清洁货要尽量在其他货物下面;

⑤从包装中会渗漏出灰尘、液体、潮气、臭气等的货物,最好不要与其他货混装在一起。如不得不混装时,就要用帆布、塑料薄膜或其他衬垫材料隔开;

⑥带有尖角或凸出部件的货物,要把尖角或凸出部件保护起来,不使它损坏其他货物。

(11)冷藏货装载时应注意如下事项:

①冷冻集装箱在装货过程中,冷冻机要停止运转;

②在装货前,冷冻集装箱内使用的垫木和其他衬垫材料要预冷;要选用清洁卫生的衬垫材料,不使它污染货物;

③不要使用纸、板等材料作衬垫,以免堵塞通风管和通风口;

④装货后箱顶与货物顶部一定要留出空隙,使冷气能有效地流通;

⑤必须注意到冷藏货要比普通杂货更容易滑动,也容易破损,因此对货物要加以固定,固定货物时可以用网等作衬垫材料,这样不会影响冷气的循环和流通;

⑥严格禁止已降低鲜度或已变质发臭的货物装进箱内,以避免损坏其他正常货物。

(二)各类杂货的装箱操作

1. 纸箱货的装箱操作

纸箱是集装箱货物中最常见的一种包装,一般用于包装比较精细的和质轻的货物。

(1)如集装箱内装的是统一尺寸的大型纸箱,会产生空隙。当空隙为 10 cm 左右时,一般不需要对货物进行固定,但当空隙很大时,就需要按货物具体情况加以固定;

(2)如果不同尺寸的纸箱混装,应就纸箱大小合理搭配,做到紧密堆装;

(3)拼箱的纸箱货应进行隔票。隔票时可使用纸、网、胶合板、电货板等材料,也可以用粉笔、带子等作记号;

(4)纸箱货不足以装满一个集装箱时，应注意纸箱的堆垛高度，以满足使集装箱底面占满的要求。

纸箱的装载和固定操作：

(1)装箱是要从箱里往外装，或从两侧往中间装；

(2)在横向产生 250 cm～300 cm 的空隙时，可以利用上层货物的重量把下层货物压住，最上层货物一定要塞满或加以固定；

(3)如所装的纸箱很重，在集装箱的中间层就需要适当的加以衬垫；

(4)箱门端留有较大的空隙时，需要利用方形木条来固定货物；

(5)装载小型纸箱货时，为了防止塌货，可采用纵横交叉的堆装法。

2. 木箱货的装箱操作

木箱的种类繁多，尺寸和重量各异。木箱装载和固定时应注意的问题有：

(1)装载比较重的小型木箱时，可采用骑缝装载法，使上层的木箱压在下层两木箱的接缝上，最上一层必须加以固定或塞紧；

(2)装载小型木箱时，如箱门端留有较大的空隙，则必须利用木板和木条加以固定或撑紧；

(3)重心较低的重、大木箱只能装一层且不能充分利用箱底面积时，应装在集装箱的中央，底部横向必须用方形木条加以固定；

(4)对于重心高的木箱，紧靠底部固定是不够的，还必须在上面用木条撑紧；

(5)装载特别重的大型木箱时，经常会形成集中负荷或偏心负荷，故必须有专用的固定设施，不让货物与集装箱前后端壁接触；

(6)装载框箱时，通常是使用钢带拉紧，或用具有弹性的尼龙带或布带来代替钢带。

3. 托盘货的装箱操作

托盘上通常装载纸箱货和袋装货。纸箱货在上下层之间可用粘贴法固定。袋装货装板后要求袋子的尺寸与托盘的尺寸一致，对于比较滑的袋装货也要用粘贴法固定。托盘在装载和固定时应注意的问题有：

(1)托盘的尺寸如在集装箱内横向只能装一块时，则货物必须放在集装箱的中央，并用纵向垫木等加以固定；

(2)装载两层以上的货物时，无论空隙在横向或纵向时，底部都应用挡木固定，而上层托盘货还需要用跨挡木条塞紧；

(3)如托盘数为奇数时，则应把最后一块货板放在中央，并用绳索通过系环拉紧；

(4)托盘货装载框架集装箱时，必须使集装箱前后、左右的重量平衡。装货后应用带子把货物拉紧，货物或装完后集装箱上应加罩帆布或塑料薄膜；

(5)袋装的货板货应根据袋包的尺寸，将不同尺寸的货板搭配起来，以充分利用集装箱的容积。

4. 捆包货的装箱操作

捆包货包括纸浆、板纸、羊毛、棉花、面布、其他棉织品、纺织品、纤维制品以及废旧物料等。其平均每件重量和容积常比纸箱货和小型木箱货大。一般捆包货都用杂货集装箱装载。捆包在装载和固定时应注意的问题：

(1)捆包货一般可横向装载或竖向装载，此时可充分利用集装箱箱容；

(2)捆包或装载时一般都要用厚木板等进行衬垫；

(3)用粗布包装的捆包货，一般比较稳定而不需要加以固定。

5. 袋装货的装箱操作

袋包装的种类有麻袋、布袋、塑料袋等，主要装载的货物有粮食、咖啡、可可、废料、水泥、粉状化学药品等。通常袋包装材料的抗潮、抗湿能力较弱，故装箱完毕后，最好在货顶部铺设塑料等防水遮盖物。

袋装货在装载和固定时应注意的问题是：

(1)袋装货一般容易倒塌和滑动，可用粘贴剂粘固，或在袋装货中间插入衬垫板和防滑粗纸；

(2)袋包一般在中间呈鼓凸形，常用堆装方法有砌墙法和交叉法；

(3)为防止袋装货堆装过高而有塌货的危险，所以需要用系绑用具加以固定。

6. 滚筒货的装箱操作

卷纸、卷钢、钢丝绳、电缆、盘元等卷盘货，塑料薄膜、柏油纸、钢瓶等滚筒货，以及轮胎、瓦管等均属于滚动类货物。滚动货装箱时一定要注意消除其滚动的特性，做到有效、合理地装载。

(1)卷纸类货物的装载和固定操作。卷纸类货物原则上应竖装，并应保证卷纸两端的截面不受污损。只要把靠近箱门口的几个卷纸与内侧的几个卷纸用钢带捆在一起，并用填充物将箱门口处的空隙填满，即可将货物固定。

(2)盘元的装载和固定操作。盘元是一种只能用机械装载的重货，一般在箱底只能装一层。最好使用井字形的盘元架。大型盘元还可以用直板系板、夹件等在集装箱箱底进行固定。

(3)电缆的装载和固定操作。电缆是绕在电缆盘上进行运输的，装载电缆盘时也应注意箱底的局部强度问题。大型电缆盘在集装箱内只能装一层，一般使用支架以防止滚动。

(4)卷钢的装载和固定操作。卷钢虽然也属于集中负荷的货物，但是热轧卷钢一般比电缆轻。装载卷钢时，一定要使货物之间互相贴紧，并装在集装箱的中央。对于重 3 t 左右的卷钢，除用钢丝绳或钢带通过箱内系环将卷钢系紧外，还应在卷钢之间用钢丝绳或钢带连接起来；对于重 5 t 左右的卷钢，还应再用方形木条加以固定。固定时通常使用钢丝绳，而不使用钢带，因为钢带容易断裂。

(5)钢瓶的装载和固定操作。普通卡车用的小型轮胎竖装横装都可以。横装时比较稳定，不需要特别加以固定。大型轮胎一般以竖装为多，应根据轮胎的直径、厚度来研究其装载方法，并加以固定。

7. 桶装货的装箱操作

桶装货一般包括各种油类、液体和粉末类的化学制品、酒精、糖浆等，其包装形式有铁桶、木桶、塑料桶、胶合板桶和纸板桶五种。除桶口在腰部的传统鼓形木桶外，桶装货在集装箱内均以桶口向上的竖立方式堆装。由于桶体呈圆柱形，故在箱内堆装和加固的方法均由一定具体尺寸决定，使其与箱形尺寸相协调。

(1)铁质桶的装载和固定操作。集装箱运输中以 0.25 m³(55 gal)的铁桶最为常见。这种铁桶在集装箱内可堆装两层,每一个 20 ft 型集装箱内一般可装 80 桶。装载时要求桶与桶之间要靠近,对于桶上有凸缘的铁桶,为了使桶与桶之间的凸缘错开,每隔一行要垫一块垫高板,装载第二层时同样要垫上垫高板,而不垫高板的这一行也要垫上胶合板,使上层的桶装载稳定。

(2)木质桶的装载和固定操作。木桶一般呈鼓形,两端有铁箍,由于竖装时容易脱盖,故原则上要求横向装载。横装时在木桶的两端垫上木楔,木楔的高度要使桶中央能离开箱底,不让桶的腰部受力。

(3)纸板桶的装载和固定操作。纸板桶的装载方法与铁桶相似,但其强度较弱,故在装箱时应注意不能使其翻倒而产生破损。装载时必须竖装,装载层数要根据桶的强度而定,有时要有一定限制,上下层之间一定有插入胶合板做衬垫,以便使负荷分散。

8. 冷藏货物

冷藏货装载时应注意如下事项:

(1)冷冻集装箱在装货过程中,冷冻机要停止运转;

(2)在装货前,冷冻集装箱内使用的垫木和其他衬垫材料要预冷;要选用清洁卫生的衬垫材料,不使它污染货物;

(3)不要使用纸、板等材料作衬垫,以免堵塞通风管和通风口;

(4)装货后箱顶与货物顶部一定要留出空隙,使冷气能有效地流通;

(5)必须注意到冷藏货要比普通杂货更容易滑动,也容易破损,因此对货物要加以固定,固定货物时可以用网等作衬垫材料,这样不会影响冷气的循环和流通;

(6)严格禁止已降低鲜度或已变质发臭的货物装进箱内,以避免损坏其他正常货物。

知识三、货物在集装箱中的货损及防范措施

集装箱化运输给航运业带来了翻天覆地的变化,其主要的优点之一点就是可以减少货物的残损和短缺。通过集装箱化运输,可以保证箱内货物完整无损,大大减少损坏与赔偿。但是集装箱化运输的这个优点并没有得到很好的实现,货损并没有成为过去。根据某航运公司商务理赔部门的统计,近 5 年内正式收到集装箱内货物残损的索赔案件有 539 起,平均每年达 108 起,而没有提出索赔的小的损害更是占到多数。因此,人们已逐渐地意识到,仅仅把货物放入金属箱子里是无法保证它会安然到达。

一、货损原因

(一)操作不当造成集装箱损坏而发生货损

集装箱在陆上及海上运输过程中,经过多次反复吊运操作,有可能造成碰撞损坏,损坏可能是明显的,也有未能及时发现的损伤,往往由此发生海水或雨水侵入而致箱内货物受损。

(二)检修不当

将不适宜装货的集装箱交给发货人或转运站使用。由于集装箱在长期使用中自身磨耗或

金属板锈蚀，装箱前未作细致检查，没有发现存在的缺陷，造成严重货损。

(三)积载不当

集装箱在运输过程中，不论陆上或海上运输，都会使集装箱受到震动和被风雨侵袭，尤其在海运，摇摆倾斜度可能达 20°～30°，由于装箱时积载不当未注意隔垫及加固，往往引起货损。

(四)集装箱内货物失窃

集装箱运输仍有发生被窃或被盗的可能。

(五)集装箱全损

由于船舶积载系固不牢或集装箱强度不好等原因，在海上大风大浪中，整个集装箱被打落海中或被打坏，使货物全损或严重受损。

二、货物汗湿货损现象

集装箱货物汗湿是集装箱货物发生残损的主要原因之一。货物汗湿不仅影响货物的包装、外观，而且有时还损害货物的质量，使货物丧失使用价值。

集装箱内部水汽汗湿和货物汗湿统称为汗湿。当集装箱内壁的温度冷却到被封闭在集装箱内的空气露点的时候，集装箱内壁四侧、地板和顶板的表面均会产生水珠的现象叫集装箱内部水汽汗湿。货物汗湿指的是自身含水量超出标准的货物在集装箱内部空气冷却到其露点的时候开始凝结成水珠的现象。集装箱货物发生汗湿有其内因与外因。

(一)内因是指集装箱箱体内存在着湿气源。湿气源通常由以下因素构成

(1)在箱体内外加固、支撑、衬垫不同货物所用的各种包装材料比较潮湿；

(2)箱体内不清洁、不干燥；

(3)捆扎包装货物以及货物被装入集装箱时封入了潮湿的空气；

(4)拼箱货中的些货物水分含量比较高。

(二)外因是指集装箱在长途运输和存放过程中，受气候环境和地理环境的影响，使箱壁和箱内温度发生较大的变化

(1)最主要的是集装箱直接受地面热辐射的影响，使箱壁温度变化大于箱内的温度变化；

(2)集装箱快速通过两个不同的气候地带，箱壁被快速冷却降温；

(3)集装箱装载于船舶甲板上或在储运中所处的位置不同，箱体受外界冷热作用的程度有差别，使箱壁各部位产生了温差；

(4)集装箱受风雨、冰雹、海水飞溅的影响，使箱壁快速降温；

(5)气候骤变、夜间降温等均可影响箱体温度，使之发生变化。

内因是变化的根本原因，外因是变化的条件。集装箱货物汗湿就是其外因通过内因起作

用的结果。

(三)货物汗湿货损防范

要防止集装箱箱内货物的汗湿。首先，要消除集装箱箱内湿气源；其次，保持箱体温度的相对稳定，使之不发生较大、快速的变化；再次，防止结汗产生的水滴对货物带来的危害。因此，我们对集装箱货物实施装箱时必须做好下列防范工作。

1. 选择干燥和完好的集装箱

在货物装箱前应对集装箱进行全面检验。验看箱体是否完整。胶垫、通风孔和风雨密封状况是否良好；箱内是否清洁干燥（集装箱箱底板的水分在 15 以下就可认为是干燥）以及集装箱的类型是否适载该货物。

2. 选用的包装材料必须干燥

对刚采伐或潮湿的木材，绝对不能用作货物的包装材料（如货物包装箱、垫板、支柱等）。以免成为结汗的湿气源。装货时应严格检查所用包装材料的水分。如瓦楞纸箱的水分不得大于 16％、木箱水分不得大于 20％；成型发泡塑料、编织袋不得受潮。

3. 必须合理使用换气孔

某些货物对湿度、气温和水的反应是非常敏感的，要防止这些货物在箱内被汗湿，那就应该使用好集装箱的换气孔。对箱内货物是否需要通风换气，应根据具体装载货物的种类、航线、季节而定；至于换气孔开闭的大小，也应根据箱内外的压差、温差、空气的流动方向而定。因海上运输气候多湿，一般装载散杂货的通用集装箱，应停止通风为好；某些怕闷的货物，对其积载应注意通风效果。通用集装箱不适于装载新鲜蔬菜之类需大量换气的货物，而适于装载原皮等特殊货物。

4. 装箱时严禁混入湿气源

装载货物时，必须选择适合货物的集装箱类型，并保持货物在干燥状态下装箱；尽量避免在雨天或潮湿天气装箱，使箱内不封入湿气源。

5. 水滴的防止

对有可能出现汗湿的集装箱货物，需要在货物下方和箱壁垫上板块；在货物上方用纸或类似的吸水材料加以遮盖，以防结汗的水滴危及货物而导致货损。

6. 采用绝缘措施保护箱内货物

对遭汗湿后易生锈、损坏，或降低其品质等级的机械设备、钢材、易潮饵类货物，可采用真空包装，或用涂油的方法加以保护。

7. 提高货物的填充率

集装箱填充率是指货物的实际装载容积与集装箱有效容积的比值。填充率越高，货物装载量越多、越经济，相应为结汗提供的箱内空间越小，产生的结汗也就越少。

8. 箱内投入干燥剂

为了减少箱内的水蒸气，可以在装箱时投入干燥剂（干燥剂分固体、液体两类，都具有吸收和保存水分相对稳定的作用），通常在集装箱内放入的干燥剂是硅胶。由于水蒸气与干燥剂表面相互接触，干燥剂就会吸收空气中的水蒸气，干燥剂的吸水量与其表面积成正比。至于硅胶的需要量及箱内的安放位置，应视具体货类的含水率而定。一般 40 ft 集装箱在装载机械设备时的硅胶安放量为 30 kg/m²。

9. 货物装箱后的保护

在密闭集装箱内不能用塑料布作为遮盖物，也不能将集装箱长时间置于高温、雨淋或时差气温变化很大的地方；对承装怕水蒸气和水滴这类货物的集装箱，应当将其装载于舱内，避免装在舱面或甲板上，以便保持箱体温度的相对稳定，避免为箱内结汗造成外部条件。

10. 板架式集装箱的护货措施

由于板架式集装箱不是密闭型的包装容器，而是四周敞开式的集装箱。当货物装入板架式集装箱时，必须加以严格遮盖，如可选用篷布、塑料布等防护物。为了使措施更有效，也可在遮盖布与货物之间加一层牛皮胶纸或柏油纸，以防止货物受潮。

案例：外贸报价实例演示

一、报价数量核算

在国际货物运输中，经常使用的是 20 ft 和 40 ft 集装箱，20 ft 集装箱的有效容积为 25 m³,40 ft 集装箱的有效容积为 55 m³。出口商在做报价核算时，建议按照集装箱可容纳的最大包装数量来计算报价数量，以节省海运费。

根据产品的体积、包装单位、销售单位、规格描述来计算报价数量：

【例 1】　商品 03001（三色戴帽熊）的包装单位是 CARTON（箱），销售单位是 Pc（只），规格描述是每箱装 60 只，每箱体积为 0.164 m³，试分别计算该商品用 20 ft、40 ft 集装箱运输出口时的最大包装数量和报价数量。

解：每 20 ft 集装箱：

包装数量＝25÷0.164＝152.439，取整 152 箱

报价数量＝152×60＝9 120 只

每 40 英尺集装箱：

包装数量＝55÷0.164＝335.365，取整 335 箱

报价数量＝335×60＝20 100 只

【例 2】　商品 01006（蓝莓罐头）的包装单位是 CARTON（箱），销售单位是 CARTON（箱），每箱体积为 0.009 5 m³，试分别计算该商品用 20 ft、40 ft 集装箱运输出口时的最大包装数量和报价数量。

解：每 20ft 集装箱：

包装数量＝25÷0.0095＝2 631.578，取整 2 631 箱

报价数量＝2631 箱

每 40 ft 集装箱：

包装数量＝55÷0.0095＝5 789.473，取整 5 789 箱

报价数量＝5 789 箱

注意：由于该商品的包装单位和销售单位相同，故此例的报价数量等于包装数量。

二、采购成本核算

通过邮件和供应商联络，询问采购价格，用以成本核算。

【例题】 商品 03001"三色戴帽熊"，供应商报价为每只 6 元，求采购 9 120 只的成本。

解：采购成本＝6×9 120＝54 720 元

三、出口退税收入核算

先查询产品的"海关编码"，可知道增值税率和出口退税率。

例如：查到商品 03001"填充的毛绒动物玩具"的海关编码是 95034100，可查出增值税率为 17％、出口退税率为 15％。已从供应商处得知供货价为每只 6 元（含增值税 17％），试算 9 120 只三色戴帽熊的出口退税收入。

解：退税收入＝采购成本÷（1＋增值税率）×出口退税率

＝6×9 120÷（1＋17％）×15％

＝7 015.38 元

四、国内费用核算

国内费用包括：内陆运费、报检费、报关费、核销费、公司综合业务费、快递费。

已知内陆运费为每立方米 100 元，报检费 120 元，报关费 150 元，核销费 100 元，公司综合业务费 3 000 元，DHL 费 100 元。

其中：内陆运费＝出口货物的总体积×100

总体积＝报价数量÷每箱包装数量×每箱体积

例如：商品 03001 的描述为"每箱 5 打，每打 12 个"，表示每箱可装 60 个，每箱体积 0.164 m³，求报价数量为 9120 只的内陆运费是多少？

解：总体积＝9 120÷60×0.164＝24.928 m³

内陆运费＝24.928×100＝2 492.8 元

五、海运费核算

出口交易中，采用 CFR、CIF 贸易术语成交的条件下，出口商需核算海运费。

在出口交易中，集装箱类型的选用，货物的装箱方法对于出口商减少运费开支起着很大的作用。货物外包装箱的尺码、重量，货物在集装箱内的配装、排放以及堆叠都有一定的讲究，需要在实践中摸索。

SimTrade 根据货物的体积来计算运费。我们以这一个理论算法来规定 20 ft 和 40 ft 集装箱装箱数量的计算：20 ft 集装箱的有效容积为 25 m³，40 ft 集装箱的有效容积为 55 m³。

在核算海运费时，出口商首先要根据报价数量算出产品体积，与货代核实该批货物目的港的运价。

如果报价数量正好够装整箱（20 ft 或 40 ft），则直接取其运价为海运费；

如果不够装整箱，则用产品总体积×拼箱的价格来算出海运费。

由于运价都以美元显示，在核算完海运费后，应根据当天汇率换算成人民币。

【例题】　商品 03001"三色戴帽熊"要出口到加拿大，目的港是蒙特利尔港口。试分别计算报价数量为 5 000 件和 9 120 件的海运费。

解：

第 1 步：计算产品体积

已知商品 03001 的体积是每箱 0.164 m³，每箱装 60 只。先计算产品体积。

报价数量为 5 000 件，总体积＝5 000÷60×0.164＝13.66 m³

报价数量为 9 120 件，总体积＝9 120÷60×0.164＝24.928 m³

第 2 步：查运价

与货代运费核实运至加拿大蒙特利尔港的海运费分别是：每 20 ft 集装箱 USD1350，每 40 ft 集装箱 USD2430，拼箱每立方米 USD65。

根据第 1 步计算出的体积结果来看，5 000 件的运费宜采用拼箱，9 120 件的海运费宜采用 20 尺集装箱。

报价数量为 5 000 件，海运费＝13.66×65＝887.9 美元

报价数量为 9 120 件，海运费＝1 350 美元

第 3 步：换算成人民币

查询银行今日汇率，美元的汇率为 8.25 元人民币兑换 1 美元。

报价数量为 5 000 件，海运费(人民币)＝887.9×8.25＝7 325.175 元

报价数量为 9 120 件，海运费(人民币)＝1 350×8.25＝11 137.5 元

模块六 货物管理的发展趋势

模块介绍

　　本模块主要介绍在新时期下货物管理的发展趋势。主要从两个方面来介绍：一是在电子商务下货物的形态、包装会发生较大的变化；二是低碳生活、循环经济的条件下，对货物又有新的要求。这些变化和要求对货物管理提出了新的要求。

任务一　电子商务货物管理

技能目标

- 掌握信息对货物的重要性
- 理解电子商务对货物的影响
- 理解 EPC、RFID、物联网对货物的影响

知识点

- 消费者生活方式、价值观念的改变对货物的影响
- 新的配送结构对货物的影响货物的影响
- 电子商务对货物的影响
- EPC、RFID、物联网

任务情境

　　据悉，五粮液集团于 2009 年年初启动了采用 RFID 技术对其高端产品进行管理的项目。与传统商品条码表示一类商品不同，EPC 系统是在计算机互联网和射频识别技术 RFID 的基础上，利用全球统一标识系统 GS1 编码技术给每一个实体对象一个唯一的代码，构造了一个实现全球物品信息实时共享的实物信息互联网。在 RFID 的应用领域，五粮液集团走在了国内的前列。五粮液集团已经在多种高端名酒上采用一次性超高频 RFID 电子防伪标签，是行业内应用防伪技术的"风向标"。

　　业内人士认为，随着五粮液集团 EPC 的应用，不仅将给公司带来极大的社会、经济效益，还将使川酒的国际化迈出重要一步，同时将对我国的 EPC 工作产生深远的影响。

　　　　　　　　　　（资料来源：http://www.rfidinfo.com.cn/Info/n16415_1.html）

 **训练任务**

1. 讨论分析在电子商务条件下，货物的哪些方面会改变较大？为什么？
2. 物联网的兴起，对货物管理有什么影响？

任务要求

1. 围绕技能目标，就上述问题学生分组讨论，形成初步意见，并选择代表进行总结发言。
2. 教师根据各小组讨论的氛围和发言代表的表现进行评价。
3. 教师最后提出货物变化的可能方向。

任务讨论、分析

提示：在电子商务下，快速满足个性化客户需求是重点，主要围绕这个重点来开展讨论，把讨论得出的结论写在下面的空白处。

任务展示

知识学习

提示：在这里由教师提出货物能发生变化的领域，注意做笔记，笔记可以写在下面的空白处。

知识、技能要点

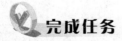

完成任务

根据老师提出的知识、技能要点，简略的写出本任务的最终答案。

相关知识阅读

知识一、电子商务介绍

电子商务（e-business，e-commerce，e-trade）从英文的字面意思上看就是利用现在先进的电子技术从事各种商业活动的方式。电子商务的实质应该是一套完整的网络商务经营及管理信息系统。再具体一点，它是利用现有的计算机硬件设备、软件和网络基础设施，通过一定的协议连接起来的电子网络环境进行各种各样商务活动的方式。这是一个比较严格的定义，说得通俗一点，电子商务一般就是指利用国际互联网进行商务活动的一种方式，例如，网上营销、网上客户服务以及网上做广告、网上调查等。

Internet上的电子商务可以分为三个方面：信息服务、交易和支付。主要内容包括：电子商情广告；电子选购和交易、电子交易凭证的交换；电子支付与结算以及售后的网上服务等。主要交易类型有企业与个人的交易（B to C方式）和企业之间的交易（B to B方式）两种。参与电子商务的实体有四类：顾客（个人消费者或企业集团）、商户（包括销售商、制造商、储运商）、银行（包括发卡行、收单行）及认证中心。

电子商务是Internet爆炸式发展的直接产物，是网络技术应用的全新发展方向。Internet本身所具有的开放性、全球性、低成本、高效率的特点，也成为电子商务的内在特征，并使得电子商务大大超越了作为一种新的贸易形式所具有的价值，它不仅会改变企业本身的生产、经营、管理活动，而且将影响到整个社会的经济运行与结构。

（1）电子商务将传统的商务流程电子化、数字化，一方面以电子流代替了实物流，可以大量减少人力、物力，降低了成本；另一方面突破了时间和空间的限制，使得交易活动可以在任何时间、任何地点进行，从而大大提高了效率。

（2）电子商务所具有的开放性和全球性的特点，为企业创造了更多的贸易机会。

（3）电子商务使企业可以以相近的成本进入全球电子化市场，使得中小企业有可能拥有和大企业一样的信息资源，提高了中小企业的竞争能力。

（4）电子商务重新定义了传统的流通模式，减少了中间环节，使得生产者和消费者的直接交易成为可能，从而在一定程度上改变了整个社会经济运行的方式。

（5）电子商务一方面破除了时空的壁垒；另一方面又提供了丰富的信息资源，为各种社会经济要素的重新组合提供了更多的可能，这将影响到社会的经济布局和结构。

电子商务可以通过多种电子通信方式来完成。简单的，比如你通过打电话或发传真的方式来与客户进行商贸活动，似乎也可以称作为电子商务；但是，现在人们所探讨的电子商务主要是以 Edi（电子数据交换）和 Internet 来完成的。尤其是随着 Internet 术的日益成熟，电子商务真正的发展将是建立在 Internet 技术上的。所以也有人把电子商务简称为 IC（Internet Commerce）。

从贸易活动的角度分析，电子商务可以在多个环节实现，由此也可以将电子商务分为两个层次，较低层次的电子商务如电子商情、电子贸易、电子合同等；最完整的也是最高级的电子商务应该是利用 Intenet 网络能够进行全部的贸易活动，即在网上将信息流、商流、资金流和部分的物流完整地实现，也就是说，你可以从寻找客户开始，一直到洽谈、订货、在线付（收）款、开据电子发票以至到电子报关、电子纳税等通过 Internet 一气呵成。

要实现完整的电子商务还会涉及很多方面，除了买家、卖家外，还要有银行或金融机构、政府机构、认证机构、配送中心等机构的加入才行。由于参与电子商务中的各方在物理上是互不谋面的，因此整个电子商务过程并不是物理世界商务活动的翻版，网上银行、在线电子支付等条件和数据加密、电子签名等技术在电子商务中发挥着重要的不可或缺的作用。

知识二、新的配送模式正在形成

一、价值观念、生活方式对商品的影响

随着人口数量的不断增长、三口之家、单亲家庭的逐渐增多，以及越来越多的年轻人选择了单身这一生活方式，商品过度包装的现象也随之呈不断上升之势。为了适应这些生活方式的需要，走进超市，随处可见独立包装的食品：100 毫升的小杯牛奶、小瓶矿泉水、一次性饮用的咖啡包、茶叶包……而生活节奏的不断加快，也使得人们越来越多地购买那些容易携带、方便食用的小包装食品，如薯片、酸奶、饼干等。

二、新的配送模式的形成

由于电子商务的发展，配送的模式也发生了很大的变化，以前，从生产者到消费者的货物流动常常通过一个或多个中间环节。由于新的信息技术使货物流动更有效，而且在供应链中所有环节的库存减少成为可能。体现在从订货到交货时间的缩短、库存减少和集中。

总的来看，新的配送模式包括：

(1)中间环节不断的减少，货物直接从供应商送到超市；

(2)个性化需求不断增加，需求批量小，运送频率的增加；

(3)每次运输量减少，但运输总量在增加；

(4)消费者要求准时送达，要及时满足消费者需要；

(5)为降低配送成本，增加了对分承包人的依赖；

(6)信息传递越来越快，要求货物能快速识别；

(7)由于特殊运输量的增加，减少了集中运输的的可能性；

(8)零售业态的变化（如 24 小时营业的便利店的出现），从接到订单开始要求在 24 小时内

能完成配送任务。

（9）为改善工作环境，减少工作量，超市增加了展示托盘的数量。

三、货物的变化

新的配送模式的出现，影响着货物的包装朝着更快的配送速度和消费者更适应的配送方向发展。这意味着货物将更小但更频繁的配送。由于配送模式的变化，将来货物可能有以下变化：

（1）包装尺寸，特别是运输和销售包装尺寸可能更小；

（2）在包装上所承受的压力将从存储的静压力变为运输中的动态载荷；

（3）包装应该适合于机械装卸设备，减少搬运成本，加快周转；

（4）从生产到消费的时间更短，减少了对产品的良好保存质量的要求。简单的包装可以使用；

（5）通过电子商务销售的可能性增加，可能彻底改变商店和消费者对包装的要求；

（6）为尽快货物的分拣、配送的速度，对货物合理和有效的识别将有更高的要求；

（7）利用托盘使超市中的搬运合理化。

知识三、EPC、RFID、物联网

一、GS1 介绍

国际物品编码协会（EAN International），简称 EAN，成立于 1977 年，是基于比利时法律规定建立的一个非营利性质的国际组织，总部设在比利时首都布鲁塞尔。

EAN 的前身是欧洲物品编码协会，主要负责除北美以外的 EAN·UCC 系统的统一管理及推广工作，其会员遍及 99 多个国家和地区，全世界已有约百万家公司、企业通过各国或地区的编码组织加入到 EAN·UCC 系统中来。从 20 世纪 90 年代起，为了使北美的标识系统尽快纳入 EAN·UCC 系统，EAN 加强了与美国统一代码委员（UCC）的合作，先后两次达成 EAN·UCC 联盟协议，以共同开发、管理 EAN·UCC 系统。2002 年 11 月 26 日，UCC 和加拿大电子商务委员会（ECCC）正式加入国际 EAN，使 EAN·UCC 系统的全球统一性得到进一步的巩固和完善。

为适应新形势的不断发展，2002 年 6 月 1 日，EAN 决定更名为 GS1。更名反映了随着 UCC 和 ECCC 加入后，组织实现了全球化。

GS1 系统（全球统一标志系统）是目前世界上应用最广的供应链管理标准系统，它是在商品条码的基础上发展而来，以公开、公认、简单为原则。其中"GS"代表全球标准（Standard）、系统（System）、解决方案（Solution）、服务（Service）及标准化组织；"1"则表示全球统一。它由编码体系、可自动识别的数据载体和电子数据交换标准协议组成。这三部分之间相辅相成、紧密联系。编码体系是核心部分，实现了对不同物品的唯一编码；数据载体是将供肉眼识读的编码转化为可供机器识读的载体；然后通过自动数据采集技术及电子数据交换，以最少的人工介入，实现自动化操作。

GS1 全球统一标识系统是国际物品编码协会开发、管理和维护，在全球推广应用的一套编码及数据自动识别标准。其核心价值就在于采用标准化的编码方案，解决在开放流通环境下商品、物流、服务、资产等特征值惟一标识与自动识别的技术难题。该系统能确保标识代码在全球范围内的通用性和惟一性，克服了企业使用自身的编码体系只能在闭环系统中应用的局限性，有效地提高了供应链的效率，推动了电子商务的发展。

GS1 系统应用领域非常广泛，是供应链管理及商务信息化的基石。将 GS1 系统应用于商业零售、物流管理、产品追溯、电子商务、物联网建设等领域，可有效解决贸易伙伴间信息交换和共享的问题，促进商品的贸易流通，提高管理效率。在商业零售业，应用 GS1 系统可实现对商品进、销、存的高效管理，极大地促进了商业自动化。在物流管理中，如果应用 GS1 系统等相关的物流信息标准，可使物流企业的信息系统开发费用降低 80%，将各系统连通起来的成本也可以减少一半。在食品追溯中，应用 GS1 系统可实现对食品供应链全过程的跟踪与追溯，建立"从农场到餐桌"食物供应链跟踪与追溯体系。

二、EPC 介绍

（一）EPC 概念

EPC 的全称是 Electronic Product Code，中文译作产品电子代码，它是为了提高物流供应链管理水平、降低成本而新近发展起来的一项新技术，可以实现对所有实体对象（包括零售商品、物流单元、集装箱、货运包装等）的唯一有效标识。EPC 系统则是以 EPC 为每一实体对象的标识码，利用 RFID（射频识别）技术优势和互联网的基础资源优势，搭建一个覆盖全球的"物联网"。

虽然有多种方法可以解决单品识别问题，但目前所找到的最好的解决方法就是给每一个商品提供唯一的号码——"EPC 码"。EPC 码采用一组编号来代表制造商及其产品，不同的是 EPC 还用另外一组数字来唯一地标识单品。EPC 是唯一存储在 RFID 标签微型芯片中的信息，这个标签包含一块硅芯片和一根天线。读取 EPC 标签时，它可以与一些动态数据连接，例如该贸易项目的原产地或生产日期等。这与全球贸易项目代码（GTIN）和车辆鉴定码（VIN）十分相似，EPC 就像是一把钥匙，用以解开 EPC 网络上相关产品信息这把锁。EPC 所标识产品的信息保存在 EPC Global 网络中，而 EPC 则是获取有关这些信息的一把钥匙。

（二）EPC 的发展及特点

EPC 技术是由美国麻省理工学院的自动识别研究中心（Auto-ID Center）开发的，旨在通过互联网平台，利用射频识别（RFID）、无线数据通信等技术，构造一个实现全球物品信息实时共享的"物联网（Internet of Things）"。

2003 年 11 月 1 日，国际物品编码协会（GS1）正式接管了 EPC 在全球的推广应用工作，成立了电子产品代码全球推广中心（EPC Global），标志着 EPC 正式进入全球推广应用阶段。中国物品编码中心（ANCC）是 EPC Global 在国内的唯一授权代表机构。

EPC 编码体系是新一代的与 GTIN 兼容的编码标准，它是全球统一标识系统（GS1）的延伸和拓展，是全球统一标识系统的重要组成部分，是 EPC 系统的核心与关键。

EPC 代码是由标头、厂商识别代码、对象分类代码、序列号等数据字段组成的一组数字。具体结构如表 6-1 所示，具有以下特性。

（1）科学性：结构明确，易于使用、维护。

（2）兼容性：EPC 编码标准与目前广泛应用的 EAN·UCC 编码标准是兼容的，GTIN 是 EPC 编码结构中的重要组成部分，目前广泛使用的 GTIN、SSCC、GLN 等都可以顺利转换到 EPC 中去。

（3）全面性：可在生产、流通、存储、结算、跟踪、召回等供应链的各环节全面应用。

（4）合理性：由 EPCglobal、各国 EPC 管理机构（中国的管理机构称为 EPCglobal China）、被标识物品的管理者分段管理、共同维护、统一应用，具有合理性。

（5）国际性：不以具体国家、企业为核心，编码标准全球协商一致，具有国际性。

（6）无歧视性：编码采用全数字形式，不受地方色彩、语言、经济水平、政治观点的限制，是无歧视性的编码。

表 6-1　EPC-96 码编码规则

代码（16进制）	01.	0203D2A.	916E8B.	719BAE03C
格式	×.	×××.	×××.	×××××
	标头	EPC 管理者（公司）	物品（产品）	序列号
代码二进制位数	8	28	24	36
容量		2.68 亿	1.6 千万	680 亿
总编码容量	10 000 万亿			

当前，出于成本等因素的考虑，参与 EPC 测试所使用的编码标准采用的是 64 位数据结构，未来将采用 96 位的编码结构。

（三）EPC 技术特性

EPC 系统是集编码技术、射频识别技术和网络技术为一体的新兴技术，EPC 系统的推广和应用将引起物流管理过程的革命。EPC 的编码体系完全与 GS1（EAN-UCC）编码体系相兼容。

EPC 标签芯片的面积不足 1 mm^2，可实现二进制 96（128）字节信息存储，它的标识容量上限是：全球 2.68 亿家公司，每个公司出产 1 600 万种产品，每种产品生产 680 亿个。这样大的容量可以将全球每年生产的谷物逐粒标识清楚。这意味着每类产品的每个单品都能分配一个标识身份的唯一电子代码。形象地说，给它们上了"户口"。

跟条形码相比，EPC 的优势还不仅是超强的标识能力。同时，EPC 系统射频标签与视频识读器之间是利用无线感应方式进行信息交换的，因此可以进行无接触识别，"视线"所及，可以穿过水、油漆、木材甚至人体识别。EPC 1 秒钟可以识别 50～150 件物品。

EPC 应用的是芯片，它存储的信息量和信息类别是条形码无法企及的。未来 EPC 在标识产品的时候将要达到单品层次，如果制造商愿意，它还可以对物品的成分、工艺、生产日期、作业班组，甚至是作业环境进行描述。EPC 以互联网为平台，能实现全球物品信息的实时共享，这将是继条码技术之后，再次变革商品零售结算、物流配送及产品跟踪管理模式的一项新技术。

EPC 实际上是将 RFID 上网以实现全球物品信息的实时共享，这将是继条码技术后再次变革商品零售结算、物流配送及产品跟踪管理模式的一项新技术。

(四)EPC 系统组成与物联网

一个完整的 EPC 工作系统由 EPC 标签、识读器、Savant 服务器、Internet、ONS(对象名称解析服务)服务器、PML(实体标记语言)服务器以及众多的数据库组成。如表 6-2 所示。

表 6-2　EPC 系统的构成

系统构成	名称	注释
EPC 编码体系	EPC 代码	用来标识目标的特定代码
射频识别系统	EPC 标签	贴在物品之上或内嵌在物品之中
	读写器	识读 EPC 标签
信息网络系统	EPC 中间件(Savant 服务器)	EPC 系统的支持软件
	ONS 服务器(对象名称解析服务)	
	EPC 信息服务(EPC IS) (PML 服务器、数据库、Internet)	

在全球互联网的基础上，EPC 通过管理软件系统、ONS 和 PML 实现全球"实物互联"。Savant 服务器的主要任务是数据校对、识读器协调、数据传输、数据存储和任务管理，它是 EPC 工作系统的中枢神经，起着管理系统平台的作用。ONS 给 Savant 系统指明存储产品有关信息的服务器，ONS 发挥了关键的作用。PML 则是描述产品信息的计算机语言。

在由 EPC 标签、解读器、Savant 服务器、Internet、ONS 服务器、PML 服务器以及众多数据库组成的 EPC 物联网中，解读器读出的 EPC 只是一个信息参考(指针)，该信息经过网络，传到 ONS 服务器，找到该 EPC 对应的 IP 地址并获取该地址中存放的相关的物品信息。而采用分布式 Savant 软件系统处理和管理由解读器读取的一连串 EPC 信息，Savant 将 EPC 传给 ONS，ONS 指示 Savant 到一个保存着产品文件的 PML 服务器查找，该文件可由 Savant 复制，因而文件中的产品信息就能传到供应链上。物联网网络的结构如图 6-1 所示。

三、物联网介绍

所谓"物联网"(Internet of Things)，指的是将各种信息传感设备，如射频识别(RFID)装置、红外感应器、全球定位系统、激光扫描器等种种装置与互联网结合起来而形成的一个巨大网络。其目的是让所有的物品都与网络连接在一起，方便识别和管理。物联网是利用无所不在的网络技术建立起来的。其中非常重要的技术是 RFID 电子标签技术。

目前较为成型的分布式网络集成框架是 EPCglobal 提出的 EPC 网络。EPC 网络主要是针对物流领域，其目的是增加供应链的可视性（visibility）和可控性（control），使整个物流领域能够借助 RFID 技术获得更大的经济效益。

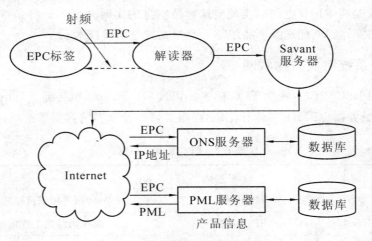

图 6-1　EPC 系统的工作流程

例如，国际快递巨人联邦快递在 2009 年 12 月份为包裹推出了一种新型跟踪装置和网络服务，名字叫做 SenseAware，它可以显示包裹的温度、地点和其他重要信息，比如是否被打开过或被玩耍过。目前联邦快递已经和 50 家保健公司和生命科学公司展开了试点合作，用于跟踪手术工具包，医疗设备和器官等。

四、条码、EPC、RFID 的关系

（一）条码标识技术的局限性与 RFID 标识技术及其优越性

1. 条形码标识技术的局限性

条形码虽然在广泛应用，而且也大幅度提高了物流的效率。但是条码仍有许多缺点：

（1）条码只能识别一类产品，而无法识别单品；

（2）条码是接触识别技术。即扫描仪必须"看见"条码才能读取它，这表明人们通常必须将扫描光线对准条码扫描仪才有效；

（3）如果印有条码的横条被撕裂、污损或脱落，就无法扫描这些商品；

（4）传统一维条码是索引代码，必须实时和数据库联系，从数据库中寻找完整的描述数据。

条码的局限性具体有：

（1）信息标识是静态的；

（2）信息识别是接触式的；

（3）信息容量是有限的；

（4）不能给每个消费单元唯一的身份；

（5）数据存储、计算是集中的；

（6）二维条码只解决了信息标识容量问题。

GS1（EAN·UCC）条码标识系统在零售结算和库存管理中发挥了重要的作用，但在供应链中还有几个方面的不足：

（1）不能做到真正的"一物一码"，对每一个商品的管理不到位，无法实现产品的实时追踪；

（2）传统的 EDI 方式由于成本高、技术复杂等方面的原因，不便于推广，需要开发基于互联网的 EDI 标准；

（3）没有分类和属性信息，不能实现分类查询、统计等应用，电子商务中的应用受到限制。

总之，条码只能适用于商流和物流的信息管理，不能透明地跟踪和贯穿供应链过程。

2. RFID 标识技术及其优越性

RFID 在本质上是物品标识的一种手段，它被认为将会最终取代现今应用非常广泛的条形码，成为物品标识的最有效方式，它具有一些非常明显的优点。条码与 RFID 的功能对比，在标签信息容量大小、一次读取数量、读取距离远近、读写能力更新（标签信息可反复读写 R/W）、读取方便性（读取速度与可否高速移动读取）、适应性（全方位穿透性读取、在恶劣环境下仍可读取、全天候工作）等方面都大大优于条码。RFID 技术拥有良好的功能特性，能满足当前社会经济发展对商品处理的高效性需求。利用 RFID 技术通过对实体对象（包括零售商品、物流单元、集装箱、货运包装、生产零部件等）的唯一有效标识，被广泛应用于生产、零售、物流、交通等各个行业。RFID 技术已逐渐成为企业提高物流供应链管理水平，降低成本，实现企业管理信息化，增强企业核心竞争能力不可缺少的技术工具和手段。

与条码技术相比，射频识别 RFID 则是一种新兴的自动识别技术。RFID 技术是实现物流过程实施货品跟踪的一种非常有效的技术。

射频识别技术最突出的特点是：

（1）可以非接触识读，距离可以从几厘米至几十米；

（2）可识别高速运动物体；

（3）抗恶劣环境；

（4）保密性强；

（5）可同时识别多个识别对象等。

（二）RFID 与 EPC 以及 GS1（EAN·UCC）体系的关系

1. EPC 与 EAN·UCC 之间的关系

产品电子代码 EPC 与目前应用最成功的商业标准 GS1（EAN·UCC）全球统一标识系统是兼容的，成为 GS1 系统的一个重要组成部分，是 GS1 系统的延续和拓展，主要表现在以下两个方面：

组织上，由国际物品编码协会 EAN 和美国统一代码委员会 UCC 负责 EPC 在全球的推广与实施。

技术上，EPC 结构与现行的 GS1 系统中的 GTIN 是相兼容的，也就是说 GTIN 是 EPC 编码结构中的重要组成部分。二者之间既有区别又有联系，整体上必须维护 EAN·UCC 系统的一致性和连续性。

2. EPC 与 RFID 的关系

早期的 RFID 标签是有集成电路板卡制成，由于体积大，成本高，只能应用于托盘、货架和集装箱上，只有极少数的用户使用，人们对其前景并不看好。而 EPC 采用微型芯片存储信息，并用特殊薄膜封装技术，体积大大缩小，随着技术改进和推广应用，成本不断降低，能够给每个单个消费品一个唯一的身份。

EPC 系统（物联网）是在计算机互联网和射频技术 RFID 的基础上，利用全球统一标识系统编码技术给每一个实体对象一个唯一的代码，构造了一个实现全球物品信息实时共享的"Internet of things"。它将成为继条码技术之后，再次变革商品零售结算、物流配送及产品跟踪管理模式的一项新技术。EPC 与 RFID 科学的逻辑关系应该是：

EPC 代码＋RFID＋Internet＝EPC 系统（物联网）。

由此可见，EPC 系统是一个复杂、全面、综合的系统，包括 RFID、EPC 编码、网络、通信协议等，RFID 只是其中的一个组成部分。EPC 是 RFID 技术的应用领域之一，只有特定的低成本的 RFID 标签才适合 EPC 系统。

从上面的分析、阐述，可以看出物流信息标识与采集技术的发展脉络和对物流管理产生的变革性影响。可以得出下面结论：

（1）EPC 是条码和 RFID 技术的拓展和延续，EPC 是 EAN·UCC 系统的延续和拓展。EPC 已经成为全球统一标识系统（EAN·UCC 系统）的一个组成部分。

（2）EPC 系统是一个复杂、全面、综合的系统，包括 RFID、EPC 编码、网络、通信协议等，RFID 只是其中的一个组成部分。技术换代引起了物流模式的演进，EPC 系统（物联网）反过来包含了 RFID 技术。EPC 是 RFID 技术的应用领域之一，只有特定的低成本的 RFID 标签才适合 EPC 系统。

（3）EPC 不会取代条码。EPC 将与条码长期共存！EPC 将与条码共同打造供应链的完美管理。

任务二　预测低碳经济对货物管理的影响

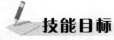

技能目标

- 能合理选择货物的循环包装或一次性包装
- 能利用物流管理的观点解释货物的变化

知识点

- 生态循环社会对货物的要求

- 标准化对货物的要求
- 工作环境的要求对货物的影响

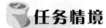**任务情境**

可口可乐新推环保瓶，节省 35％的碳排放、70％回收空间

在低碳环保的背景下，在康师傅率先推出轻量化包装之后，可口可乐也正式加入这一进程，旗下水品牌"冰露"发布了环保轻量瓶包装，新瓶身仅重 9.8 g，较原瓶减重超过 35％，相应减少 35％的碳排放。而由于瓶壁厚度仅为 0.1 mm，可轻松扭挤成条状，从而节省 70％以上的回收空间。

事实上，可口可乐此前刚发布环保承诺，称到未来的 2015 年，包装使用率将会降低 7％，年包装材料可以减少 55 000 t，且在包装上停止聚氯乙烯的使用。这一新的环保轻量瓶便是对此的实践。据可口可乐大中华区技术总监欧阳荣介绍，此前在日本首发的轻量瓶超过 12 g，而本次的瓶仅有 9.8 g，突破了一般常规。"其中盖比原盖节省了 50％，而瓶壁只有 0.1 mm 厚度，底瓶经过重新开发，标签也没有用 PVC 材料。"

欧阳荣告诉记者，由于原料的选购、瓶身设计、瓶模设计以及瓶盖都是新的，且为了上马这一新包装，可口可乐对现有三大装瓶系统的大部分冰露生产线进行了改良，而这笔用于研发、设备改造等环节的费用需要 8～10 年的投资回报期。尽管如此，环保轻量瓶还是可降低 PET 塑料和物流等成本。"以每年 10 亿瓶冰露纯净水的基础销量计算，轻量瓶的推出将减少 6 200 t PET 塑料。经扭挤成条的废弃瓶可节能 410 000 m² 的回收空间。"

按照可口可乐提供的数据显示，其在 2008 年推出的环保拉环易拉罐节省了大量铝材，通过逐步优化包装材料的使用，与 2006 年的设计方案相比，2007 年到 2009 年期间，可口可乐中国系统节省了 24 464 t PET 塑料和 15 434 t 玻璃。而记者了解到，以 PET 塑料为例，2008 年大宗交易市场的报价为 8 000 元/t，到 2010 年已经涨到了 1.1 万元/t～1.2 万元/t，这笔节省的 PET 开销相当可观。

（资料来源：南方都市报，2010 年 4 月 28 日）

训练任务

1. 通过上网或到图书馆查找资料分析讨论在低碳经济的条件下，货物的哪些方面会改变较大？为什么？
2. 货物使用可重复循环使用包装是否就是低碳？说明理由。

任务要求

1. 围绕技能目标，就上述问题学生分组讨论，形成初步意见，并选择代表进行总结发言。
2. 教师根据各小组讨论的氛围和发言代表的表现进行评价。
3. 教师最后提出货物变化的可能方向，最后学生完成任务。

任务讨论、分析

提示：低碳是西方国家一种新的经济运转模式的一种表述，把绿色和环保、节能等问题汇成新的名词低碳。低碳诞生的时间很短，但是"杀伤力"相当高，将会在我们人类共同的地球家园发挥威力，低碳这一名词就几乎覆盖目前所有正在经营的发展领域。我们主要从物流的角度围绕货物的运输包装、消费者包装可能发生的变化来开展讨论，把讨论得出的结论写在下面的空白处。

任务展示

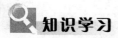

知识学习

提示：在这里由教师提出货物能发生变化的领域，注意做笔记，笔记可以写在下面的空白处。

知识、技能要点

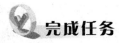

完成任务

根据老师提出的方向，简略的写出本任务的最终答案。

相关知识阅读

知识一、低碳经济介绍

所谓低碳经济，是指在可持续发展理念指导下，通过技术创新、制度创新、产业转型、新能源开发等多种手段，尽可能地减少煤炭石油等高碳能源消耗，减少温室气体排放，达到经济社会发展与生态环境保护双赢的一种经济发展形态；这是摒弃以往先污染后治理、先低端后高端、先粗放后集约的发展模式的现实途径，是实现经济发展与资源环境保护双赢的必然选择。

一、低碳经济提出的背景

低碳经济是以低能耗、低污染、低排放为基础的经济模式，是人类社会继农业文明、工业文明之后的又一次重大进步。是国际社会应对人类大量消耗化学能源、大量排放二氧化碳（CO_2）和二氧化硫（SO_2）引起全球气候灾害性变化而提出的能源品种转换新概念，实质是解决提高能源利用效率和清洁能源结构问题，核心是能源技术创新和人类生存发展观念的根本性转变。

"低碳经济"提出的大背景，是全球气候变暖对人类生存和发展的严峻挑战。随着全球人口和经济规模的不断增长，能源使用带来的环境问题及其诱因不断地为人们所认识，不止是烟雾、光化学烟雾和酸雨等的危害，大气中二氧化碳（CO_2）浓度升高带来的全球气候变化也已被确认为不争的事实。

在此背景下，"碳足迹""低碳经济""低碳技术""低碳发展""低碳生活方式""低碳社会""低碳城市""低碳世界"等一系列新概念、新政策应运而生。

作为具有广泛社会性的前沿经济理念，低碳经济还没有约定俗成的定义。低碳经济也涉及广泛的产业领域和管理领域。

二、实现低碳的重要途径

特别从中国能源结构看，低碳意味节能，低碳经济就是以低能耗、低污染为基础的经济。"低碳经济"的理想形态是充分发展"阳光经济""风能经济""氢能经济""生态经济"、"生物质经济"。但现阶段太阳能发电的成本是煤电水电的 5～10 倍，一些地区风能发电价格高于煤电水电；作为二次能源的氢能，目前离利用风能、太阳能等清洁能源提取的商业化目标还很远；以大量消耗粮食和油料作物为代价的生物燃料开发，一定程度上引发了粮食、肉类、食用油价格的上涨。从世界范围看，预计到 2030 年太阳能发电也只达到世界电力供应的 10%，而全球已探明的石油、天然气和煤炭储量将分别在今后 40 年、60 年和 100 年左右耗尽。因此，在"碳素燃料文明时代"向"太阳能文明时代"（风能、生物质能都是太阳能的转换形态）过渡的未来几十年里，"低碳经济"是"低碳生活"的重要含义之一，就是节约化石能源的消耗，为新能源的普及利用提供时间保障。

实现低碳的重要途径之一，就是戒除以高耗能源为代价的"便利消费"嗜好。"便利"是现代商业营销和消费生活中流行的价值观。不少便利消费方式在人们不经意中浪费着巨大的能源。比如，据制冷技术专家估算，超市电耗 70％用于冷柜，而敞开式冷柜电耗比玻璃门冰柜高出 20％。由此推算，一家中型超市敞开式冷柜一年多耗约 4.8 万度电，相当于多耗约 19 t 标煤，多排放约 48 t 二氧化碳，多耗约 19 万升净水。上海约有大中型超市近 800 家，超市便利店 6 000 家。如果大中型超市普遍采用玻璃门冰柜，顾客购物时只需举手之劳，一年可节电约 4 521 万度，相当于节省约 1.8 万 t 标煤，减排约 4.5 万 t 二氧化碳。

实现低碳的重要途径之二，就是以"关联型节能环保意识"戒除使用"一次性"用品的消费嗜好。2008 年 6 月全国开始实施"限塑令"。无节制地使用塑料袋，是多年来人们盛行便利消费最典型的嗜好之一。要使戒除这一嗜好成为人们的自觉行为，单让公众理解"限塑"意义在于遏制"白色污染"，这只是"单维型"环保科普意识。其实"限塑"的意义还在于节约塑料的来源——石油资源、减排二氧化碳。这是一种"关联型"节能环保意识。据中国科技部《全民节能减排手册》计算，全国减少 10％的塑料袋，可节省生产塑料袋的能耗约 1.2 万 t 标煤，减排 31 万吨二氧化碳。

实现低碳的重要途径之三，就是戒除以大量消耗能源、大量排放温室气体为代价的"面子消费"、"奢侈消费"的嗜好。2009 年第一季度全国车市销量增长最快的是豪华车，其中高档大排量的宝马进口车同比增长 82％以上，大排量的多功能运动车 SUV 同比增长 48.8％。与此相对照，不少发达国家都愿意使用小型汽车、小排量汽车。提倡低碳生活方式，并不一概反对小汽车进入家庭，而是提倡有节制地使用私家车。由于人们将"现代化生活方式"含义片面理解为"更多地享受电气化、自动化提供的便利"，导致了日常生活越来越依赖于高能耗的动力技术系统，往往几百米的短程或几层楼的阶梯，都要靠机动车和电梯代步。另一方面，人们的膳食越来越多地消费以多耗能源、多排温室气体为代价生产的畜禽肉类、油脂等高热量食物，肥胖发病率也随之升高。

实现低碳的重要途径之四，就是全面加强以低碳饮食为主导的科学膳食平衡。低碳饮食，就是低碳水化合物，主要注重限制碳水化合物的消耗量，增加蛋白质和脂肪的摄入量。低碳饮食可以控制人体血糖的剧烈变化，从而提高人体的抗氧化能力，抑制自由基的产生，长期还会有保持体型、强健体魄、预防疾病、减缓衰老等益处。

人们要实现宏大的节能降耗战略，或许要取决于很多细微之处。人们应看到，这"细微之处"不止是制造业、建筑业中许多节能技术改进的细节，也包括日常生活习惯中许多节能细节。对于世界第一人口大国来说，每个人生活习惯中浪费能源和碳排放的数量看似微小，一旦以众多人口乘数计算，就是巨大的数量。

知识二、生态循环的社会对货物包装的影响

一、循环经济的介绍

循环经济和低碳经济两个概念大同小异，循环经济涵盖范围更广。

循环经济即在人、自然资源和科学技术的大系统内，在自然资源投入、企业生产、产品消费及其废弃的全过程中，不断提高资源利用效率和效益，把传统的、依赖资源消耗性增加的发展，转变为依靠生态资源循环来发展的经济。

传统经济是"资源—产品—废弃物"的单向直线过程，创造的财富越多，消耗的资源和产生的废弃物就越多，对环境资源的负面影响也就越大。循环经济则以"减量化、再利用、资源化"为原则，以尽可能小的资源消耗和环境成本，获得尽可能大的经济和社会效益，从而使经济系统与自然生态系统的物质循环过程相互和谐，促进资源永续利用。

因此，循环经济是对"大量生产、大量消费、大量废弃"的传统经济模式的根本变革。其基本特征是：

(1)在资源开采环节，要大力提高资源综合开发和回收利用率。

(2)在资源消耗环节，要大力提高资源利用效率。

(3)在废弃物产生环节，要大力开展资源综合利用。

(4)在再生资源产生环节，要大力回收和循环利用各种废旧资源。

(5)在社会消费环节，要大力提倡绿色消费。

二、绿色物流、绿色包装

(一)绿色物流

循环经济在物流领域的应用就是绿色物流。绿色物流（Environmental logistics）是指在物流过程中抑制物流对环境造成危害的同时，实现对物流环境的净化，使物流资源得到最充分利用。从物流管理过程来看，主要是从环境保护和节约资源的目标出发，改进物流体系，既要考虑正向物流环节的绿色化，又要考虑供应链上的逆向物流体系的绿色化。绿色物流的最终目标是可持续性发展，实现该目标的准则是经济利益、社会利益和环境利益的统一。

绿色物流的内涵包括以下五个方面：

1. 资源集约化

这是绿色物流的本质内容，也是物流业发展的主要指导思想之一。通过整合现有资源，优化资源配置，企业可以提高资源利用率，减少资源浪费。

2. 绿色运输

运输过程中的燃油消耗和尾气排放，是物流活动造成环境污染的主要原因之一。因此，要想打造绿色物流，首先要对运输线路进行合理布局与规划，通过缩短运输路线，提高车辆装载率等措施，实现节能减排的目标。另外，还要注重对运输车辆的养护，使用清洁燃料，减少能耗及尾气排放。

3. 绿色仓储

绿色仓储一方面，要求仓库选址要合理，有利于节约运输成本；另一方面，仓储布局要科学，使仓库得以充分利用，实现仓储面积利用的最大化，减少仓储成本。

4. 绿色包装

包装是物流活动的一个重要环节，包装必须合理化。绿色包装可以提高包装材料的回收利用率，有效控制资源消耗，避免环境污染。

5. 废弃物物流

废弃物物流是指在经济活动中失去原有价值的物品，根据实际需要对其进行搜集、分类、加工、包装、搬运、储存等，然后分送到专门处理场所后形成的物品流动活动。

(二)绿色包装

1. 绿色包装的概念

绿色包装发源于 1987 年联合国环境与发展委员会发表的《我们共同的未来》，到 1992 年6 月联合国环境与发展大会通过了《里约环境与发展宣言》、《21 世纪议程》，随即在全世界范围内掀起了一个以保护生态环境为核心的绿色浪潮。

"绿色包装"(Green Package)有人称其为"环境之友包装"(Environmental Friendly Package)或生态包装(Eological Package)。绿色包装应是：对生态环境和人体健康无害，能循环复用和再生利用，可促进国民经济持续发展的包装。也就是说包装产品从原材料选择、产品制造、使用、回收和废弃的整个过程均应符合生态环境保护的要求。它包括了节省资源、能源、减量、避免废弃物产生，易回收复用，再循环利用，可焚烧或降解等生态环境保护要求的内容。绿色包装的内容随着科技的进步，包装的发展还将有新的内涵。

2. 绿色包装一般应具有五个方面的内涵

(1)实行包装减量化(Reduce)。包装在满足保护、方便、销售等功能的条件下，包装材料应是用量最少。

(2)包装应易于重复利用(Reuse)，或易于回收再生(Recycle)。通过生产再生制品、焚烧利用热能、堆肥化改善土壤等措施，达到再利用的目的。

(3)包装废弃物可以降解腐化(Degradable)。其最终不形成永久垃圾，进而达到改良土壤的目的。Reduce、Reuse、Recycle 和 Degradable 即当今世界公认的发展绿色包装的 3R1D 原则。

(4)包装材料对人体和生物应无毒、无害。包装材料中不应含有有毒性的元素、病菌、重金属；或这些含有量应控制在有关标准以下。

(5)包装制品从原材料采集、材料加工、制造产品、产品使用、废弃物回收再生，直到其最终处理的生命全过程均不应对人体及环境造成公害。

3. 绿色包装发展历程

根据人们对绿色包装的理念的认识同层次，可以把绿色包装的发展划分为三个阶段。

第一阶段：20 世纪 70 年代到 80 年代中期，"包装废弃物回收处理"说，在这个阶段，同收处理，减少包装废弃物对环境的污染是主要的方向。这个时期，最早颁布的法令有美国

1973 年的《军用包装废弃物处理标准》，丹麦 1984 立法规定重点在于饮料包装的包装材料回收利用。中国在 1996 年也颁布了《包装废弃物的处理与利用》。

第二阶段：20 世纪 80 年代中期至 90 年代初期，"3R1D"说。这个阶段，美国环保部门就包装废弃物提出了三点意见。①尽可能对包装进行减量化，不用或少用包装；②尽量回收利用商品包装容器；③不能回收利用的材料和容器，应采用生物降解的材料。同时欧洲的许多国家也提出本国的包装法律规范，强调包装的制造者和使用者必须重视包装与环境的协调性。

第三个阶段：20 世纪 90 年代中后期的"LCA"说。LCA（Life Cycle Analysis），即"生命周期分析"方法。它被称为"从摇篮到坟墓"的分析技术，它是把包装产品从原材料提取到最终废弃物的处理的整个过程作为研究对象，进行量化的分析和比较，以评价包装产品的环境性能。这种方法的全面、系统、科学性已经得到的人们的重视和承认，并作为 ISO14000 中的一个重要的子系统存在。

三、一次性或重复使用的包装选择

提倡资源回收利用，可重复使用的包装是否一定优于一次包装？

这没有一个普遍的规律，可重复使用的包装或一次性包装系统各自的经济利益取决于制造包装的内部环境和外部环境，如产品和市场以及配送渠道。哪个系统的成本效益最好取决于每个特殊案例的情况。作决定的基础还要包括软的因素，如工作环境和质量以及市场和生态环境形象等。在图 6-2 中给出了影响包装选择的一些重要因素。

可重复使用的包装的周转速度对在一定时间周期内的包装数量和成本影响很大。包装的资金占用率与周转率成反比，即高的周转率等于低的资金占用率。高的周转率意味着包装经常被使用，即系统中需要的包装数量被减少，保存空包装的缓冲库存的空间也减少。高的周转率也意味着每个包装使用的利息成本也被减少。

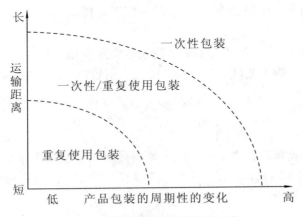

图 6-2 影响包装系统选择的因素

可重复使用的的包装系统要获得低的资金占用，受系统许多因素的影响：

（1）周转频率。指已填充的包装的配送的规律和频率，以及空包装的回收的规律和频率。频率高适合重复使用包装。

(2)存储时间。有存储时间限制或存储时间短、配送频繁的产品适合使用可重复使用的包装。

(3)配送过程中的环节。从生产到消费过程的环节越少，商品流动速度快，适合可重复使用的包装。

(4)标准化的产品和包装。重复使用包装适合标准化的产品和包装以及包装规格比较单一的产品。

(5)运输成本。包括分送到市场的成本和空包装的回收成本。

(6)空包装的体积和可压缩性。

(7)卫生的要求。如果对包装的卫生要求越高，对回收包装的清洗的要求越高，消耗的能源就越多，因此成本也就越高。

(8)能源的消耗。回收空包装需消耗能源，消耗大成本就高。

案例：平板包装，挤出更多利润

宜家历史始于1943年瑞典阿根纳瑞小村庄，宜家创始人英格瓦·坎普拉德当时只有17岁。自那时起宜家集团已发展成为一个在全世界25个国家/地区拥有123 000名员工，年销售额215亿欧元的大型零售企业。

宜家集团在2009年度新开15家商场。截至2009年8月，全世界共有267家宜家商场，在本年度迎来5.9亿访客。另有34家商场由宜家集团以外的特许经销商拥有和经营。

一、采购与销售情况

1. 采购

宜家在全世界30个国家拥有26个贸易采购公司。在全世界55个国家拥有大约1 220个供应商。前五大采购国家：中国20%，波兰18%，意大利8%，德国6%和瑞典5%。

2. 销售

宜家集团在全世界25个国家拥有267个商场，宜家商场一处备有的家居用品应有尽有。去年，共有5亿9千万个顾客光顾宜家商场。前五大销售国家：德国15%，美国10%，法国10%，英国7%，和瑞典6%。

二、物流中心的布局

具体到物流运作，就体现在物流中心的全球布局上，宜家把全球市场分为8个区域，全球有28个配送中心分布在16个国家，其中，欧洲有19个配送中心，美国5个，在亚洲的上海、马来西亚也各设有一个。

三、宜家的成功之道

不仅在全球采购、大量生产所带来的成本效益，深究宜家的经营哲学，会发现创办人坎普拉主张的"简单"精神无所不在，从设计、包装、服务到陈列方式，皆化繁为简。去掉复杂性，等于省掉了额外成本。

1. 简单设计

宜家家具的设计前提很单纯，就是"价格要让一般人都能负担"，因此所有的商品在设计前，都会先定出价格，然后设计师再在有限的预算内，兼顾实用性与设计感，找到成本最低、质量最精的材料来制作。

宜家在全球设有 26 个采购中心（Trading office）和超过 1 220 个供应商合作，让设计师可以搜罗低价的优质材料，比如地毯织品向印度采购、玻璃向中国台湾采购，确保价格最低、质量最优。

2. 简单包装

产品设计成可叠放的，可以节省运输的次数。产品的包装采用平整包装，减低仓储及货运成本。宜家的家具还有一项重要特色，即风格再怎么变，在组装上都必须符合可"平板包装"（flat-packed）或"可堆叠"的条件。宜家有一句名言："采用平板包装，我们就可以避免无谓的把空气运来运去。"

究竟平板包装可省多少空间效能呢？以蜡烛为例：

宜家设计用来加热食物或精油的 GLIMMA 蜡烛，原本是以零散的方式将 100 支蜡烛装成一包，堆置于托盘（一个运送单位）上，后来改采塑料包膜平整包装，一包蜡烛成为一个 20 支乘 5 层的整齐方块状，减少了蜡烛间的零散空间，栈板的盛放容量也从原来的 252 包增加为 360 包，共省下 30% 的运送与仓储空间，售价也因此调降了 5%～7%，让消费者以更便宜的价格即可购得。

3. 简单陈列

托盘当货架，精减人力。在商品陈列上，宜家也有独到的简单哲学。一般大卖场多会配置人力去堆叠、放置以及维护商品，但宜家完全不用，因为商品都是以最朴实的方式，直接陈列在木头栈板上。此外，商品原本就排列很整齐，所以也无须人员特别维护。由于产品都是采用很简单的平板包装，也间接带来陈列上的极大便利。

4. 信息简单

只给你必要的信息 。在"信息"上讲求简单，全球宜家执行"整年价格不调涨"便是一个代表作。

四、结论

宜家的成功，暗示着所有经营人："多，不一定是好；简单、清楚、明了，往往胜过复杂。"

知识三、标准化对货物的影响

标准化的主要目的支持贸易和通信，与标准化有关的法令、法规有很多，涉及方方面面，在这里从欧盟指令来说明标准化对货物的影响。

欧盟指令是指欧盟议会有关产品基本要求、检验和合格评定程序方面的法律条文。这些基本要求对保护公共利益所必须达到的基本要求，特别是保护用户的健康和安全、动植物的安全和环境的基本要求做出了规定。欧盟要求各成员国将这些指令在规定的时间内必须无条件的、强制的转化为各国的法律，而且进入欧洲的产品必须符合这些指令的基本要求。到目前为止，欧盟已公布了 300 多个指令，大致分为基本指令（如通用产品安全指令、缺陷产品的责任、CE 标志规则、符合性评估）、通用指令（如低电压电气设备指令、电磁兼容指令）、特定产品指令（如玩具指令、建筑产品指令等）。部分指令介绍如下：

一、REACH 指令

REACH 法令，其全称为《关于化学品注册、评估、授权和限制制度》，又被称为"欧盟最新化学品法"。REACH 法令并不是一个单独的法令或法规，而是欧盟一个涵盖化学品生产、贸易和使用安全的综合性法规。它对出口到欧盟的化学品提出了更严格的环保、安全要求，主要包括注册、评估、许可及限制等主要内容。

REACH 法令中对企业影响最大的是注册。该法令提出了严格的时间期限，对于 1 t 以上的新物质，法令生效 12 个月后，生产商或进口商在其商品投放市场之前必须进行注册。对于现有物质，法令规定：产量为 1 000 t 以上的化学品和任何超过 1 t 的致癌物质或诱导基因突变的物质，必须于 REACH 生效 3 年内完成注册；产量 100 t～1 000 t 的，于 REACH 生效后 6 年内完成注册；1 t～100 t 的，应于 11 年内完成注册，未能按期纳入管理监控体系的产品一律不能在欧盟市场上销售。

该法令于 2007 年 6 月 1 日正式实施。我国每年数百亿欧元的输欧消费品、机电产品等受到影响。

二、EuP 指令

该指令已于 2007 年 8 月 11 日正式生效。

能源产品（EuP）在生产、配送、使用和废弃阶段都会对环境造成若干影响。据统计，超过 80% 的环境冲击跟产品的设计有关，如果在产品的开发阶段就能考虑环境冲击，便能改善产品的环境绩效。随着社会进步和生活水平的提高，人们对环境的关注程度也与日俱增。各国政府，特别是发达国家政府在制定政策时，越来越多地考虑环保方面的因素，以保证社会的可持续发展。这种趋势正是欧盟制定 EuP 指令的基础。

三、双绿指令

双绿指令：RoHS 指令（关于在电子电气设备中禁止使用某些有害物质指令）与 WEEE 指令（报废电子电气设备指令）。RoHS 指令（2002/95/EC）限制了电器、电子产品中的六种有害物质的使用，2006 年 7 月 1 日后所有投放到欧盟市场上的产品必须通过 RoHS 指令。RoHS 影响着整个电子行业。WEEE 指令（2002/96/EC）要求了对电器、电子设备的处理，回收与循环使用。要求 2006 年 8 月 13 日以后所有投放到欧盟市场的产品必须通过 WEEE 指令。许多把产品经销到欧洲的美国公司也必须保证它们的供应链符合这两项规定。

四、包装指令（94/62/EC）

指令 94/62/EC 是基于环境与生命安全，能源与资源合理利用的要求，对全部的包装和包装材料、包装的管理、设计、生产、流通、使用和消费等所有环节提出相应的要求和应达到的目标。技术内容涉及包装与环境、包装与生命安全、包装与能源和资源的利用。特别应关注的是，基于这些要求和目标，派生出具体的技术措施。另外，具体的实施还有相关的指令、协调标准及合格评定制度。

指令94/62/EC已于1997年付诸全面实施。但就其中的包装材料的回收率，欧盟某些成员国持有异议，比如对饮料瓶的重复使用或一次性使用的环保性、经济性、可行性和安全性的评估等存在分歧。2004年2月11日欧盟颁布了对94/62/EC的修正案2004/12/EC，其中规定整体回收率60％，再循环率55％。另外规定具体的再循环率：玻璃60％、纸和纸板60％、金属50％、塑料25％、木材15％。重金属浓度指标未改变。

欧洲以外的国家的产品要进入欧洲市场，必须符合欧盟指令和标准(CE)，才能在欧洲流通。欧洲指令规定了哪些产品要经过第三方认证，哪些可以自我认证，对不同产品有不同要求，实行自我认证的要保存一套完整资料并且要先寄样品到该国检验。欧盟12个新指令把市场上流通的产品都做了规定，这12个新指令覆盖的产品都必须有CE标志，在国家之间互相承认检验(认证)结果之前，外国产品要进入欧洲市场，就必须取得一个欧洲国家的认证。这12个指令覆盖的产品生产厂，要想把产品卖到欧洲，生产厂要有较好的质保体系，在取得CE标志之前是否应取得体系认证，这要看具体情况。每个指令中对质保体系的要求都做了规定，有的要按ISO9002，有的要按ISO9003，有的没有做规定，有的产品还要求提供样品检验。12个指令覆盖的产品是否要经体系认证，这要看该国的法规是否有这方面的要求(如向法国出口葡萄酒就要经体系认证，而该产品不在12个指令覆盖之内)。

欧盟不仅有统一的技术标准、法规，而且各国也有各自的严格标准，它们对进口商品可以随时选择对自己有利的标准，从总体来看，要进入欧盟市场的产品必须至少达到三个条件之一，即：①符合欧洲标准EN，取得欧洲标准化委员会CEN认证标志；②与人身安全有关的产品，要取得欧盟安全认证标志CE；③进入欧共体市场的产品厂商，要取得ISO9000合格证书。同时，欧盟还明确要求进入欧盟市场的产品凡涉及欧盟指令的，必须符合指令的要求并通过一定的认证，才允许在欧洲统一市场流通。对于中国相关中小企业来说难度相当大，是现实中一道难以逾越的技术壁垒。

知识四、工作环境的要求对货物的影响

一、SA8000介绍

SA8000是Social Accountability 8000的英文简称，即"社会责任标准"，是全球第一个社会责任认证标准。其宗旨是确保供应商所供应的产品，均符合社会责任标准的要求。它根基于《国际劳工组织公约》、《联合国儿童福利公约》和《世界人权宣言》的一些要求，涉及童工、强迫劳动、健康与安全、歧视、惩戒性措施、工作时间、工资报酬、管理体系八项内容。从其内容看，它主要针对企业的社会责任问题作出规定，能使劳工在多方面的权益获得保障，是世界上第一个以改善工人工作条件和环境为目的的标准，被称之为企业的"道德标准"，适用于世界各地，任何行业，不同规模的公司。由于它具有合理和不合理的双重性，比较隐蔽

和复杂，又是覆盖道德、社会和环境等范围很广的标准，尽管它还没有转化为像 ISO 一样的真正国际性标准，但已经对我们的部分企业造成较大的影响。

SA8000 标准的产生，正是基于全球消费者近年来对社会责任意识的日益高涨，他们越来越关心如企业是否滥用童工及劳工的待遇是否平等等问题，这种意识的提高和环保意识一样，也会影响消费者的购买选择。假如他们听闻某企业受到有关劳工权益问题的检控或指责或未通过 SA8000 标准认证，势必影响其购买该企业产品的意愿，最终会对商誉和产品价值造成严重影响。通过实施 SA8000，有助于改善企业的形象和声誉，成为客户优先选择的供应商。

实施 SA8000 标准，要求企业不仅仅是以盈利为终极目的，同时企业还应该关注利益相关者的利益，如为员工提供更好的工作环境和福利、为企业所在的社区创造就业机会和为社区发展做贡献，为消费者提供安全可靠的产品、同商业合作伙伴建立良好的合作关系、关注环境和社会公益事业等。

二、物流的工作环境

在将来，人们对工作内容和工作场地有更高的要求。在配送领域存在着大量的人工搬运活动，工作环境的改善直接与货物的运输包装有关，如包装的形式、体积和重量等决定了操作人员的劳动强度。从货物的生产到最终消费者的过程中，有许多人参与了这个过程，每个人都有自己的要求。因此包装必须从系统的观点考虑整个物流过程，包装必须符合人机工程学。

从人机工程学的观点来看，货物的包装有两点很重要：

1. 信息传送

包装上的信息必须正确、易懂、明了，能快速识别和传送。

2. 可操作性

一般来说，一个良好的符合人机工程学的包装设计是一个合理的包装，适合物流的需要，方便工作人员操作，能降低工作强度。

包装领域影响工作环境的因素有：

1. 减少包装材料

新的环境法律、法规会减少包装材料的使用，因此可能会导致以前优良的包装性能消失。如减少包装材料的使用，使得包装强度下降，导致人工搬运困难。

2. 集成设计

由于对包装的关注越来越多，包装的考虑已引入到计划的早期阶段。从产品设计时就考虑如何堆码、托盘存放、集装箱运输等。这意味着包装的活动被改变，并且包装容易操作。

3. 自动化/机械化

为了适合搬运的自动化和机械化，包装不得不要适合模数。适合机械化搬运的包装是简单设计的包装、是标准化的包装，也适合人工搬运。

参考文献

1 王学锋，周晶洁，殷明等．货物学[M]．上海：同济大学出版社，2006．

2 潘松年．包装工艺学（增订本）[M]．北京：印刷工业出版社，2004．

3 周廷美，张英．包装物流概论[M]．北京：化学工业出版社，2006．

4 洪其虎．货物学[M]．大连：大连海事学院出版社，2004．

5 滕连爽．货物学[M]．北京：中国经济出版社，2008．

6 贺顺保．货物学[M]．大连：大连海事学院出版社，1997．

7 袁长明，谭红霞，王晓莉等．现代商品学[M]．北京：北京师范大学出版社，2008．

8 郭曙光，宋卫，马云燕．仓储与配送管理实务[M]．北京：北京大学出版社，中国林业出版社，2008．

9 汪永太．商品学[M]．北京：电子工业出版社，2007．

10 盛洪萍．低温粮库的空调设计探讨[J]，建筑科技与管理，2009(6)．

11 刘敏．商品学基础[M]．北京：科学出版社，2005．

12 窦志铭．商品学基础[M]．北京：高等教育出版社，2005．

13 邓耕生，邓向荣．商品学理论与实务[M]，天津：天津大学出版社，1996．

14 康启来．电子产品包装工艺和质量控制[J]．纸包装工业，2008(7)．

15 宋杨．电子电器商品学[M]．北京：中国物资出版社，2006．

16 中国物品编码中心．条码技术与应用[M]．北京：清华大学出版社，2003．

17 郑文超，崔鸿富．条码技术指南[M]．北京：中国标准出版社，2003．

18 周晶洁，周在清．货物学[M]．北京：电子工业出版社，2006．

19 孙守成，陶红英，货物学[M]．武汉：武汉大学出版社，2008．

20 杨树仁．阔大货物装载实例[M]．北京：中国铁道出版社，1989．

21 方芳．运输管理（一）（二）[M]．北京：高等教育出版社，2005．

22 陆华．集装箱运输与多式联运[M]上海：上海交通大学出版社，2008．

23 王学锋，姜颖晖．集装箱管理与装箱工艺[M]．上海：同济大学出版社，2006．

24 郑勇．集装箱货物汗湿的防止与处理[J]．集装箱化，1997(4)．

25 徐伯民．集装箱内货损分析和防止货损的建议[J]．航海技术，2007(4)．

26 张学金．静电的危害与防静电包装[J]．包装工程，1992(4)．

27 穆祥镇．电子产品的静电防护[J]．航空精密制造技术，1993(4)．

28 李向文，林鹏．条码RFID及EPC之间的关系辨析[J]．RFID技术及应用，2006(3)．

29 GB6975-2007．棉花包装．中国标准出版社，2008．

30 GB190-2009．危险货物包装标志．中国标准出版社，2009．

31 GB12463-2009．危险货物运输包装通用技术条件．中国标准出版社，2009．

32 GB/T191-2008．包装储运图示标志．中国标准出版社，2008．

主要参考网站

1 中国物品编码中心：www. ancc. org. cn/

2 PONY 谱尼测试集团：www. ponytest. com/

3 广州危险货物运输行业协会：www. gzwhysxh. com/

4 航空货运网：www. cata-transport. org. cn/

5 IKEA：www. ikea. com/cn/

6 21 世纪中国电子商务网校：www. ec21cn. com/